ECONOMIC AND ENVIRONMENTAL EVALUATION ON BIOENERGY IN CHINA

Economic and Environmental Evaluation on Bioenergy in China

中国生物质能
经济与环境的评价

林 琳 ———— 著

中国社会科学出版社

图书在版编目(CIP)数据

中国生物质能经济与环境的评价/林琳著.—北京：中国社会科学出版社，2017.3

ISBN 978-7-5161-6779-3

Ⅰ.①中… Ⅱ.①林… Ⅲ.①生物能源—产业发展—研究—中国 ②生物能源—环境质量评价—中国 Ⅳ.①F426.2②X821.2

中国版本图书馆 CIP 数据核字（2015）第 182350 号

出 版 人	赵剑英
责任编辑	凌金良
特约编辑	金 泓
责任校对	郝阳洋
责任印制	张雪娇

出　　版	中国社会科学出版社
社　　址	北京鼓楼西大街甲 158 号
邮　　编	100720
网　　址	http://www.csspw.cn
发 行 部	010-84083685
门 市 部	010-84029450
经　　销	新华书店及其他书店

印刷装订	北京鑫正大印刷有限公司
版　　次	2017 年 3 月第 1 版
印　　次	2017 年 3 月第 1 次印刷

开　　本	710×1000　1/16
印　　张	13.5
插　　页	2
字　　数	211 千字
定　　价	49.00 元

凡购买中国社会科学出版社图书，如有质量问题请与本社营销中心联系调换
电话：010-84083683
版权所有　侵权必究

目　　录

绪论 …………………………………………………………… (1)

第一章　能源与生物质能 ………………………………… (14)
 第一节　能源概述 ………………………………………… (14)
  一　能源概念与分类 …………………………………… (15)
  二　世界能源消费现状和趋势 ………………………… (18)
  三　中国能源消费现状和趋势 ………………………… (20)
 第二节　生物质能的概述 ………………………………… (21)
  一　生物质能的基本概念 ……………………………… (22)
  二　生物质能的分类和特点 …………………………… (23)
  三　生物质能在世界能源供应中的地位 ……………… (26)
 第三节　生物质能开发利用的背景 ……………………… (27)
  一　能源危机是一个不可避免的事实 ………………… (27)
  二　开发利用生物质能是历史必然的选择 …………… (29)
 第四节　生物质能开发范围 ……………………………… (34)
  一　生物质能产业结构 ………………………………… (34)
  二　生物质能产业发展的机遇和挑战 ………………… (35)

第二章　生物质能开发利用的理论基础 ………………… (37)
 第一节　可持续发展理论 ………………………………… (37)
  一　可持续发展理论的含义及原则 …………………… (38)
  二　生物质能开发利用的理论基础与背景 …………… (41)

三　生物质能产业可持续发展的途径 …………………… (46)
　第二节　循环经济理论 …………………………………………… (47)
　　一　循环经济的概念及特征 ……………………………… (48)
　　二　循环经济的经济可行性 ……………………………… (52)
　　三　循环经济与生物质能 ………………………………… (53)
　第三节　产业结构优化升级理论 ………………………………… (56)
　　一　产业结构优化升级的含义 …………………………… (56)
　　二　产业结构优化升级的特点 …………………………… (57)
　　三　产业结构优化升级的内容 …………………………… (57)
　　四　产业结构优化与生物质能 …………………………… (58)

第三章　国内外生物质能产业研究状况 ……………………… (62)
　第一节　国外生物质能产业的研究状况 ………………………… (63)
　　一　理论研究 ……………………………………………… (63)
　　二　实证研究 ……………………………………………… (66)
　　三　国外发展生物质能的政策措施 ……………………… (68)
　第二节　中国生物质能产业的研究状况 ………………………… (70)
　　一　理论研究 ……………………………………………… (71)
　　二　实证研究 ……………………………………………… (73)
　　三　小结 …………………………………………………… (76)

第四章　中国生物质能开发利用的概况 ……………………… (80)
　第一节　中国生物质能开发利用的现状 ………………………… (80)
　　一　中国生物质资源的特点 ……………………………… (81)
　　二　中国生物质资源的拥有量及分布 …………………… (83)
　第二节　中国发展生物质能开发利用的动因 …………………… (88)
　　一　能源危机是开发利用生物质能的直接动力 ………… (88)
　　二　丰富的生物质资源是发展生物质能的巨大引力 …… (89)
　　三　良好的生态效益和经济效益是生物质能得以
　　　　开发利用的推动力 …………………………………… (90)
　　四　增加农民收入和就业机会是生物质能开发的
　　　　社会驱动力 …………………………………………… (92)

第三节　中国生物质能应用进展 …………………………（93）
　　一　生物质能开发利用机构简介 ………………………（94）
　　二　中国生物质能应用进展 ……………………………（95）
　　三　中国生物质能开发利用政策分析 …………………（97）
　　四　典型应用领域 ………………………………………（100）
第四节　中国开发与利用生物质能存在的问题 …………（103）
　　一　阻碍生物质能开发利用的因素 ……………………（104）
　　二　中国生物质能开发利用的发展前景及政策建议 …（108）
第五节　中国与国外生物质能开发利用的比较及启示 …（112）
　　一　中国与欧盟发展生物质能的比较及启示 …………（112）
　　二　巴西开发利用生物质能对中国的启示 ……………（114）

第五章　生物质能开发利用方式及状况分析 ……………（118）
第一节　生物质能开发利用方式 …………………………（118）
　　一　生物质热解综合技术 ………………………………（118）
　　二　生物质固化成型 ……………………………………（119）
　　三　燃料乙醇 ……………………………………………（119）
　　四　生物质气化 …………………………………………（120）
　　五　生物质发酵产氢 ……………………………………（120）
　　六　生物质燃烧技术 ……………………………………（121）
第二节　生物柴油发展分析 ………………………………（121）
　　一　生物柴油概述 ………………………………………（121）
　　二　生物柴油效益分析 …………………………………（125）
　　三　发展生物柴油有着良好的应用前景 ………………（126）
　　四　中国生物柴油业发展建议 …………………………（130）
第三节　燃料乙醇业发展分析 ……………………………（131）
　　一　中国可用于生产燃料乙醇的秸秆资源分析 ………（131）
　　二　国际燃料乙醇产业分析 ……………………………（136）
　　三　中国燃料乙醇产业分析 ……………………………（138）
　　四　全球燃料乙醇行业发展对中国的启示 ……………（139）

第六章　生物质能开发的经济技术评价 …………………… (142)
第一节　技术经济评价概述 ………………………………… (142)
一　技术经济学 ……………………………………………… (142)
二　技术经济评价 …………………………………………… (143)
第二节　基于层次分析法的生物质能开发集总加权
　　　　评价模型 …………………………………………… (144)
一　层次分析法 ……………………………………………… (144)
二　集总加权评价模型 ……………………………………… (145)
第三节　生物质能利用系统评价结果 ……………………… (151)

第七章　中国生物质能开发利用的政策法规 …………… (154)
第一节　中国现有生物质能开发利用政策法规
　　　　形成的背景 ………………………………………… (154)
一　推进中国能源安全与发展的需要 ……………………… (154)
二　中国能源产业壮大与完善的需要 ……………………… (155)
第二节　中国目前颁布的有关生物质能
　　　　开发利用的政策 …………………………………… (156)
一　《城市生活垃圾处理及污染防治技术政策》…………… (156)
二　《中华人民共和国可再生能源法》……………………… (157)
三　《国务院关于加强节能工作的决定》…………………… (159)
四　《可再生能源发电价格和费用分摊
　　管理试行办法》………………………………………… (160)
五　《可再生能源发电有关管理规定》……………………… (162)
六　《可再生能源发展专项资金管理暂行办法》…………… (163)
七　《国家发改委关于可再生能源产业发展
　　指导目录》……………………………………………… (164)
八　《能源发展"十一五"规划》…………………………… (166)
九　《电网企业全额收购可再生能源电量监管办法》……… (166)
十　《中华人民共和国节约能源法》………………………… (168)

第八章 促进中国生物质能产业发展的思路 (170)

第一节 生物质能产业发展内涵 (170)
    一 生物质能产业化的基本内涵 (170)
    二 指导思想 (172)
    三 基本原则 (172)

第二节 政策支撑体系 (173)
    一 多种机制并存的生物质能支持政策体系的建立 (173)
    二 明晰管理部门职责,遵循外部性原则,制定系列支持政策 (175)
    三 正确处理好各主体间的关系,稳步发展非粮生物质能 (178)

第三节 技术支撑体系 (179)
    一 中国生物质能开发利用技术发展现状 (180)
    二 中国生物质能开发利用技术存在的问题 (183)
    三 中国生物质能开发利用技术体系的建立与完善 (185)

第四节 市场支撑体系 (190)
    一 建立多方协作共荣的原料市场支撑体系 (190)
    二 加大政府投入,建立良好的销售流通体系 (192)
    三 制定合理的生物质能消费需求政策,优化能源消费结构 (193)

第五节 组织管理体系 (195)
    一 构建合理、健全的生物质能发展组织管理体系 (196)
    二 构建高效、规范、制度化的组织管理运行体系 (200)

参考文献 (203)

绪　　论

一　研究背景和意义

（一）发展生物质能的研究背景

气候是人类生存环境的基本组成部分。气候和气候变化是由逐日的天气和天气变化累积而成。20世纪70年代末，科学家开始认识到气候变化是一个潜在的严重问题。科学研究表明，近百年来，地球气候正经历一次以全球变暖为主要特征的显著变化，这种变暖是由自然的气候波动和人类活动共同引起的。1988年，世界气象组织和联合国环境规划署建立了政府间气候变化专家委员会（Intergovernmental Panel on Climate Change，IPCC），主要任务是定期对气候变化科学知识的现状、气候变化对社会和经济的潜在影响，以及适应和减缓气候变化的可能对策进行评估，为各国政府和国际社会提供权威的科学信息。IPCC自成立以来，已组织世界上数以千计的不同领域的科学家完成了四次评估报告和"综合报告"。IPCC第四次评估已经公布的三个工作组的评估报告（AR4）和决策者摘要（SPM），给出了对气候变化影响及对策的最新认识。指出最近100年（1906—2005年）地球表面平均温度上升了0.74℃（0.56℃—0.92℃），最近50年升温率几乎是过去100年的两倍。指出人类活动"很可能"是导致气候变暖的主要原因[1]。预计到21世纪末，全球地表平均增温1.1℃—6.4℃，全球平均海平面上升幅度为0.18—0.59 m。在未来20年中，气温大约以每10年0.2℃的速度升高，即使所有温室气体和气溶胶浓度稳定在2000年的水平，每10年

---

[1] IPCC，2007：Climate Change 2007：The Physical Science Basis.

也将增暖 0.1℃。如果 21 世纪温室气体的排放速率不低于现在的水平，将导致气候进一步变暖，某些变化会比 20 世纪更显著。报告还指出，从所有大陆和多数海洋得到的观测数据表明，许多自然系统正在受到区域气候变化，特别是温度升高的影响。在肯定了气候变化影响、适应与脆弱性问题的复杂性之后，报告指出，继续升温 3℃—4℃（相当于温室气体稳定浓度为 550—650μL/L）后，其带来的不利影响将更为严重①。

"气候变化既是环境问题，也是发展问题，归根到底是发展问题"②。1990 年第二次世界气候大会部长级会议上，通过了《科学技术会议声明》和《部长宣言》，提出应立即开始"气候变化公约"谈判的主张，并在同年成立了由联合国全体成员国参加的气候公约"政府间谈判委员会（INC）"，正式拉开了公约谈判的序幕。并在 1992 年 6 月的联合国环境与发展大会上，由 153 个国家和区域一体化组织正式签署了《联合国气候变化框架公约》（UNFCCC），以下简称《公约》。这是迄今为止在国家环境与发展领域中影响最大、涉及面最广、意义最为深远的国际法律文书，它涉及了人类社会的生产、消费和生活方式，涉及各国国民经济和社会发展的方方面面。1994 年 3 月 21 日，即得到第 50 个国家的批准 90 天后，《公约》开始生效。到目前为止，《公约》有 189 个缔约方，其秘书处设在德国波恩。《公约》的最终目标是将大气中温室气体的浓度稳定在防止气候系统受到危险的人为干扰的水平上。《公约》确立了公平原则和发达国家与发展中国家共同但有区别的原则，规定发达国家应率先减少温室气体的排放，在 2000 年将其温室气体的排放稳定在 1990 年的水平上。

"议定书"规定了《公约》附件一国家的量化减排指标，即在 2008—2012 年（第一承诺期）其温室气体排放量在 1990 年的水平上平均削减 5.2%。"议定书"中规定了六种温室气体，分别是二氧化碳（CO_2）、甲烷（CH_4）、氧化亚氮（N_2O）、氢氟碳化物（HFC_S）、全氟

---

① 林而达等：《气候变化影响的最新认知》，《气候变化研究进展》2007 年第 3 卷第 3 期。

② 胡锦涛：《携手开创未来 推动合作共赢》，《人民日报》（海外版）2005 年 7 月 8 日。

碳化物（PFC$_S$）、六氟化硫（SF$_6$）。"议定书"还规定了三种"灵活机制"来帮助附件一所列缔约方以成本有效的方式实现其部分减排目标，这三种机制是排放贸易（ET）、联合履行（JI）和清洁发展机制（CDM）。排放贸易和联合履行主要涉及附件一所列缔约方之间的合作；而清洁发展机制涉及附件一所列缔约方与发展中国家缔约方之间在二氧化碳减排量交易方面的合作关系。在"议定书"和《公约》谈判过程中，欧盟由于其产业结构、能源结构和环保技术方面的优势，不仅在温室气候控制方面提出了较高的目标，而且主张采取强制性的温室气体减排措施，包括提高能源效率、节约能源、促进包括生物质能在内的可再生能源的发展等。所以，能源的安全不仅仅是能否找到我们需要的能源供应，还涉及能源消耗产生的二氧化碳的国际排放权分配，即未来可能的气候变化国际公约是否会限制中国的二氧化碳排放，从而限制中国的能源消耗，威胁我们的能源安全。

　　生物质能在中国是仅次于煤炭、石油和天然气的第四位能源资源，占全部能源消耗总量的20%，在整个能源系统中占有重要的地位。生物质能（Bioenergy）是蕴藏在生物质中的能量，是绿色植物通过叶绿素将太阳能转化为化学能而储存在生物质内的能量[①]。生物质（Biomass）是指有机物中除化石燃料外的所有来源于动、植物能再生的物质。它包括所有的动物、植物和微生物，以及由这些有生命物质派生、排泄和代谢的许多有机质。生物质资源在中国主要包括农业废弃物和能源生物资源（能源/化工专用动植物和藻类）。目前，能源生物资源主要是指能源农业、能源林业资源，包括油料植物、能源作物等。而其中农业废弃物包括四大类：植物类废弃物（农林生产过程中产生的残余物）、动物类废弃物（牧、渔业生产过程中产生的残余物）、加工类废弃物（农林牧渔业加工过程中产生的残余物）和农村城镇生活垃圾等。

　　生物质能的优点：一是可再生性。二是低污染性。生物质的硫含量、氮含量低，生物质作为燃料时，燃烧过程中的硫化物和氮化物较少，二氧化碳净排放量近似于零；用新技术开发利用生物质能不仅有助于减轻温室效应，促进生态良性循环，而且可替代部分石油、煤炭等化

---

　　① 陈益华等：《我国生物质能利用的现状及发展对策》，《农机化研究》2006年第1期。

石燃料,成为解决能源危机与环境问题的重要途径之一。三是广泛分布性。缺乏煤炭的地域可充分利用生物质能。四是具有燃烧容易,灰分低的特点。但由于技术和经济的原因以及可再生能源分布较为分散,能量密度、热值及热效率低等特点,目前其利用率尚不高,仅占全球能源消耗总量的22%[1]。因此,应把生物质能当作发展可再生能源的重要选择,改善能源消耗结构,保证中国经济的快速增长和社会的可持续发展。

(二) 发展生物质能的意义

能源是人类社会生存、国民经济发展的必备资源和重要战略物资。占目前世界一次能源供应87.7%[2]的化石能源,因其不可再生性、稀缺性以及附带产生的诸多严重环境问题,已经制约人类的可持续发展。世界能源委员会在《1992年世界能源资源调查》报告[3]中指出,以目前的消费速度,全世界已探明的煤、石油和天然气储量将分别在262年、49年和57年后用完。不管该数据是否精确,它至少说明了化石能源以目前的消费方式将影响未来人类的发展,能源将成为未来人类社会发展的瓶颈。此外,化石能源的大量使用也是大气中二氧化碳、二氧化硫等温室气体和污染气体浓度不断升高的一个非常重要的原因,大气中二氧化碳浓度由1958年以来夏威夷莫纳罗亚气象台大气二氧化碳浓度长期测量发现的315μL/L上升到2003年376μL/L,并呈逐年上升加剧趋势[4]。能源紧缺以及由其产生的生态环境恶化,使得当今能源和环境科学研究的一个重要领域成为寻找新的替代能源。在这些新能源中,由于核能、大型水电具有潜在的生态环境风险[5],风能和地热等具有区域性资源制约,大力发展这些能源受到了限制和质疑,而生物质能却以资源丰富、生态环境友好光彩夺目。生物质能服务的对象主要是农村生产、

---

[1] 陈益华等:《我国生物质能利用的现状及发展对策》,《农机化研究》2006年第1期。
[2] 唐炼:《世界能源供需现状与发展趋势》,《国际石油经济》2005年第11期。
[3] 林宗虎:《论未来的中国能源》,《自然杂志》2001年第23期。
[4] http://www.edu.cn/20041015/3117997.shtml 2005-510。
[5] Chang J., A Review on the Energy Production, Consumption, and Prospect of Renewable Energy in China. *Renewable and Sustainable Energy Reviews*, 2003, 7: 453, 468.

生活用能，对于中国有着7.5亿农民的具体国情以及生物质资源丰富、农村用能短缺、品位低的现实，大力发展生物质能，直面"三农"、能源和环境三大主题①，具有重要的战略意义。

1. 发展生物质能是解决农村就业问题的一个重要手段

生物质能产业打破了传统农业的局限，开辟出农产品及其废弃物新的利用方式，拓宽了农民增收渠道，有利于转变农业增长方式，发展循环经济，延长农业产业链，有利于农村富余劳动力就业。已有的一些研究表明②，与石油、煤炭、天然气、核能等传统能源产业相比，生物质能产业能创造更多的就业机会，如表0-1所示。

表0-1　生物质能和其他能源创造的就业机会比较（FAO）

部门	工作岗位数（人·年）/太瓦时
石油	260
天然气	250
煤炭	370
核能	75
木材能乙醇（来自甘蔗）	1000—4000

可见按照能源方式每太瓦时可以创造的工作岗位数中制取乙醇的部门最多，而高技术的核能部门是最少的，石油、天然气部门相差不多，远远少于用甘蔗来生产乙醇的部门。在中国林木生物质能研究课题组③进行的类似相关研究中，得出同样的结果。在工业化国家中，陆上石油业（包括开采、冶炼和销售）生产每百万吨标准油的能源需要的工作岗位为959个，煤炭业为925个，天然气业为430个，而生物质固体燃料业为3000—5000个，生物乙醇业为18000—28000个，植物柴油业为

---

① 石元春：《发展生物质产业是解决能源问题的新出路》，blog.sina.com.cn/u/2586895780。

② Developing Countries Are Combating Climate Change: Actionsin Developing Countries that Growth Incarbonemissions, *Energy Policy* 2003, (26): 233-237.

③ 中国林木生物质能研究课题组：《中国木林生物质能源发展潜力研究报告》，《中国林业产业》2006年第1期。

29000个,生物质发电业为1650个。欧盟国家面临严重的失业问题,应把发展生物质能看作解决本国就业问题的一个重要手段。

2. 发展生物质能有利于解决"三农"问题,增加农民收入

中国80%人口生活在农村,尽管煤炭等商品能源在农村的使用迅速增加,但生物质一直占有重要地位①。中国一直注重农产品向食品转化,但由于市场容量制约,近几年还是出现了卖粮难、卖果难的局面。种植油料作物来生产生物柴油,走的是农产品向工业品转化之路,而且液体燃料市场广阔,是一条强农业、富农民的可行途径。而通过发展农林生物质发电、种植能源作物和能源植物,开发新型农村能源产业,将促进农村经济更快发展。通过发展沼气、生物质固体成型燃料和生物质气化开发中,可使农林业生物质利用逐步迈向产业化,形成一个门类众多的产业化体系。调查表明,秸秆造纸和炭化可使秸秆增值数倍到数十倍②,能够为农村提供高效清洁的生活燃料,改善农民的生活条件。所以发展生物质能有利于解决"三农"问题,增加农民收入。

3. 发展生物质能有利于保证国家能源安全

中国是一个能源生产和消费大国,又是以煤为主要能源消费的国家,煤炭消费量占中国一次能源消费总量的75%以上,接近世界同类国家平均值3倍;中国能源消耗居世界第二位,由于能源需求的日益增长,中国能源的对外依存度不断提高。未来,中国石油对外的依存度将会更高。由于化石能源日渐枯竭,因此,尽快改善能源消耗结构,加大能源保障安全已十分迫切。

中国人均能源资源占有量不到世界平均水平的一半。据估计,中国煤炭资源最多可利用150年③;已探明的石油资源为 32×10^8 吨,石油总储量为 $300 \times 10^8 - 600 \times 10^8$ 吨。以目前的消费速度粗略估算,到2030年石油资源将只剩下18%,到2037年将可能全部耗尽。中国的生物质资源丰富,理论生物质能资源有 50×10^8 吨左右。中国尚有近 1×10^8 hm² (一公顷)宜农、宜林荒山荒地,用于发展能源农业和能源林业,可以

---

① 梁卫平:《21世纪生物质能研究》,《科技情报开发与经济》2007年第17期。
② 毕于运:《生物质能源的开发与利用》,《生物学教学》2008年第7期。
③ 孙振钧:《中国生物质产业及发展取向》,《农业工程学报》2004年第20期。

生产生物质液体燃油,是发展洁净的可替代能源的重要资源。通过发展生物燃料乙醇和生物柴油,可以为石油替代开辟新的渠道,弥补石油资源不足。

4. 发展生物质能有利于改善生态环境

发展和利用生物质能是调整能源结构、保障能源安全的重要措施。能源危机和环境污染是目前全球面临的共同难题。全球经济的高速发展,尤其是日益增加的能源需求,正在改变世界经济的格局。在人类对能源消耗不断增加的同时,环境污染等问题日益突出。为了应对能源危机和环境污染,一些国家在 20 世纪 60 年代就开始着手寻找替代能源,特别是可再生能源,目前已取得相当程度的进展。目前,欧盟许多国家能源安全不仅包括能源供应的安全,也包括由于能源生产与使用所致的生态环境安全。

中国煤炭消费量的 80% 是直接燃烧,造成环境污染问题严重,除城市烟尘污染外,酸雨现象也频频发生。生物质能属于低碳能源,它的应用技术开发把森林砍伐和木材加工剩余物以及农林剩余物如秸秆、麦草等原料通过物理或化学化工的加工方法,使之成为高品位的能源,保护环境,对于逐步改变中国以化石燃料为主的能源结构,走可持续发展的能源道路具有重要作用。

另外,中国农业废弃物对环境形成了越来越大的面源污染压力,通过实施生物质能利用技术,使生活垃圾和各种农业废弃物转化成为清洁能源和有机肥,变"废"为"宝",能从根本上解决农村普遍存在的"畜牧公害"和"秸秆问题";同时,开发利用生物质能可以替代常规能源,节约能源并能在减排二氧化硫和二氧化碳方面做出贡献。张培栋、王刚[1]根据国际通用的减排量计算方法,对中国农村户用沼气替代传统生物质能和煤炭所产生的二氧化碳和二氧化硫的减排量进行了计算分析。研究结果表明,1996—2003 年,每年可减少二氧化碳排放 39.76×10^4—419.39×10^4 吨,减少二氧化硫排放 2.13×10^4—6.20×10^4 吨。并预测了未来情景,证明中国农村户用沼气工程的建设能减轻农村环境

---

[1] 张培栋、王刚:《农村户用能源生态工程北方模式能量转化研究》,《太阳能学报》2005 年第 20 期。

污染，有助于部分缓解全球气候变暖的趋势。因此，在当前气候变化形势下，发展生物质能不仅能解决农村、农民问题，也能保护生态环境，缓解能源危机。

二　国内外研究现状

（一）国际研究现状

自从1981年8月在内罗毕召开联合国新能源和可再生能源会议以来，许多国家对能源、环境和生态问题越来越重视，特别是利用现代新能源技术和新材料来开发包括生物质能在内的新能源，备受各国关注。目前，生物质能的技术研究和开发利用已成为世界重大热门课题之一，许多国家都制定了相应的开发研究计划，如日本的阳光计划、印度的绿色能源工程、巴西的酒精能源计划等，其中，生物质能的开发利用都占有相当大的比重。现在，国外有许多生物质能利用技术与设备已达到了商业化应用的程度，实现了规模化产业经营。目前，世界各国正逐步采用如下方法利用生物质能：一是热化学转换技术，获得木炭焦油和可燃气体等品位高的能源产品，该方法又按其热加工的方法不同，分为高温干馏、热解、生物质液化等方法；二是生物化学转换法，主要指生物质在微生物的发酵作用下，生成沼气、酒精等能源产品；三是利用油料植物所产生的生物柴油；四是直接燃烧技术，包括炉灶燃烧技术、锅炉燃烧技术、致密成型技术和垃圾焚烧技术等[①]。

生物质发电已占发达国家可再生能源发电量的70%。在美国生物质发电装机容量已达10.5GW，70%为生物质—煤混合燃烧工艺，单机容量10—30MW，发电成本3—6美分/（kW·h），预计到2015年装机容量将达16.3GW。美国生物质能利用占一次能源消耗总量的4%左右。欧洲是生物质能开发利用非常活跃的地区，新技术不断出现，并且在较多的国家得以应用。

1991年，在瑞典瓦那茂兴建了世界上第一座完成的生物质气化燃气轮机/发电机—汽轮机/发电机联合发电厂，净发电量6MW，净供热

---

① 马常耕、苏晓华：《生物质能源概述》，《世界林业研究》2005年第6期。

量9MW，系统总效率达80%以上。该国用催化裂解法处理生物质燃气中的焦油水平处于世界领先地位。

在芬兰，使用上流式气化炉生产生物质燃气，用于区域集中供热，已达到商业化水平。该国的生物质气化设备制造厂在1988年前生产的9套设备，分别在芬兰、瑞典各地运行。在芬兰有世界上第一个以泥炭为原料用气化合成氨的方法来生产化肥的厂家。

位于丹麦首都哥本哈根以南的阿维多发电厂被誉为全球效率最高、最环保的热电联供电厂之一。阿维多电厂每年燃烧15×10^4吨秸秆，可满足几十万用户的供热和用电需求。使用秸秆发电，电厂降低了原料的成本，百姓享受了便宜的电价，环境受到保护，新能源得以开发，同时还使农民增加了收入。

在发展中国家，印度的生物质能开发利用搞得比较好，以前沼气应用比较多，近期生物质压缩成型、气化技术等进展显著。生物质气化炉与柴油机/发电机组成的3.7kW、25kW、70kW及100kW系统中，100kW系统发电效率为35%。发电用于水泵、磨谷机和其他小型电气设备，其中3.7kW发电系统已推广应用数百台。生物质气化炉产出的燃气还用于烟草、茶叶、食品、木材加工等生产过程中。

巴西是个盛产甘蔗的国家，而在1965年制定了"国家森林法"，开始大量营造薪炭林，在巴西的东北部有1/3的土地（$5000\times10^4 hm^2$）适宜营造薪炭林，在该地区的巴伊亚州，已用桉树作原料兴建了一座25MW生物发电站，并投入商业运营，以薪炭林木材作燃料的发电潜力将超过甘蔗。

畜禽粪便生产沼气的技术在欧、美等发达国家发展很快。已有成套热电沼气工程技术、不同型号气—油联合发电机、大型实用型沼气发酵罐体、储料罐体、预处理和输配气和输配电系统等。另外，农业废弃物制氢技术和以农业有机废水为原料的生物燃料电池技术研究有望成为农业有机废水资源化利用的一个重要新途径[①]。20世纪90年代以来，德国在间歇式干法沼气发酵技术的研发上又取得了新的进展。1999年春季德国农村中农户共拥有600个沼气设备，目前已发展到800个。德国

---

① 李建政、汪群慧：《废物资源化与生物能源》，化学工业出版社2004年版。

大多数的沼气生产者采用可供生产电力和热能的所谓"集团热电装置",即由一个燃油机驱动的发电机组生产电,由此产生的余热用于供暖[①]。通过这种方式,农户不仅可以满足自己的用电和供暖,而且,所产生的每1kW的电都可以输入公共电网供使用。按法律规定,发电入网农户可按规定价格获得再生能源补贴。

生物质液体燃料产业已得到国际上的广泛关注。生物质能在巴西能源利用量中约占25%,其中薪柴和甘蔗占生物质能的50%—60%,其余是农业废弃物。巴西是乙醇燃料开发应用最有特色的国家,实施了世界上规模最大的乙醇开发计划（原料主要是甘蔗、木薯等）,目前乙醇燃料已占该国汽车燃料消费量的50%以上,大大减少了进口石油的外汇支出,提供了130万个工作岗位。在美国,主要采用玉米、马铃薯等生产乙醇,现有39个工厂,年产乙醇40×10^8升。乙醇以10%的比例掺入汽油作汽车燃料。在发达国家,利用豆油、花生油、棉籽油、葵花籽油、油菜籽油、棕榈油和蓖麻籽油生产生物柴油正在形成产业。[②] 目前,美国总的生物柴油年生产能力为100×10^4吨以上,欧盟2001年已超过100×10^4吨,德国2000年已达25×10^4吨,拥有三百多个生物柴油加油站,意大利已拥有9家生物柴油的生产厂。近十多年来,欧共体开展了将木料气化合成甲醇的研制工作,先后已有数个示范厂,德国已广泛应用含1%—3%甲醇的混合汽油供汽车使用,在法国、捷克、瑞典、西班牙、苏联等国,都在开发应用甲醇和乙醇的液体燃料。在荷兰、英国、比利时、希腊、葡萄牙等国,开展了用生物质热解法制取生物油的研究,生物油经改性后可作液体燃料。

(二) 中国生物质能的研究现状

中国的生物质资源丰富,理论生物质能资源有50×10^8吨左右,目前可以作为能源利用的生物质主要包括农作物秸秆、树木枝丫、畜禽粪便、能源作物（植物）、工业有机废水、城市生活污水和垃圾等。中国

---

① 刘继芬:《德国生物质能开发利用的经验和启示》,《可再生能源》2005年第4期。
② Mandal K G, Green Manuring: its Effect on Soil Properties and Crop Grwth under Rice-wheat Cropping System. *European Journal of Agronomy*, Volume19, Issue2, May2003, pp. 225 - 237.

的可开发生物质资源总量为 7×10^8 吨，其中农作物秸秆约 3.5×10^8 吨标准煤，占50%以上。在这些可开发的生物质能资源中，农作物秸秆有40%作为饲料、肥料和工业原料，尚有60%可用于能源用途，约 2.1×10^8 吨标准煤（孙振钧，2004）。林木枝丫和林业废弃物年可获得量约 9×10^8 吨，大约 3×10^8 吨可作为能源利用，折合约 2×10^8 吨标准煤。甜高粱、小桐子、黄连木、油桐等能源作物（植物）可种植面积达 $2000 \times 10^4 \text{ hm}^2$，可满足年产量约 0.5×10^8 吨生物液体燃料的原料需求。畜禽养殖和工业有机废水理论上可年产沼气约 800×10^8 立方米，全国城市生活垃圾年产生量约 1.2×10^8 吨。目前，中国生物质资源可转换为能源的潜力约 5×10^8 吨标准煤，今后随着造林面积的扩大和经济社会的发展，生物质资源转换为能源的潜力可达 10×10^8 吨标准煤。

根据目前中国生物质能利用技术状况，生物质能利用重点将是农村沼气、生物质气化发电、固化成型燃料和生物质液体燃料等。到2007年年底，全国户用沼气池已达到 2623.47×10^4 户，年产沼气约 98.836×10^8 立方米，户均产气量为 397.4×10^4 立方米，全国已建成多处大型畜禽养殖场沼气工程和工业有机废水沼气工程。[1] 沼气技术已从单纯的能源利用发展成废弃物处理和生物质多层次综合利用，并广泛地同养殖业、种植业相结合，成为发展绿色生态农业和巩固生态建设成果的一个重要途径。沼气工程的零部件已实现了标准化生产，沼气技术服务体系已比较完善。夏凤毅、邓光联、周超贤、焦瑞莲等[2]，通过分析农村沼气技术、模式、综合利用，阐述了沼气对于中国农村生态、经济、产业结构建设以及农业的可持续发展等方面的作用。王革华[3]、张培栋[4]以国际通用的减排量计算方法为依据，提出了农村能源建设对减排二氧化碳和

---

[1] 农业部科技教育司：《中国农村能源年鉴》，中国农业出版社2008年版。
[2] 夏凤毅：《农村沼气能源与农业的持续发展》，《云南农业大学学报》1999年第2期；邓光联：《沼气与社会主义新农村建设》，《农村工程学报》2006年第1期；周超贤：《发展农村沼气建设生态家园》，《生态环境》2004年第3期；焦瑞莲：《户用沼气池日常管理常见问题》，《科学种养》2006年第2期。
[3] 王革华：《农村能源建设对减排 CO_2 和 SO_2 贡献分析方法》，《农业工程学报》1999年第1期。
[4] 张培栋：《中国农村户用沼气工程建设对减排 CO_2、SO_2 的贡献：分析与预测》，《农业工程学报》2005年12月。

二氧化硫贡献的定量分析方法、计算公式和参数，研究结果表明，1996—2003 年，每年可减少 CO_2 排放 39.76×10^4 —419.39×10^4 吨，减少 SO_2 排放 2.13×10^4 —6.20×10^4 吨。

到 2005 年年底，全国生物质发电装机容量约为 200×10^4 kW，其中蔗渣发电约 170×10^4 kW、垃圾发电约 20×10^4 kW，其余为稻壳等农林废弃物气化发电和沼气发电等。在引进国外垃圾焚烧发电技术和设备的基础上，经过消化吸收，现已基本具备制造垃圾焚烧发电设备的能力。引进国外设备和技术建设了一些垃圾填埋气发电示范项目。中国在因地制宜地利用当地生物质能资源（秸秆、薪柴、谷壳和木屑等），建立分散、独立的离网或并网电站拥有广阔的市场前景。中国已开发和推广 MW 级生物质气化发电系统应用 20 多套。如果用当前农林废弃物产量的 50% 作为电站燃料，可发电 4000×10^8 kW·h，占目前中国总耗电量的 30% 左右（孙振钧，2004）。但总体来看，中国在生物质发电的原料收集、净化处理、燃烧设备制造等方面与国际先进水平还有一定差距。

目前，国内已开发完成的固化成型设备有两大类：棒状成型机和颗粒状成型机，其生产能力为 120—300kg/h。但是生物质压实技术所需压实成型设备等在现阶段还有待于完善，而且秸秆存在过于分散，集中困难，运输、储存费用都相对较高以及受季节因素影响，供应不稳定等问题，给大规模工业利用带来了困难。清华大学清洁能源研究教育中心和北京惠众实科技公司、北京林业大学工学院的"冷压缩成型技术"，能效高、成本低、灵活性强，从根本上解决了生物质收集运输消耗高的难题，克服了热压缩主要不足。为林木生物质固体燃料在工业锅炉替代煤炭或发电应用提供了很好的前景。北京盛昌绿能科技有限公司在北京大兴区大力推广、发展农村新型能源，利用秸秆和灌木颗粒燃料试行集中供暖，年生产成型秸秆颗粒 2×10^4 吨。深受农民欢迎。

中国已开始在交通燃料中使用燃料乙醇。以粮食为原料的燃料乙醇年生产能力为 102×10^4 吨；以非粮原料生产燃料乙醇的技术已初步具备商业化发展条件。以餐饮业废油、榨油厂油渣、油料作物为原料的生物柴油生产能力达到年产 5×10^4 吨。现阶段中国对生物质液体燃料的研究还处于初级阶段，远远落后于发达国家。但是广阔长久的市场需求、优质丰富的可再生资源、成熟可靠的技术装备，以及综合利用的丰硕效益，将使生物质液体燃料逐步成为重要的替代燃料。

三 研究目标与主要内容

（一）研究目标

本书的最终目的要通过对生物质能产业的深入分析，进而寻求一条促使中国生物质能产业发展的途径。从增加供给来说，要积极降低各种成本，如通过研究开发降低技术成本，提高能源转换率；要积极促进投资，可采取的措施如对投资进行补贴，生物质能大型、国家级项目的开发，等等。从需求方来说，政府可以采取经济手段刺激需求，如增加政府采购，也可以通过一些政策来引导最终需求，并加强对公众的宣传；此外，要加强市场和政策体制建设。

（二）主要内容

本书在分析生物质能开发利用的背景和特点、开发利用的机遇和挑战，站在现实需求和可能需求的角度，对生物质能开发利用中的可持续发展理论、循环经济理论、产业机构优化升级理论的基础进行了分析，对国内外生物质能开发利用的实践进行了评述；在借鉴了发达国家生物质能开发利用的经验，剖析中国生物质能开发利用的现状和问题、分析中国现有几种主要的生物质能开发利用的方式及技术经济评价和已有的政策支撑体系，并在此基础上构建了中国生物质能产业发展的支撑体系。

第一章 能源与生物质能

近年来，化石燃料的大量消耗造成大气中二氧化碳气体中的严重积累，全球气候普遍变暖。随着人们对石油等有限的化石资源越来越担忧，利用生物质资源生产燃料和化学产品的生物转化技术正被人们普遍接受和高度认可。

能源短缺问题已经成为全世界各国普遍关注的问题。中国石油资源匮乏，石油安全问题日益突出，必须找出一条保障能源安全的根本途径和替代方法；同时，大气污染形势严峻，酸雨、温室效应等与使用化石原料有紧密关联的环境问题日益突出。中国又是生物质资源的大国和富国，大量的草本植物、淀粉、纤维素、木质素、农林畜产品废弃物、食品加工产业废弃物、餐饮废弃物和城市生活垃圾等生物资源都可以利用。发展工业生物技术，并以此取代传统的石化工业，才是改善环境、源头治理的根本出路。

第一节 能源概述

能源是人类活动的物质基础。在某种意义上讲，人类社会的发展离不开优质能源的出现和先进能源技术的使用。在当今世界，能源的发展，能源和环境，是全世界、全人类共同关心的问题，也是中国社会经济发展的重要问题。中国是目前世界上第二位能源生产国和消费国。能源供应持续增长，为经济社会发展提供了重要的支撑；能源消费的快速增长，为世界能源市场创造了广阔的发展空间。中国已经成为世界能源市场不可或缺的重要组成部分，对维护全球能源安全，正在发挥着越来越重要的积极作用。

一　能源概念与分类

1. 能源概念

"能源"这一术语，过去人们谈论得很少，正是两次石油危机使它成了人们议论的热点。能源是整个世界发展和经济增长的最基本的驱动力，是人类赖以生存的基础。自工业革命以来，能源安全问题就开始出现。在全球经济高速发展的今天，国际能源安全已上升到了国家的高度，各国都制定了以能源供应安全为核心的能源政策。在此后的二十多年里，在稳定能源供应的支持下，世界经济规模取得了较大增长。但是，人类在享受能源带来的经济发展、科技进步等利益的同时，也遇到一系列无法避免的能源安全挑战，能源短缺、资源争夺以及过度使用能源造成的环境污染等问题，威胁着人类的生存与发展。

那么，究竟什么是"能源"呢？目前约有20种关于能源的定义。例如：《科学技术百科全书》说，"能源是可从其获得热、光和动力之类能量的资源"；《大英百科全书》说，"能源是一个包括着所有燃料、流水、阳光和风的术语，人类用适当的转换手段便可让它为自己提供所需的能量"；《日本大百科全书》说，"在各种生产活动中，我们利用热能、机械能、光能、电能等来做功，可利用来作为这些能量源泉的自然界中的各种载体，称为能源"；中国的《能源百科全书》说，"能源是可以直接或经转换提供人类所需的光、热、动力等任一形式能量的载能体资源"。可见，能源是一种呈多种形式的，且可以相互转换的能量的源泉。确切而简单地说，能源是自然界中能为人类提供某种形式能量的物质资源。通常，凡是能被人类加以利用以获得有用能量的各种来源都可以称为能源。

能源亦称能量资源或能源资源，是指可产生各种能量（如热量、电能、光能和机械能等）或可做功的物质的统称；是指能够直接取得或者通过加工、转换而取得有用能的各种资源，包括煤炭、原油、天然气、煤层气、水能、核能、风能、太阳能、地热能、生物质能等一次能源和电力、热力、成品油等二次能源，以及其他新能源和可再生能源。

2. 能源分类

能源种类繁多，而且经过人类不断的开发与研究，更多新型能源已经开始能够满足人类需求。根据不同的划分方式，能源也可分为不同的类型。

（1）按来源分类

按来源可将能源分为以下三类。

第一，来自地球外部天体的能源（主要是太阳能）。除直接辐射外，并为风能、水能、生物能和矿物能源等的产生提供基础。人类所需能量的绝大部分都直接或间接地来自太阳。正是各种植物通过光合作用把太阳能转变成化学能在植物体内储存下来。煤炭、石油、天然气等化石燃料也是由古代埋在地下的动植物经过漫长的地质年代形成的。它们实质上是由古代生物固定下来的太阳能。此外，水能、风能、波浪能、海流能等也都是由太阳能转换来的。

第二，地球本身蕴藏的能量。通常指与地球内部的热能有关的能源和与原子核反应有关的能源，如原子核能、地热能等。

第三，地球和其他天体相互作用而产生的能量。如潮汐能，是月球引力变化引起潮汐现象产生的势能。而温泉和火山爆发喷出的岩浆就是地热的表现。地球可分为地壳、地幔和地核三层，它是一个大热库。地壳就是地球表面的一层，一般厚度为几千米至70千米不等。地壳下面是地幔，它大部分是熔融状的岩浆，厚度为2900千米。火山爆发一般是这部分岩浆喷出。地球内部为地核，地核中心温度为2000℃。可见，地球上的地热资源储量也很大。

（2）按产生方式分类

根据产生的方式可分为一次能源（天然能源）和二次能源（人工能源）。一次能源是指自然界中以天然形式存在并没有经过加工或转换的能量资源，一次能源包括可再生的水力资源和不可再生的煤炭、石油、天然气资源，其中包括水、石油和天然气在内的三种能源是一次能源的核心，它们成为全球能源的基础。除此之外，太阳能、风能、地热能、海洋能、生物能以及核能等可再生能源也被包括在一次能源的范围内。二次能源则是指由一次能源直接或间接转换成其他种类和形式的能量资源，例如，电力、煤气、蒸汽、汽油、柴油、焦炭、洁净煤、激光和沼气等能源都属于二次能源。一次能源又分为可再生能源（水能、风能及生物质能）和非再生能源（煤炭、石油、天然气、油页岩等）。

(3) 按性质分类

按能源性质分，有燃料型能源（煤炭、石油、天然气、泥炭、木材）和非燃料型能源（水能、风能、地热能、海洋能、核能）。人类利用自己体力以外的能源是从用火开始的，最早的燃料是木材，以后用各种化石燃料，如煤炭、石油、天然气、泥炭等。现正研究利用太阳能、地热能、风能、潮汐能等新能源。当前化石燃料消耗量很大，但地球上这些燃料的储量有限。未来铀和钍将提供世界所需的大部分能量。一旦控制核聚变的技术问题得到解决，人类实际上将获得无尽的能源。

(4) 按对环境影响分类

根据能源消耗后是否造成环境污染可分为污染型能源和清洁型能源，污染型能源包括煤炭、石油等，清洁型能源包括水力、电力、太阳能、风能以及核能等。

(5) 按使用类型分类

根据能源使用的类型又可分为常规能源和新型能源。常规能源包括一次能源中可再生的水力资源和不可再生的煤炭、石油、天然气等资源。新型能源是相对于常规能源而言的，包括太阳能、风能、地热能、海洋能、生物能以及用于核能发电的核燃料等能源。由于新能源的能量密度较小，或品位较低，或有间歇性，按已有的技术条件转换利用的经济性尚差，还处于研究、发展阶段，只能因地制宜地开发和利用，但新能源大多数是再生能源。资源丰富，分布广阔，是未来的主要能源之一。

(6) 按形态特征分类

能源类型分为：固体燃料、液体燃料、气体燃料、水能、电能、太阳能、生物质能、风能、核能、海洋能和地热能。其中，前三个类型统称为化石燃料或化石能源。已被人类认识的上述能源，在一定条件下可以转换为人们所需的某种形式的能量。比如薪柴和煤炭，把它们加热到一定温度，它们能和空气中的氧气化合并放出大量的热能。我们可以用热能来取暖、做饭或制冷，也可以用热能来产生蒸汽，用蒸汽推动汽轮机，使热能变成机械能；也可以用汽轮机带动发电机，使机械能变成电能；如果把电送到工厂、企业、机关、农牧林区和住户，它又可以转换成机械能、光能或热能。

(7) 商品能源和非商品能源

凡进入能源市场作为商品销售的如煤、石油、天然气和电等均为商品能源。国际上的统计数字均限于商品能源。非商品能源主要指薪柴和农作物残余（秸秆等）。

(8) 再生能源和非再生能源

人们对一次能源又进一步加以分类。凡是可以不断得到补充或能在较短周期内再产生的能源称为再生能源，反之称为非再生能源。风能、水能、海洋能、潮汐能、太阳能和生物质能等是可再生能源；煤、石油和天然气等是非再生能源。地热能基本上是非再生能源，但从地球内部巨大的蕴藏量来看，又具有再生的性质。核能的新发展将使核燃料循环而具有增值的性质。核聚变的能量比核裂变的能量可高出5—10倍，核聚变最合适的燃料重氢（氘）又大量地存在于海水中，可谓"取之不尽，用之不竭"。核能是未来能源系统的支柱之一。

随着全球各国经济发展对能源需求的日益增加，现在许多发达国家都更加重视对可再生能源、环保能源以及新型能源的开发与研究；同时我们也相信随着人类科学技术的不断进步，专家们会不断开发研究出更多新能源来替代现有能源，以满足全球经济发展与人类生存对能源的高度需求，而且我们能够预计地球上还有很多尚未被人类发现的新能源正等待我们去探寻与研究。

二 世界能源消费现状和趋势

1. 世界能源消费结构

2008年，全球能源消费增长放缓。与此同时，经济增速的放慢和更高的能源均价打破了之前连续五年的高于平均水平的能源消费增长局面。各类化石燃料的生产增速全面超过消费增速。综观2008年全年，各类能源交易价格大幅上扬，尽管下半年跌幅剧烈。石油价格连续第七年增长，达到扣除通胀因素后的历史新高。煤炭在国际市场上的交易价格较其他燃料增幅更大。欧洲的天然气价格、亚太地区的液化天然气（LNG）价格与石油价格同时上涨，有时甚至比石油价格上涨更快。北美地区的价格增速则相对较缓。

2008年，全球一次能源消费（包括石油、天然气、煤炭、核能和水电）增幅为 1.4%，是 2001 年以来增长最为缓慢的一年。亚太地区占全球能源消费增长的 87%。煤炭连续第三年登上一次能源消费增幅榜首。中国的能源消费增长连续第五年减缓，但仍占全球能源消费增长的 3/4。能源出口地区的消费保持着强劲的增长势头，中东和非洲的增长均高于平均水平。美国的能源消费下降 2.8 个百分点，实现该国自 1982 年以来的最大减幅（见表 1-1）。

表 1-1　　　　分地区世界一次能源消费总量/Mo 吨 e

（BP 世界能源统计 2009 年 6 月）

年份 地区	1998	1999	2000	2001	2002	2003	2004	2005	2006	2007	2008	2007—2008 年变化情况	2008 年占总量比例
北美洲	2635.0	2680.0	2747.0	2688.4	2728.7	2751.9	2803.6	2819.2	2803.2	2849.4	2799.1	-2.0%	24.8%
中南美洲	447.8	448.7	459.5	462.3	465.7	470.0	490.9	511.6	538.4	563.5	579.6	2.6%	5.1%
欧洲	2759.9	2757.1	2806.9	2817.9	2835.3	2872.2	2925.9	2937.7	2978.7	2956.9	2964.6	*	26.2%
中东地区	373.9	384.2	399.5	424.4	444.2	463.4	492.6	533.2	555.1	577.6	613.5	5.9%	5.4%
非洲	266.9	273.7	276.1	281.5	289.1	302.3	318.2	323.5	327.5	341.0	356.0	4.1%	3.2%
亚太地区	2405.0	2477.7	2572.8	2638.7	2739.8	2945.8	3227.6	3430.1	3617.9	3816.0	3981.9	4.1%	35.3%
世界总计	8888.5	9021.4	9261.8	9313.2	9502.8	9805.6	10258.6	10555.2	10820.8	11104.4	11294.7	1.4%	100.0%
其中欧盟25国	1689.2	1685.1	1703.9	1731.9	1717.2	1748.6	1770.1	1771.8	1773.4	1732.2	1728.2	-0.5%	15.3%
经合组织	5164.3	5237.2	5353.9	5318.4	5359.3	5415.7	5513.0	5551.2	5548.0	5568.3	5508.4	-1.3%	48.8%
苏联地区	902.4	905.0	925.7	927.0	943.5	953.0	973.4	973.8	1011.7	1022.8	1028.9	0.3%	9.1%

在本统计中，一次能源仅包括能够进行商业贸易的燃料。因此，表中数据不包括木头、泥炭与动物废弃物；虽然这些燃料在很多国家发挥着重要作用，但其消费统计并不可靠。

*低于 0.005。

备注：石油消费以百万吨为单位计量；其他燃料以百万吨油当量为单位计算。

2. 世界能源需求预测

据美国能源部能源情报署（EIA）完成的《国际能源展望》基准状态预测，世界能源消费在24年内（2001—2025年）将增加54%，全球能源消费总量预计将从2001年的 4.3×10^{17} kJ 增加到2025年的 6.8×10^{17} kJ。表1-2为未来世界各地区能源需求预测。进入21世纪，世界能源需求持续上升，但美国环境研究集团的研究也显示，生物燃料、风能发电和太阳能的生产正以年均20%—30%的速率增长，而石油和天然气的年增速为2%。因此从长期看，世界终将面临替代石油和其他化石燃料的新能源时代。据预测到2030年，替代能源尤其是可再生能源，不仅将成为重要的能源来源，而且将成为降低温室气体排放的重要措施。

表1-2　　　　　　　　　　未来世界各地区能源需求预测

地区	2010 需求量/亿吨油当量	2010 比例/%	2020 需求量/亿吨油当量	2020 比例/%	2025 需求量/亿吨油当量	2025 比例/%
北美洲	33.56	29.47	37.71	29.26	39.62	29.03
欧洲	33.16	29.12	34.99	27.15	35.76	26.20
亚洲	31.77	27.90	37.73	29.27	40.55	29.71
中东	5.85	5.14	6.85	5.31	7.51	5.50
非洲	3.38	2.97	3.98	3.09	4.30	3.15
中南美洲	6.14	5.39	7.63	5.92	8.76	6.42
世界	113.86	100	128.89	100	136.50	1000

资料来源：Annual Energy Ou 吨 look，2004，DOE/EIA。

三　中国能源消费现状和趋势

根据国际惯例，当人均GDP达到1万美元时，人均能源消费将达到4—5吨的标准煤当量，中国现在人均GDP为4000多美元，随着经济发展及人民消费水平的提高，中国的能源供需矛盾将日益突出。专家预测，2020年中国要实现小康目标，能源需求将达到29亿吨标准煤当量，但国内的能源储存量有限，石油、煤炭、天然气人均可采储量分别只有世界平均水平的11%、55%和4.3%。①

据统计数据显示。2008年中国消费能源总量为29.1亿吨煤，煤炭、原油和天然气的消费量分别为27.4亿吨、3.6亿吨、778亿立方米。② 未来几年，中国煤炭国内生产量基本能够满足国内消费量，原油和天然气的生产则不能满足需求，特别是原油的缺口最大。

目前，中国的煤炭资源比较丰富，在中国的能源消费结构中，煤炭消费量占一次能源消费总量的近70%，中国已成为全球最大的煤炭生产国和消费国，煤炭在21世纪上半叶仍为最主要的一次能源，新增加的煤炭产量绝大部分用于发电，全国二氧化硫排放总量的90%是由燃煤造成的，二氧化硫已成为主要大气污染物，致使中国1/3国土成为酸雨区。因此，提高煤电效率与降低污染，实现高效、低污染燃煤发电技术及其产业化和大规模应用，将是未来能源科技的重点。

据英国石油公司世界能源统计报告，现在全球剩余的石油探明储量截至2009年年底仅有1855.23亿吨，按2009年年产量（35.25亿吨）计算，世界石油储采比为52.63年，而中国石油的储采比仅为20.6年。中国的石油对外依存度以惊人的速度不断攀升，2008年原油进口1.47亿吨，石油对外依存度达40.8%。按目前的发展速度，到2020年，中国最少需要4.5亿吨原油，而届时本土生产能力将至多不超过2亿吨，石油对外依存度有可能达到57.6%。因此，未来的工作重点是保障石油安全，主要从开源、节流两方面努力，前者包括石油资源的勘探开发和推进补充，以及替代能源的发展和产业化，后者主要是减缓交通耗油的增长。

第二节 生物质能的概述

生物质能是人类一直赖以生存的重要资源，是仅次于煤炭、石油和天然气而居世界能源消费总量的第四位的能源。目前，生物质能在世界能源总消费量中占14%，因而在整个能源系统中占有重要地位。有关专家估计，生物质能极有可能成为可持续能源系统中的主要组成部分，

---

① 中国经济信息网：《中国新能源产业年度报告》，2009年。
② 国家统计局能源统计司编：《中国能源统计年鉴2009》，中国统计出版社2010年版。

到 21 世纪中叶，采用新技术生产的各种生物质能替代燃料将占全球总能耗的 40% 以上。

一 生物质能的基本概念

生物质是指通过光合作用而形成的各种有机体，包括所有的动植物和微生物。生物质能是太阳能以化学能形式储存在生物质中的能量形式，以生物质为载体的能量。它直接或间接地来源于绿色植物的光合作用，可转化为常规的固态燃料、液态燃料和气态燃料，取之不尽，用之不竭，是一种可再生能源。生物质能的原始能量来源于太阳，所以从广义上说，生物质能是太阳能的一种表现形式。传统生物质属于分散性资源，主要利用方式是直接燃烧，是人类最早开发与利用的可再生资源。据估计地球上每年植物光合作用固定的碳达 2000×10^8 吨，含能量达 3×10^{21} 焦耳[1]。生物质遍布世界各地，蕴藏量极大，仅地球上的植物每年生产量就相当于目前人类消耗矿物质能的 20 倍，或相当于世界现有人口食物能量的 160 倍。它的生成过程如下：

$$CO_2 + H_2O \xrightarrow{光} (CH_2O) + O_2$$

植物生物质所含能量的多少与品种、生长周期、繁殖与种植方法、收获方法、抗病抗灾性能、日照时间与强度、环境温度与湿度、雨量、土壤条件等诸因素有密切的关系。世界上生物质资源数量庞大，形式繁多，大致可以分为传统和现代两类。传统生物质包括家庭使用的薪柴、木炭和稻草（也包括稻壳）、其他植物性废弃物和动物的粪便。传统生物质能主要在发展中国家使用，广义上包括所有小规模使用的生物质能，但也并不总是置于市场之外。第三世界农村烧饭用的薪柴便是其中的典型例子。现代生物质能指由生物质转化成的现代能源载体，如气体燃料、液体燃料或电能，从而可大规模用来代替常规能源。巴西、瑞典、美国的生物质能计划便是这类生物质能的例子。现代生物质包括工业性的木质废弃物、甘蔗渣（工业性的）、城市废弃物、生物燃料（包括沼气和能源型作物）。在世界能耗中，生物质能约占 15%，在不发达

---

[1] 吴占松等编著：《生物质能利用技术》，化学工业出版社 2010 年版。

地区占60%以上。在少数国家，生物质能的比重还更高。在尼泊尔，总能量的95%以上来源于生物质资源，马拉维是94%，肯尼亚是75%，印度是50%，中国是33%。全世界约25亿人的生活能源的90%以上是生物质能。①

在能源的转换过程中，生物质是一种理想的燃料。生物质能的优点是燃烧容易，污染少，灰分较低，具有很强的再生能力；缺点是热值及热效率低，体积大而不易运输，直接燃烧生物质的热效率仅为10%—30%。目前，世界各国正逐步采用热化学转换法、生物化学转换法、机械成型、转化为电力等方法利用生物质能。

二 生物质能的分类和特点

1. 生物质能的分类

通常提供作为能源的生物质资源种类很多，主要是农作物、油料作物和农业有机剩余物、林木、森林工业残余物。此外，动物的排泄物，江河湖泊的沉积物，农副产品加工后的有机废物和废水，城市生活有机废水及垃圾等都是重要的生物质能资源。水生生物质资源比陆生的更为广泛。生物质资源既包括陆生植物，也包括水生植物。这是因为地球上有广大的水域，而且不存在陆生资源那样与住宅、粮食等争地的问题。水域费用一般比陆地费用较低。水生生物质资源品种繁多，资源量大，领域广阔。

世界上生物资源数量庞大，形式繁多，依据来源的不同，可以将适合于能源利用的生物质分为林业资源、农业资源、生活污水和工业有机废水、城市固体废物和畜禽粪便五大类。

（1）林业生物质资源

林业生物质资源是指森林生长和林业生产过程提供的生物质能，包括薪炭林、在森林抚育和间伐作业中的零散木材、残留的树枝、树叶和木屑等；木材采运和加工过程中的枝丫、锯末、木屑、梢头、板皮和截头等；林业副产品的废弃物，如果壳和果核等。

（2）农业生物质资源

农业生物质资源是指农业作物（包括能源作物）；农业生产过程中

---

① 钱伯章编：《生物质能技术与应用》，科学出版社2010年版。

的废弃物，如农作物收获时残留在农田内的农作物秸秆（玉米秸、高粱秸、麦秸、稻草、豆秸和棉秆等）。目前，全国农村作为能源的秸秆消费量约 2.86×10^8 吨，但大多数还处于低效利用，即直接在柴灶上燃烧，其转换效率仅为 10%—20%。[①] 随着农村经济的发展和农民收入的增加，农村生活用能中商品能源的比例也正以较快的速度增加。事实上，农民收入的增加与商品能源获得的难易程度都能成为新型商品能源开发的契机与动力。在较为接近商品能源产区的农村地区或富裕的农村地区，商品能源（如煤、液化石油气等）已成为主要的炊事用能，而以传统方式利用的秸秆首先成为被商品能源替代的对象，致使被弃于地头田间直接燃烧的秸秆量逐年增大。许多地区废弃秸秆量已占总秸秆量的60%以上，既危害环境，又浪费资源。因此，加快秸秆的优质化转换利用势在必行。

（3）生活污水和工业有机废水

生活污水主要由城镇居民生活、商业和服务业的各种排水组成，如冷却水、洗浴排水、盥洗排水、洗衣排水、厨房排水、粪便污水等；工业有机废水主要是酒精、酿酒、制糖、食品、制药、造纸及屠宰等行业生产过程中排出的废水等，其中都富含有机物。

（4）城市固体废物

城市固体废物主要是由城镇居民生活垃圾，商业、服务业垃圾和少量建筑业垃圾等固体废物构成。其组成成分比较复杂，受当地居民的平均生活水平、能源消费结构、城镇建设、自然条件、传统习惯以及季节变化等因素影响。中国大城市的垃圾构成已呈现向现代化城市过渡的趋势，具有以下特点：一是，垃圾中有机物含量接近1/3甚至更高；二是，食品类废弃物的主要组成部分是有机物；三是，易降解有机物含量高。

（5）畜禽粪便

畜禽粪便是畜禽排泄物的总称，它是其他形态生物质（主要是粮食、作物秸秆和牧草等）的转化形式，包括畜禽排出的粪便、尿及其与垫草的混合物。中国主要的畜禽包括猪、牛和鸡等，其资源与畜牧业

[①] 中国经济信息网：《中国新能源产业年度报告》，2008年。

生产有关。根据这些畜禽的品种、体重、粪便排泄量等因素，可估算出畜禽粪便的资源实物量。

在粪便资源中，大中型养殖场的粪便更便于集中开发和规模化利用。中国目前大中型牛、猪、鸡场6000多家，每天排出粪尿及冲洗污水80多万吨，全国每年粪便污水资源量 1.6×10^8 吨，折合 1.1575×10^8 标准煤①。

总之，生物质资源不仅储量丰富，而且可以再生。据估计，作为植物生物质的最主要成分——木质素和纤维素每年以约 1640×10^8 吨的速度不断再生，如以能量换算，相当于目前石油产量的15—20倍②。如果这部分能量能得到利用，人类就相当于有了一个取之不尽、用之不竭的资源宝库；而且，由于生物质来源于二氧化碳（光合作用），所以燃烧后产生的二氧化碳不会增加大气中的二氧化碳的含量。因此生物质与矿物质燃料相比更为清洁，是未来世界理想的清洁能源。

2. 生物质能的特点

（1）可再生性

生物质的载体是有机体，所以这种能源是以实物的形式存在的，是唯一一种可储存和可运输的可再生资源，生物质能由于通过植物的光合作用可以再生，与风能、太阳能等同属可再生能源，资源丰富，可保证能源的永续利用。

（2）低污染性

生物质的硫含量、氮含量低、燃烧过程中生成的 SO_2、NOx 较少；生物质作为燃料时，由于它在生长时需要的二氧化碳相当于它排放的二氧化碳的量，因而对大气的二氧化碳净排放量近似于零，可有效地减轻温室效应。

（3）广泛分布性

生物质资源分布十分广泛，远比石油丰富，可以不断再生。生物质能是地球上最普通的一种可再生能源，它遍布于世界陆地和水域的千万种植物之中，犹如一个巨大的太阳能化工厂，不断地把太阳能转化为化

---

① 钱伯章编：《可再生能源发展综述》，科学出版社2010年版。
② 同上。

学能，并以有机物的形式储存于植物内部，从而构成一种储量极其丰富的可再生能源——生物质能。据统计，全世界每年农村生物质的产量为300亿吨。

（4）促进经济发展，提高就业机会

开发生物质能，可以促进经济发展，提高就业机会，具有经济与社会的双重效益。生物质能的开发与利用，可以为农村和边远山区、林区就近提供廉价能源，以促进经济的发展和生活的改善。开发生物质能还具有向农村提供就业的潜力。农业的现代化发展必然会造成劳动力的过剩。因此，保证就业就是繁荣农村的一个重要条件，巴西利用生物质的酒精工业提供了20万个工作岗位。

三　生物质能在世界能源供应中的地位

生物质能自古以来就是人类赖以生存的能源，在人类社会历史的发展进程中始终发挥着极其重要的作用。人类自从发现火开始，就以生物质的形式来利用太阳能做饭和取暖。即使是今天，世界上薪柴的主要用途依然是在发展中国家供农村地区炊事和取暖。生物质能就其能源当量而言，是仅次于煤、油、天然气而列第四位的能源；在世界能源消耗中，生物质能占总能耗的14%，但在发展中国家占40%以上。

生物质能的开发利用已经受到世界各国的高度重视，并成为重要的国家战略资源。全世界每年通过光合作用生成的生物质能约为50亿吨，其中仅1%用作能源，但它已为全球提供了14%的能源。根据IEA（国际能源署，International Energy Agency，简称IEA）的定义，生物质能分为固体生物质、木炭、城市固体废物、生物液体燃料和沼气等。固体生物质是世界产量最大的可再生能源，占世界一次能源产量的10.4%，占可再生能源产量的77.4%。在生物液体和沼气方面，生物乙醇、生物柴油的生产及利用技术已经趋于成熟化，沼气技术也将各种生物质原料转化为清洁、可持续利用的新能源，目前已成功地运用于农村能源建设，不仅为农民带来清洁的能源，而且减轻了农民的负担。欧盟委员会在其发布的"欧盟能源发展战略绿皮书"中指出，2015年生物质能将由目前占总能源消费量的2%左右提高到15%，其中大部分来自生物制沼气、农林废弃物及能源作物的利用；到2020年生物质燃料将替代

20%的化石燃料。

随着能源危机的逐步扩大,各国对本国常规能源资源的保护和对国外能源市场的争夺将日益升级,极不利于世界的和平与稳定。据有关专家预计,到2010年,中国石油进口依存度可能会进一步上升。固然,发展生物质能不是获得新能源的唯一途径,人类可以发展核能源,甚至可以通过高技术手段从外太空获得能源,但后两者蕴藏着巨大的风险。首先,核能源的发展极可能给世界带来新的不稳定因素,甚至直接威胁到人类的生存环境;其次,各国家或集团受技术水平的限制,在有限的外太空区域内进行能源开发,将不可避免地引发新的国际争端。能源安全已经成为国家安全不可分割的重要组成部分,能源问题直接关系到中国经济的快速增长以及社会的可持续发展与稳定。

相比之下,生物质能则是能生产出其他能源的最安全、最稳定的能源。目前,许多国家,尤其是发达国家,都在致力于开发高效、无污染的生物质能利用技术,以保护本国的矿物能源资源,为实现国家经济的可持续发展提供根本保障。20世纪90年代以来,美国在生物质能方面的研究经费逐步加大,按照美国能源署的要求,2010年混合性生物柴油(90%常规柴油和10%生物柴油)的产能要从现在的100万吨提高到1200万吨。欧盟委员会提出,到2020年,运输燃料的20%将用生物燃料替代。中国在生物质能发展方面也作出了积极部署。据推算,利用中国现有生物质资源的一半,以生物质为原料生产燃料乙醇、生物柴油、生物质塑料各达年产1200万吨能力计,每年相当于建设一个大庆油田,并可减少1.6亿吨二氧化碳净排放量,可以大大减轻中国外交、援助、贷款的压力,降低遭讹诈、受制于人的危险,减少资金投入和政治外交代价付出。从这些意义上说,发展生物质能无疑是保障国家能源安全、国防安全和经济安全的大战略。

第三节 生物质能开发利用的背景

一 能源危机是一个不可避免的事实

能源是人类社会进步和工商文明程度得以提升的动力,随着人口的增加和工商业文明程度的提高,不可再生能源消耗量越来越大,能源危机接踵而来。

1. 煤炭资源储量有限

新中国成立以来，中国的能耗以年均8.25%的速率增长。有统计数据可推，如果我们维持历史惯性，到2020年可能需要60亿吨标准煤，最高为80亿吨标准煤，最少不低于40亿吨标准煤。根据最新统计，中国可探明利用的煤炭总储量接近1900亿吨，人均煤炭储量17.36吨，以2009年29.1亿吨的煤炭产量除以40%的煤矿资源回收率计算，每年所消耗储量为50亿吨，1900亿吨可利用储量也支撑不到40年。

2. 石油供求形势日益严峻

1982年以后，中国石油消费以年均5.6%的速率增长。2008年中国石油的消费达到3.6亿吨，仅次于美国，位居世界第二。如果按此惯性，到2020年中国的石油消费将是2008年的近两倍，达到10亿吨标准煤。2003年中国地质科学院《矿产资源与中国经济发展》报告警告：中国油气资源的现有储量将不足10年消费，最终可采储量勉强能维持30年消费，因此，中国石油消费的对外依存度大幅度提高。1985年中国石油出口占消费的39.6%，而进口微不足道；到2008年，石油进口量占消费需求总量的40.83%，石油供求形势日益严峻。

3. 水电开发代价太高

根据中国水电工程顾问集团公司网站提供的信息及中国水力资源复查结果，中国水力资源能量蕴藏量在1万千瓦及以上河流的年发电量为60829亿千瓦时，单站装机容量500千瓦及以上水电站的技术可开发装机容量为54164万千瓦，年发电量为24740亿千瓦时，其中经济可开发水电站装机容量为40179万千瓦，年发电量为17534亿千瓦时，分别占技术可开发装机容量的年发电量的74.2%和70.9%。而中国的水能资源高度集中于藏东、川西高山峡谷地区，地质活动强烈，地震、泥石流、滑坡、塌方、雪崩、飞石和洪水频繁。此地水能资源开发利用一方面要承担巨大的地质突变风险；另一方面即使我们把经济可开发水电站全部建立起来，新增的年发电量也仅为2009年一次能源消耗的32.3%，在年均8.25%的能源需求增长率面前，可以说是微不足道的，而且所付出的地质资源、生态资源成本太高。

4. 风能、太阳能望梅止渴

中国气象局在20世纪90年代，根据中国900多个气象台站实测资料，做出了多年平均风能密度分布图，首次完整、细致地估算出中国地面10米高度层上的风能资源总储量为32.26亿千瓦，可开发量为2.53亿千瓦。但是风能的开发和利用并不容易，截至2004年，中国风电装机容量仅76.4万千瓦，仅占中国电网装机容量的0.17%。中国太阳能资源丰富，中国气象局风能太阳能资源评估中心提供的数据显示，总储量为$1.47×10^8$亿千瓦时/年，相当于2.4万亿吨标准煤，但太阳能的开发和利用目前却微乎其微，2006年12月22日中国新能源网上刊登的清华大学核能与新能源技术研究院关于《促进可再生能源大规模发展战略与政策》报告显示，即使到2050年，太阳能发电的装机容量也仅为2亿千瓦，其所发电量也不足2003年中国发电总量19105.75亿千瓦时的一半。可以说依靠以上能源解决中国能源供求矛盾只能是望梅止渴。

5. 节约能源动力不足

面临能源供给紧缺与危机，人们自然而然地会想到有效地节约能源，把单位国内生产总值（GDP）的能耗降下来。但是，实际上目前在政策层面和经济层面都缺乏引导大家节约能源的动力。在政策层面上，我们以出口退税政策来鼓励企业对电解铝、钢铁等高能耗产品出口，这实际上是等于用中国紧张的能源和脆弱的生态环境为发达国家生产它们需要而又不愿意生产的产品。在经济层面上，我们的化石能源价格普遍较低，比生物质清洁能源价格低很多，这实际上等于鼓励企业和个人选择较低的一次性能源和化石能源，使得节能缺乏有效的动力支持。

二 开发利用生物质能是历史必然的选择

由于地球上生物数量巨大，由这些生命物质排泄和代谢出许多有机质，这些物质所蕴藏的能量是相当惊人的。根据生物学家估算，地球上每年生长的生物能总量1400亿—1800亿吨（干重），相当于目前世界总能耗的10倍。中国的生物质能也极为丰富，现在每年农村中的秸秆量约6.5亿吨，到2020年将达7.96亿吨，相当于5亿吨标准煤。薪柴和林业废弃物数量也很大，林业废弃物（不包括炭薪林），每年约达3700立方米，相当于2000万吨标准煤[①]。如果考虑日益增多的城市垃圾和生活污水，禽畜粪便等其他生物质资源，中国每年的生物质资源达6亿吨标准煤以上，扣除了一部分做饲料和其他原料，可开发为能源的生物质资源达3亿多吨标准煤，而随着农业和林业的发展，特别是随着速生炭薪林的开发推广，中国的生物质资源将越来越多，有非常大的开发和利用潜力。在石化能源供应日益紧缺，水电能、太阳能、风能开发利用需要支付大量的成本和代价，中国经济整体实力还无法支撑大量开发利用水电能、风能、太阳能的历史背景下，选择开发利用生物质能就成为历史的必然。

1. 中国生物质能丰富，开发利用前景广阔

沼气是把有机废弃物通过微生物分解转化的一种具有高热值的气体，是生物质能开发利用的重要组成部分。经过多年的研究开发，中国使用沼气技术居国际领先水平，发展规模居世界前列。沼气产业已从单纯的能源利用发展成为废弃物处理和生物质多层次综合利用，并与养殖业、种植业广泛结合，在农村生产和生活中发挥了重要作用。据统计，自2000年农业部提出以沼气为纽带的"生态家园富民计划"以来各级政府对农村的沼气建设投入力度加大，沼气发展速度加快。2001—2006年，中央累计投入60多亿元，直接支持农村沼气池建设。北方"四位一体"、西北"五配套"等能源生态模式逐步优化完善。大中型沼气工程技术日趋成熟，初步具备产业化条件。目前，全国农村户用沼气已累计发展到2200万户左右，年产沼气约90亿立方米；建成养殖场沼气3800处，年产沼气约2.5亿立方米。同时，通过沼气建设，初步形成了一支农业生物质能产业发展队伍。据统计，中国目前每年养殖出栏猪7亿多头，蛋、肉鸡85亿只，其粪便排放量高达32亿吨；每年的农作物秸秆产量为6.5亿吨，农村每天的生活垃圾为100多万吨。粪便、生活垃圾通过资源优化、无害化和清洁化的集中处理，秸秆通过粉碎、添加生物菌剂都可以作为沼气的原料。但目前已建成沼气的农户只占适宜建沼气池的农户的12.4%，规模养殖场建沼气的仅有1/600，沼气还有

---

① 左然编：《可再生能源概论》，机械工业出版社2007年版。

很大的发展空间。

燃料乙醇是利用化学方法把玉米、木薯、甜高粱等加工转化而成的液体燃料，一般采用水解办法把生物质中的纤维素、半纤维素转化为多糖，然后再利用生物技术发酵成为乙醇。当前，中国以陈化粮为原料生产燃料乙醇的示范工程年生产能力达102万吨，利用玉米生产燃料乙醇的加工能力不断扩大。通过试点，消费群体初步接受，生产成本不断降低。中国现行的燃料乙醇生产价格成本约为3500元/吨，技术水平较高的企业可降到3000元以下，为中国石油替代产业书写了良好开篇。在非粮食能源作物方面，中国已培育出"醇甜系列"杂交甜高粱品种，并建成了产业化示范基地；培育并引进多个亩产超过3吨的优良木薯品种；育成了一批能源甘蔗新品系和糖能兼用甘蔗品种，建成了高新技术产业化示范基地，而且筛选出适合甘蔗清汁发酵的菌株和活性干酵母菌株。

生物柴油素有"绿色柴油"之称，是指以动物油脂为原料，与甲醇和乙醇类植物经过交脂化反应改性，转换成的长链脂肪酸甲酯。生物柴油是一种可以单独或以任何比例与柴油混合使用的燃料，它完全符合柴油的理化指标，是清洁的可再生能源和石油、柴油的代用品。使用生物柴油，柴油机不需要做任何改动或零部件更换。生物柴油可以直接作为汽油的添加剂使用，且燃烧充分、污染少，有利于安全储存和运输。由于生物柴油燃烧充分，与普通柴油相比可以节油15%—30%。据不完全统计，目前全国大大小小的生物柴油投资项目已有近百个，在建拟建项目总产能超过了300万吨/年。制备生物柴油的原料很多，但目前最主要的原料是油菜籽。中国黄淮海河流域、西北、东北等广大地区都适宜种植油菜，仅长江流域和黄淮地区适宜种植油菜的冬闲地就有3亿亩以上，生物柴油发展原料丰富。中国近年来在双低油菜与杂种优势利用的结合上达到了国际领先水平，在油菜、油葵等主要作物上已开发出高含油量种质，含油量高达51.6%。此外，为了不与食用油和工业用油争原料，还开发利用了麻疯树果实、黄连木籽以及利用季节性闲地种植油菜等生产生物柴油技术，初步具备了产业化发展的条件。

2. 开发利用生物质能，有利于环境保护

大量使用煤炭、石油、薪柴等一次性能源，不仅造成了能源危机，更重要的是破坏了生态环境,温室效应、二氧化碳过量排放、二氧化硫过量排放和酸雨等问题接踵而来。2007年,联合国发布了政府间气候变化专门委员会的一份由130多个国家和地区的500名专家历时3年形成的报告警告:目前,地球上产生温室效应的气体比过去1万年中任何一段时期都高,大气中的二氧化碳的含量比过去65万年中任何时候都高,比工业革命前提高了35%。

生物质能属于清洁能源,大大减轻了人类使用能源造成的环境危害,其主要可燃成分是甲烷,燃烧时对环境污染小。在中国农村,秸秆和薪柴等生物质能是农村的主要生活燃料。据统计,50%以上农村居民生活用能采用秸秆、薪柴低效燃烧的方式,不仅利用效率低,而且造成严重的室内外环境污染,危害人体健康。同时,大量的人畜粪便得不到及时有效处理,造成了严重的面源污染,导致了疾病和疫病的传播。一口沼气池的建成,可以使一户农民在一年内炊事免烧薪柴3000公斤,相当于保护了3—4亩森林的年生长量,为广大山区封山育林提供了根本保证,有利于生态环境的恢复[1]。开发利用生物质能,有效处理农业生产和农村生活废弃物,有助于拓展农业生产领域,延长农业产业链条,减轻环境污染,改善农村卫生状况和农民生产生活条件,加快建设社会主义新农村步伐。生物柴油和燃料乙醇氧含量高,燃烧充分,减少了尾气和黑烟的排放,二氧化碳排放比柴油减少10%,可使二氧化硫和硫化物的排放减少30%;生物柴油中不含对环境造成污染的芳香族烷烃,因而对人体的损害很小;由于生物柴油燃烧时排放的二氧化碳远低于该植物生长过程中所吸收的二氧化碳,可以实现二氧化碳的平衡,从而改善了由于二氧化碳大量排放导致的气候变暖这一对人类有害的重大环境问题,有利于环境保护。

3. 开发利用生物质能经济效益良好

生物质能开发利用不仅具有良好的生态环境效益,还具有很好的经济社会效益。建一个8立方米的户用沼气池,按每天每立方米产沼气0.2立方米计算,年可产沼气584立方米,可满足3—4口之家的炊事

---

[1] 袁振宏、吴创之、马隆龙编:《生物质能利用原理与技术》,化学工业出版社2005年版。

用能，年可节约燃料和电费 250—350 元；8 立方米的沼气池年产沼肥 25 吨左右，相当于 2.5 吨复合肥，可节约开支 150—200 元；建立猪—沼—鱼—种模式，养殖业可增效 150—200 元，种植业可增效 150 元。一口沼气池一年带来的直接效益在 800 元左右，不到两年即可收回成本，而沼气池的使用年限一般为 15 年，建池成本分摊到每年不足 100 元，这样一个农户使用沼气池带来的直接经济效益一年就是 700 元。

以农产品为原料的燃料乙醇和生物柴油的开发利用除了有利于缓解能源供求矛盾和保护生态环境以外，其经济效益和社会效益也是不可忽视的。据华中农业大学研究开发的油菜籽直接生产生物柴油，并综合利用其副产品菜籽饼粕的工艺效益核算，一套总投资 6000 万元左右的年加工 3 万吨油菜籽的生物柴油综合处置装置，可处置生物柴油 1 万吨、甘油 1000 吨、菜籽饼粕 2 万吨。对菜籽饼粕进行进一步加工，可生产浓缩蛋白 8500 吨、无毒精饲料 7000 吨、植酸钠 400 吨。年销售收入可达 14000 万元，利税总额为 2500 万元，利润空间很大。同时，农民种植油菜在长江流域充分利用了冬闲地，油菜渣又具有很好的肥田效果，有力地促进了农业生产结构的调整，由于油菜籽生产比较效益高，加上冬春油菜作为蔬菜的收入，农民种油菜每亩可比种粮增收 100 多元。同时，油菜生产加工有利于农业产业化的经营和发展。

截至 2010 年年底，中国人均 GDP 为 29748 元人民币，农民人均纯收入 5919 元人民币，城镇居民的可支配收入 19109 元人民币[①]，正处于从工业化中前期向中后期转型阶段，产业结构的调整、基础设施的建设与完善都需要有足够的资金投入。因此，对于水能、风能、太阳能的开发投入力不从心，以至起步早而推进慢，加之面对能源消耗 8.5% 的递增速度，对其的开发短期内也难以缓解能源供求矛盾。面对 2009 年中国一次能源消费总量 27.5 亿吨标准煤，其中农村能源消费量占总能耗的 42.6%[②]，我们必须重视农村生物质能的开发和利用。同时，农村生物质能具有巨大的开发利用潜力。据专家预测，到 2020 年中国油菜种植可达到 0.29 亿公顷，每公顷产量可平均达到 3000 公斤、含油量达到

---

① Wind 数据库。
② 国家统计局能源统计司编：《中国能源统计年鉴 2009》，中国统计出版社 2010 年版。

50%左右,届时每年依靠能源作物油菜就可以生产6000万吨生物柴油,可为缓解能源供求矛盾作出应有的贡献。此外,中国有4529.68万公顷的灌木林(占林地总面积的16.02%),其中生物量2.02亿吨/年,有5700万公顷宜林地和荒地、荒沙,有1亿公顷不适合发展农业的边际性土地,可以大部分用于灌木林营造,具有巨大的发展林木生物质能的潜力[1]。因此,在现阶段选择生物质能开发利用具有一定的历史必然性和经济可行性。

第四节 生物质能开发范围

一 生物质能产业结构

生物质能产业是指利用可再生的生物质能原料和农村生物质能,通过工业加工转化,进行生物基产品(biobased product)和生物质能生产的一种新兴产业。伴随着世界石化能源逐渐趋于枯竭,各国政府在对保护环境、可持续发展和循环经济的探索中,将目光聚集到可再生资源,特别是以丰富的、可再生的生物质为原料,生产更安全、更环保和高性价比的能源、材料和其他加工制成品,以部分替代化石资源。现在世界上的已知生物多达25万多种,生物质能的种类也很繁多。目前,人们也可利用的大致分为六大类:第一类是木质素,主要包括木块、木屑、树枝和根、叶等;第二类是农业废弃物,主要是秸秆、果核、玉米芯等;第三类是水生植物,如藻类、水葫芦等;第四类是油料作物,如棉籽、花生、蓖麻、麻籽、油桐等;第五类是加工废弃物,包括食品、屠宰、酒厂、纸厂的排放物和垃圾等;第六类是禽畜粪便,包括猪、牛、羊、鸡的粪便,这些东西看来是很不起眼的,甚至是无用的废物,对环境也有污染,但从能源角度看,却能变废为宝,成为人类可利用的再生性能源。

20世纪形成了石油经济及其技术体系,21世纪将会出现生物质能经济及其技术体系。这一技术体系与人类创造的各种组织体系的有机结合,就使生物质产业得到了有效地发展。中国石油储量只有世界储量的

---

[1] 姚向君、田宜水编:《生物质能清洁转化利用技术》,化学工业出版社2005年版。

2%，自1993年成为石油净进口国，10年中进口增加了30倍，进口依存度超过了40%。

原油的缺乏将引发塑料等石化产品的短缺和价格上涨，使以此为原料的工厂企业生产成本增加，消费品价格上涨，影响民众的生活消费水平。更重要的是，由于石油资料的短缺，使中国在此方面受制于人。大力发展生物质绿色能源，有利于缓解这种状况，能够大大改变中国石油短缺，受制于人的局面。中国生物质能目前发展势头很好，生物质能资源丰富，已可生产燃料乙醇、生物柴油、生物塑料，也可利用沼气发电，利用生物质能及各种作物秸秆、林木枝干等通过固体成型制备成各种生物质燃料，可以说生物质能产业的发展在中国方兴未艾。

二 生物质能产业发展的机遇和挑战

1. 石化能源的短缺拉动了生物质能产业的发展

人类社会在长期的经济发展过程中几乎走了一条能量物质转换之路，为了获得人类所需要的物质及能量，不得不以消耗和转化自然界的常规能源为代价，然而，自然界的常规能源——煤炭、石油、天然气的储量是有限的，又是不可再生的。随着人类社会活动的日益加剧，其消耗殆尽之日是迟早会来临的。据估计，全球的煤炭最多可再开采60年，石油最多可再开采40年。这给人类社会提出了一个新的问题，必须寻找、开发代替性的新能源。

生物质能具有可再生性的特征，经过开发可持续性地生产和利用。如果将生物质能开发，将会具有其他产业不可比拟的生命力。其原因在于：一是，把可再生的农业资源转化为能满足人类需求的电能、燃料能，需要以强有力的新技术、新工艺为支撑，而这些技术的研发、推广和应用，将会成为一个新的科学体系。二是，可转化为新能源的农林资源是可以通过人类劳动而源源不断地生产出来。生物质能产业的兴起，农林资源的推广，给农民、林业生产经营带来了新的机会，为其产品找到了新的出路。三是，生物质能产业的兴起，为农、林、牧废弃物找到了新的商机，使之有机会和有可能进入经济循环体系之中，给未利用的土地带来了经济机会，使之可以投入生物质能的原料生产。

2. 全球气候变暖与节能减排促使生物质能产业兴起

自 1992 年世界环境保护大会提出可持续发展的理念和公布"21 世纪议程"之后，环境问题得到了人类社会的普遍关注。生态环境危机、粮食危机、能源危机、资源危机成了人们谈论的热门话题。面对这样的危机，如何节能减排、减轻人类经济活动对资源环境的危害，如何延缓能源危机到来的时间，寻找新的可以替代一次性石化能源，又可以减轻对环境造成污染的新能源，则成了人类社会的共同目标。生物质能在节能减排、缓解能源危机和环境危机的矛盾方面具有不可忽视的作用。

3. 生产成本过高，致使生物质能产业发展受到挑战

尽管生物质能产业作为一种新生产业，具有可再生性、节能减排和环境友好的优势。但是，由于它是人类加工而获得的能源，与天然的一次性石化能源相比，在市场竞争中不占价格竞争优势。其原因在于，生物质能是可再生和可循环的有机物质，包含以能源为目的的农作物、粮食和饲料作物的残体、水生植物、树木、动物粪便和其他废弃物通过加工（液化、汽化、固化成型）而生产的新能源。在这一加工转化过程中机器设备的运转以及新产品的产生，都需要消耗一定的能源。这就使得生物质能产业与石化能源相比不具有运行优势。再者，在发达国家，由于地多人少，农产品过剩，因而鼓励农民对农业生产结构进行调整，对一些土地进行休耕。而中国的情况却恰恰相反，地少人多，种植能源作物和开发利用新能源，与政府提出的"不与粮食争地，不与人争粮"的目标相矛盾。所以，种植能源作物往往被边缘化，以致其发展遇到了资源和政策约束，在市场中处于不利地位。

第二章 生物质能开发利用的理论基础

在刚刚过去的 20 世纪,"可持续发展"思想的形成,是人类最深刻的警醒。自然资源的日益枯竭和环境的不断被破坏,使得人们不得不对传统经济发展模式进行反思。今天,对环境保护的态度和可持续发展观念已经成为衡量一个人、一个民族、一个地区、一个国家"现代化"程度的准绳之一。面对能源的耗竭和消耗大量的石化能源对环境的污染和破坏,人们以可持续发展理论、循环经济理论为指导,对生物质能进行开发和利用,可持续发展理论、循环经济理论为生物质能及其可再生能源的开发和利用提供了坚实的理论基础。

第一节 可持续发展理论

"可持续发展"(Sustainable Development)的概念最先是 1972 年在联合国人类环境研讨会上正式讨论。自此以后,各国致力于界定"可持续发展"的含义,现已拟出的定义有几百个之多。可持续发展涉及自然、环境、社会、经济、科技、政治等诸多方面,因研究者所站的角度不同,对可持续发展所作的定义也就不同。目前,最具代表性、被人们广泛认可的定义是第 38 届联合国大会高级专家委员会发表的《我们共同的未来》中对"可持续发展"的定义:既满足当代人的需求,又不对后代人满足其需求的能力构成危害的发展称为可持续发展。它们是一个密不可分的系统,既要达到发展经济的目的,又要保护好人类赖以生存的大气、淡水、海洋、土地和森林等自然资源和环境,使子孙后代能够永续发展和安居乐业。可持续发展与环境保护既有联系,又不等同。环境保护是可持续发展的重要方面。可持续发展的核心是发展,但要求在严格控制人口、提高人口素质和保护环境、资源永续利用的前提下进行经济和社会的发展。发展是可持续发展的前提;人是可持续发展的中心体;可持续长久的发展才是真正的发展。

一 可持续发展理论的含义及原则

可持续发展的思想是人类社会近一个世纪高速发展的产物,经过了艰苦的探索,凝结了当代人对可持续发展理论认识不断深化的结晶。这一思想从西方传统的自然和环境保护观念出发,兼顾发展中国家发展和进步的要求,在20世纪最后10年中又引发了世界各国对发展与环境的深度思考。美国、德国、英国等发达国家和中国、巴西这样的发展中国家都先后提出了自己的21世纪议程或行动纲领。尽管各国侧重点不同,但都不约而同地强调要在经济和社会发展的同时注重环境保护。今天,可持续发展观念已经广泛渗透到社会发展的不同领域。在能源领域,发达国家都将技术的重点转移到水能、风能、太阳能和生物能等可更新能源上;在交通运输领域,研制燃料电池车或其他清洁能源车辆已成为各大汽车制造商技术开发能力的标志;在农业领域,资源节约型、环境友好型的两型农业成为一种新的理念,注重生产过程的控制与管理,注意产品的质量与安全,无化肥、无农药和无毒害的生态农产品已成为消费者的首选;在城市规划和建筑业中,尽量减少能源和水的消耗、同时也减少废水废弃物排放的"生态设计"和"生态房屋"已成为近年来发达国家建筑业的招牌。人类社会越来越清楚地认识到经济增长、社会发展和环境保护已经成为可持续发展理论的三个支点,三者之间相互依存、相互影响,形成了一个整体,其中任何一个范畴的缺失,都可能阻断人类可持续发展的道路。

(一)可持续发展理论的含义

生物质能可持续发展观强调的是环境与经济的一体化发展,追求的是人与自然的和谐统一[①]。其核心思想是,生物质能的开发应建立在生态持续、社会公正和人民积极参与自身发展的基础上。它所追求的目标

---

① 肖波等:《生物质能循环经济技术》,化学工业出版社2006年版。

是：既要使人类的各种需求得到满足，个人得到充分发展；又要保护生态环境，不对后代人的生存和发展构成危害。它特别关注的是各种经济活动的合理性，强调对环境有利的经济活动应予以提倡，对环境有害的经济活动应予以制止。在发展指标上，不单纯用国民生产总值、经济增长率作为衡量发展的指标，而是用社会、经济、文化、环境等多项指标来衡量发展。这种发展观较好地把个体利益与群体利益、眼前利益与长远利益、局部利益与全局利益有机地结合起来，使经济能够沿着健康的轨道平稳发展。因此可以说，可持续发展观是人类新思维的一种十分明智的选择。

生物质能可持续发展观在上述核心思想中，还包含了以下几层含义：

第一，生物质能可持续发展观认为经济发展与环境保护紧密联系，不可分割，并强调把环境保护作为发展进程中的一个重要环节，作为衡量发展质量、发展水平和发展程度的客观标准之一。因为现代发展越来越依靠环境与资源的基础性支撑，而随着环境恶化和资源耗竭，这种支撑已越来越微弱和有限了，某些地方甚至达到极限。因此，越是在经济高速发展的情况下，越要加强环境与资源保护，以获得长久的支撑能力。这是生物质能可持续发展观区别于传统能源发展观的一个重要标志。

第二，生物质能可持续发展观还强调代际公平。指出当代人享有正当的环境权利，即享有在发展中合理利用生物资源和拥有清洁、安全、舒适的环境权利，后代人也同样享有这些权利。这一代人不能滥用自己的环境权利，一味片面地追求自身的享受和消耗，而剥夺了后代人应当享有的发展与消费机会。这一代人要把环境权利和环境义务有机地结合起来，在维护自身环境权利的同时，也要维护后代人生存与发展的权利。

第三，生物质能可持续发展观还呼吁人们改变传统的生产方式和消费方式，要求人们在生产时要尽量地提高生产效率，减少生产成本，在消费时要尽可能地节能减排，延缓产品使用周期。因此，必须纠正过去那种靠高消耗、高投入、高污染和高消费来带动和刺激经济高增长的发展模式，转变为依靠科技创新和提高劳动者素质来促进经济增长的新模式。因为只有大量研发、应用和普及先进技术，才能使单位产量的能耗大幅度地下降，才能不断地开拓新能源和新材料，也才能实现集约化的生产方式，进而减少经济发展对常规能源的依赖，减轻对环境的压力。

第四，生物质能可持续发展观要求人们必须改变对自然界的漠视态度，建立起新的道德观和价值标准，把自然界不再当作人类随意盘剥和肆意掠夺的对象，而看作人类生命和价值的源泉。要求人类必须学会尊重自然、改造自然、师法自然、保护自然，掌握自然界的发展规律。把自己当作自然界中的一员，与之和谐相处。生物质能产业发展注重经济发展和环境发展、社会和谐发展的有机统一，是可持续发展的一种论释和例证，这种先进的生产理念将会在实践中不断发扬光大。

(二) 可持续发展的原则

可持续发展以自然资源为基础，同环境承载能力相协调，其主要有以下原则：

1. 公平性原则

可持续发展强调人类需求和欲望的满足是发展的主要目标。公平性原则即机会选择的平等性，主要包括三方面：（1）同代人之间的横向公平性，要给世界以公平的分配和发展权，要把消除贫穷、贫富悬殊、两极分化作为可持续发展进程中特别优先的问题来考虑。（2）代际间的公平，即时代之间的纵向公平性，人类赖以生存的自然资源是有限的，本代人不能为了自己的发展与需求而损害人类世世代代满足需求的条件——自然资源与环境。（3）公平分配有限资源，各国拥有按其环境与发展政策开发本国自然资源的主权，并负有确保在其管辖范围内或在其控制下的活动不致损害其他国家或在各国管辖以外地区环境的责任。

2. 持续性原则

可持续性是指生态、环境系统受到某种干扰时能保持其生产率的能力。资源和环境是人类生存与发展的基础和条件，资源的永续利用和生态系统可持续性的保持是人类持续发展的首要条件。人类确定自己的消耗标准必须在生态可能的范围内。可持续性原则与公平性原则是密切相关的。

3. 共同性原则

实现可持续性发展必须采取全球共同的联合行动。发展共同的认识，提高共同的责任感，既保证所有各方的利益又保护全球环境与发展体系。开发利用生物质能，符合可持续发展的三原则，既能满足当代人对能源的需求，又不会给子孙后代的能源需求造成威胁。生物质能储量丰富且分布广泛，开发利用中几乎不产生污染，既能保证资源的持续供应又能保证生态环境的可持续发展。只要有阳光就有生物质能，生物质能在各国分配较平均，各地都有一定的生物质能开发利用条件，便于全球采取联合行动。

中国环境污染问题严重，生态系统脆弱，大量开采和使用化石能源对环境影响很大，特别是能源消费结构中煤炭消费比例偏高，二氧化碳排放增长较快，对气候变化影响较大。中国人口众多，人均能源消费水平低，能源需求增长压力大，能源供应与经济发展的矛盾突出。生物质能清洁、环保，开发利用过程不增加温室气体排放，对优化能源结构、保护环境、减排温室气体、应对气候变化具有十分重要的作用。能从根本上解决中国的能源问题，不断满足经济和社会发展的需要。保护环境，实现可持续发展，除大力提高能源效率外，加快开发利用生物质能是重要的战略选择，也是落实科学发展观、建设资源节约型社会的基本要求。生物质能是高新技术和新兴产业，发展生物质能还可以成为一个新的经济增长点，扩大就业，推进经济和社会的可持续发展。

二 生物质能开发利用的理论基础与背景

（一）生物质能开发利用是经济增长非可持续性胁迫的结果

近两三个世纪世界工业革命使化石燃料日益成为人类发展生产力、提高工作效率过程中不可缺少的要素。化石燃料甚至已经成为人们改变生活方式、改善生活品质的必需品。随着经济发展和人口增长表现出的对能源的强劲需求，能源消耗量日趋增加，能源短缺已经成为影响国民经济发展的"瓶颈"，并成为制约经济持续发展和增长的因素之一。大量使用煤炭、石油、柴薪等一次性能源，不仅造成了能源发展的不可持续，更重要的是破坏了生态环境，使得温室效应、二氧化碳过量排放、二氧化硫过量排放及酸雨等问题接踵而来，人类追求生活质量的可持续发展变得更加困难。同时，单纯以能源资源的消耗而追求经济增长的发展路径，最终会受到能源资源枯竭的约束，这就迫使人们开发利用可再生的生物质能能源。随着20世纪70年代中期以来四次全球性"石油危机"的出现，生物质能的规模化开发的必要性重新显现，如同期燃料乙醇产业在巴西、美国等国的迅速发展。进入21世纪，国际石油价格屡创天价，生物质能产业更加为世人关注，包括中国在内的多个国家已经把发展生物质能产业提升到国家战略高度来对待。

可持续发展战略要求建立可持续的能源支持系统和不危害环境的能源利用方式，使人类的人均福利水平在考虑了资源与环境约束的条件下随着时间推移不断增长或至少不下降。然而，这种长期发展本身并不一定是社会最优的发展战略。可持续发展对社会并不一定有利。比如，通过放弃所有的能源、资源密集型和污染型的生产活动，适当控制资本积累与消费结构的比率，同样可以实现人均收入和消费的长期缓慢增长，但这种可持续发展大大降低了经济增长的速度，显然不能使人们的福利最大化。到底什么是可持续的、最优的增长发展路径呢？众多学者的研究结论表明：如果经济中有足够的人力资本积累及较高的研发产出效率，具有有效的研发创新活动，是可以克服自然资源的稀缺和不断耗竭以及消费者相对缺乏耐心等问题，从而保持经济可持续的最优增长；相反，如果缺乏有效的技术创新和合理资源保护与利用，人均消费将出现负的增长率，即在不可再生资源条件下无限制的消费增长是不可持续的。随着世界经济的发展，科学技术的不断创新突破，越来越证明了该观点的现实的可能性。人类技术进步与创新，使得粮食作物、经济作物转变为生物质能进而替代不可再生能源成为可能。

（二）人口数量、环境恶化、能源消耗加剧了经济发展的不可持续性

人口作为一种特殊形态的资源，与可持续发展构成了促进与制约的并存关系。因而处理人与自然的关系也就成为可持续发展所面对和需要处理的矛盾中的核心问题。在过去的一个世纪里，由于片面、过快地追求增长，人类在人口数量、使用的物质和能源流量上呈现出上升趋势。在人口资本增长的驱使下，粮食、资源和消耗以及污染也都在呈现指数型增长（见表2-1）。快速的人口增长，在促使经济增长的同时，也阻碍了经济增长；并且在一定程度上有可能超过地球的承载能力，成为威胁人类可持续发展的制约因素。

表 2-1　全世界 1950—2000 年人口数量和生产增长变化情况

生产增长＼年份	1950	1975	1950—1975	2000	1975—2000
人类人口 100 万	2520	4077	160	6067	150
汽车保有量 100 万	70	328	470	723	220
石油消费 （100 万桶/年）	3800	20512	540	27635	130
天然气消费 （万亿立方英尺/年）	6.5	44.4	680	94.5	210
煤炭消费 （100 万吨/年）	1400	3300	230	5100	150
发电能力 100 千瓦	154	1606	1040	3240	200
谷物产量 （100 万吨/年）	131	342	260	594	170
小麦产量 （100 万吨/年）	143	356	250	584	160
稻米产量 （100 万吨/年）	150	357	240	598	170
棉花产量 （100 万吨/年）	5.4	12	230	28	150
木浆产量 （100 万吨/年）	12	102	830	171	170
铁产量 （100 万吨/年）	134	568	350	580	120
钢产量 （100 万吨/年）	185	651	350	788	120
铝产量 （100 万吨/年）	1.5	12	800	23	190

资料来源：梅多斯等：《增长的极限》，机械工业出版社 2006 年版。

　　中国作为相对落后的发展中国家，为了迅速恢复国内经济，一直以来以追求经济增长作为国家的优先发展目标，采取了"资源耗竭式"的工业发展战略。随着社会生产力和科学技术的飞速发展，人类改造自然的规模空前壮大，从大自然索取的资源越来越多，向大自然排放的废弃物也与日俱增，资源与环境问题已经成为当前经济发展最重要的问题之一。

中国人口数量大，同时中国是能源相对贫乏的国家。据估计，中国人均石油资源为世界平均值的17.1%，人均天然气资源为世界平均值的13.2%，人均能源资源占有量不到世界平均水平的一半，即使是资源最丰富的煤炭，人均资源量也只有世界平均值的42.5%[①]。与此同时，中国经济近年来飞速发展，工业化与城市化进程不断推进，中国能源的消费量也在快速增长。从中国主要能源消费量占世界消费总量的比重来说，中国的煤炭消费总量为世界第一，中国的石油消费总量为世界第二，2008年中国天然气消费量和产量增幅均居全球第二。据专家预测，在2030年到2050年，中国每年人均能源消费量最多可能达到目前世界平均消费水平，届时能源消费总量将达到40亿吨标准煤[②]。消费和生产之间的缺口粗略估算可能达到能源消费总量的50%。在这样严峻的形势下，寻找新型能源保证能源安全成为实现国家可持续发展战略的重中之重。

(三) 传统能源对环境造成的污染

传统化石能源的燃烧释放出大量的二氧化碳从而导致大气污染、温室效应和酸雨。目前，中国大气污染属煤烟型污染，以煤炭为主的能源结构是形成大气污染的主要原因，大气中90%的二氧化碳、70%的烟尘、85%的二氧化碳来自于煤炭的燃烧，同时，二氧化碳的排放是造成温室效应的主要原因。相关资料显示全球平均温度已升高0.3℃—0.6℃。全球变暖将引起大陆的冰雪消融和海洋表层热膨胀，导致海平面上升，将给生态系统、农业生产带来严重影响。酸雨是全球性区域环境污染问题之一，同样是来自于化石能源。化石能源燃烧释放的硫的氧化物和氮的氧化物与大气中的水蒸气经过反复的化学反应形成硫酸与硝酸，伴随雨雪同时降下。酸雨对生态环境及生物体的影响危害极其严重。酸雨进入地表水和地下水被人食用后，会影响人的健康；会破坏生

---

① 穆献中、刘炳义等编著：《新能源和可再生能源发展与产业化研究》，石油工业出版社2009年版。

② 邹艳芬：《中国能源安全测度》，江西人民出版社2009年版。

态系统，造成水体生物死亡；会破坏土壤，导致土壤酸化和贫瘠化，使农作物产量下降，对各种建筑物的表面也有很大的腐蚀破坏。

（四）农村与城市地区的能源配置不均衡加剧了发展的不可持续性

新中国成立后，为了恢复战争给加剧带来的创伤，实现国家工业化，政府不仅利用经济手段和国家强制性措施，长期在财政转移体制上实行以农补工政策，过分向重工业、城市、发达地区倾斜投资，而且在能源、资源配置上同样实行以农让工、以农村补城市的政策倾斜。严重制约了农村经济的发展，使得农村经济变得更加封闭、落后，产生了二元经济结构。据统计资料显示，近10年来中国城乡居民收入差异拉大，2010年城镇居民人均可支配收入是农村居民人均纯收入的3.33倍，与2001年相比增长了15%。长期的二元经济所形成的城乡货币化消费差异，一方面造成了农村商品经济不发达，另一方面也造成了城乡能源结构的差异。

由于城乡经济和城乡居民收入的差异，使得城乡居民在能源消费上表现出较大的差异。2007年，城市居民人均生活用能为282千克标准煤，农村居民人均生活用能则为138千克标准煤，城乡商品性生活用能比为2.04，这与同期城乡居民人均收入比为3.33是相吻合的。由于长期以来中国农村居民生活用能一直以非商品性能源为主，大多是以低效率直接燃烧的方式，使用传统生物质能秸秆、薪柴等用以炊事、取暖，2007年中国农村非商品性能源消费量为16.08亿吨标准煤，占全国总能耗的10%，而2007年农村生活用能量占全国总能耗的13.6%，如果将农村的生产用能计算在内，则农村能耗占全国总能耗的数量不可忽视。

随着农村经济发展和农民生活水平的提高，农村地区对商品能源的需求已经处于快速增长期。这对中国原本就短缺的能源供给来讲，无疑是一种很大的挑战，对未来城乡经济发展受能源的不可持续性供给来讲，无疑也是一种很大的挑战，未来城乡经济发展受能源的不可持续性供给制约会越来越严重。因此，大力开发农村生物质能，将所得产品定位在农村，用以替代快速增长的农村商品性能源十分必要，如以生物质固体成型燃料、沼气等替代农村生活用能，以燃料乙醇和生物柴油等液体燃料替代农村快速增长的农业机械所需的生产用能，则可以缓解中国能源供给不足的矛盾，减少商品性能源供给的压力，实现城乡协调发展。因此，必须按照可持续发展理论对生物质能的开发利用进行指导。

三　生物质能产业可持续发展的途径

1. 加强生物质能国际经济与技术合作

生物质能产业的可持续发展是与世界人口、资源与环境的协调发展相一致的。因此，世界各国在发展生物质能产业时应加强国际经济与技术合作。（1）国际经济合作方面，世界银行与发达国家应对发展中国家发展生物质能产业给予支持，提供低息、无息贷款，多渠道提供开发、建设资金。目前，中国生物质能生产企业仍以"立足国内"为主，表现为产品主要在国内市场销售，生产原料主要来自国内。只有个别企业已经开始将产业链的部分环节延伸至境外。可以预见，在不久的将来，随着生物质能产业的成长，生物质能产业链不同环节的国际分工将是大势所趋。出于前瞻性的考虑，生物质能企业应当把"走出去"作为企业发展战略之一。（2）国际技术合作方面，由于中国生物质能技术起步相对较晚，与世界先进国家同类企业还存在技术差距，因此，中国生物质能生产企业应主动引进国际先进生产技术，积极开展与欧盟、美国、巴西等国家或地区的技术合作。同时，为提高世界人民的整体福祉，发达国家同类企业应摒弃以邻为壑的思维模式，向生物质能生产技术欠发达国家企业提供技术援助或进行技术贸易，以提高其生产技术，降低生产能耗、减少环境污染。

2. 生物质能生产方式多样化

目前，世界通行的生物质能转化利用主要通过直接燃烧、生物化学转化、热化学转化、固体成型技术、生物柴油制取等方式。生物质直接燃烧常用锅炉燃烧和流化床燃烧技术；生物化学转化则有发酵与厌氧性消化两种具体方式：利用生物质发酵生产乙醇，取材广泛。从技术上讲，大部分植物都能够作为这种生物质能获取方式的原料来源；通过热化学转化技术获取生物质能，功耗少、转化率高、较易工业化。生物质热化学转化包括气化、热解、液化和超临界萃取。生物质气化发电技术的基本原理是把生物质转化为可燃气，再利用可燃气推动燃气发电设备进行发电。据中国目前生物质资源状况，如仅将1%的麦秆和10%的谷壳用来气化发电，总装机容量就可能会高于 $200\times 104kW$；固体成型技术是指在一定温度与压力作用下，将分散没有固定形状的生物质废弃物压制成具一定形状、密度较大的成型燃料的技术；生物柴油制取主要采用对生物质进行压榨或提取等工艺获取植物油，再经提炼用于燃烧或经乳化、高温裂解或酯化处理后替代柴油。豆油、棕榈油、葵籽油、米糠油以及废弃食用油（如中国餐饮行业每年废弃的大量"地沟油"）都可作为生物柴油的原料。

3. 生物质能生产原料供应多样化

从可持续发展理念角度来说，发展生物质能产业除了要缓解能源紧张问题外，还有一个更重要的目的就是保护生态环境，也就是说，发展生物质能不能影响生态环境，不能破坏生物多样性。历史上，人类大规模种植粮食等作物已经构成了对生物多样性的破坏，生物质能产业化生产会加剧生物多样性的破坏程度，这是与生物多样性原则背道而驰的。因此，从生物多样性的角度出发，为了生物质能产业的可持续发展，保持生物质能生产原料多样化是必要的。

4. 生物质能生产企业适度规模化

为了降低生物质能生产过程中的能耗与提高经济性，减少植物原料在生产中的运输是必要的。这方面巴西的经验值得借鉴。巴西主要以甘蔗为原料生产燃料乙醇，并计算出甘蔗的经济运输距离为 17 公里。巴西的燃料乙醇企业都建在蔗田里，周围 17 公里半径内全部种植甘蔗。利用薯类植物、甜高粱、秸秆等植物生产燃料乙醇同样也会存在一个经济运输距离，特别是中国一些地区以山地等边际土地种植生物质能原料作物，其运输条件并不理想，经济运输距离也会有所不同，合理计算经济运输半径尤为必要。经济运输距离的大小决定了生物质能生产企业原料的供应状况，从而决定了企业生产规模。因此，根据原料植物经济运输距离决定企业规模是生物质能产业的特色之一。

第二节 循环经济理论

循环经济是一种新型的、先进的经济形态，是集经济、技术和社会于一体的系统工程。它的实质是一种生态经济，倡导的是一种与环境和谐的经济发展模式。它要求把经济活动对自然的影响降低到尽可能小的程度，它是人类重新认识自然界、尊重客观规律、探索新经济规律的产物。发展循环经济是实现可持续发展的一个重要途径，同时也是保护环境和消减污染的根本手段。目前，循环经济理论研究正处于发展中，不同学者从不同的研究角度，对循环经济给予不同的定义。

一 循环经济的概念及特征
（一）循环经济的概念

作为学术性概念，最先明确提出循环经济（circular economy）一词的是英国环境学家戴维·皮尔斯。自20世纪90年代以来，循环经济作为实践性概念开始出现在德国。1996年出台的《循环经济和废物管理法》中，把循环经济定义为物质闭环流动型经济，明确了企业生产者和产品交易者担负着维持循环经济发展的最主要责任。20世纪90年代末，循环经济概念和理论进入中国开始广为使用。它相对于传统经济而言是一种新的经济形态，是知识经济演进过程中的重要阶段。可持续发展理论强调经济、社会、环境协调发展，注重资源的代际均衡和社会各阶层间的公平分配。循环经济重资源的多次重复利用、经济过程的优化及生产环节的调节，是可持续发展的深化实现的保障。

对循环经济范畴的界定，不同学者从不同的研究角度出发来阐述循环经济。曲格平[1]从生态学角度来界定循环经济：循环经济本质上是一种生态经济，它要求运用生态学规律而不是机械论规律来指导人类社会的经济活动。解正华[2]从技术的角度作出了解释：循环经济是一次范式革命，倡导的是一种与环境和谐经济发展模式，遵循"减量化、再使用、再循环"原则，是一个"资源—产品—再生能源"的闭环反馈式循环过程，最终实现"最佳生产、最适消费、最少废弃"。马凯[3]对循环经济的概念给出了一个明确的概念："循环经济是一种以资源的高效利用和循环利用为核心，以'减量化、再利用、资源化'为原则，以

---
[1] 曲格平：《发展循环经济是21世纪的大趋势》，《中国城市经济》2002年第1期。
[2] 解正华：《关于循环经济理论与政策的几点思考》，《光明日报》2003年11月3日。
[3] 马凯：《贯彻和落实科学发展观，大力推进循环经济发展》，《煤炭企业管理》2004年第11期。

低消耗、低排放、高效率为基本特征，符合可持续发展理念的经济增长模式，是对'大生产、大消费、大量废弃'的传统增长模式的根本变革"。在众多定义中，有的是从反映人与自然的关系去定义，有的则是从反映经济与社会、资源环境的关系去阐述。其中，中国科学院可持续发展战略研究组对循环经济内涵的界定较全面，其认为：循环经济是以生态学规律为指导，通过生态经济综合规划、设计社会经济活动，使不同的企业之间形成共享资源和互换副产品的产业共生组合，使上游生产过程生产的废弃物成为下游生产过程的原材料，实现废物综合利用，达到产业之间资源最优化配置，使区域的物质和能源在经济循环中得到永续利用，从而实现产品清洁生产和资源可持续利用的环境和谐型经济模式。① 它是不同于传统经济以"高开采、低利用、高排放"为特征的"资源—产品—废物"单向流动的线性经济。单向流动的线性经济是人们高强度地把地球上的物质和能源提取出来，然后又把污染和废物大量地排放到水系、空气和土壤中，对资源的利用是粗放的和一次性的，通过把资源持续不断地变成为废物来实现经济的数量型增长。而循环经济倡导的是一种与环境和谐的经济发展模式，它基于生态经济原理和系统集成战略的减物质化经济模式，最大限度地利用进入系统的物质和能量，要求把经济活动组织成一个以"低开采、高利用、低排放"为特征的"资源—产品—再生资源—再生产品"的反馈式流程。所有的物质和能源要在这个不断进行的经济循环中得到合理和持久的利用，以把经济活动对自然环境的影响降低到尽可能小的程度。循环经济为工业化以来的传统经济转向可持续发展的经济提供了范式，从根本上消解了环境与发展之间的冲突。

（二）循环经济的特征

1. 新的系统观

循环经济系统是由人、自然资源和科学技术等要素构成的系统。循环经济从微观角度或更小范围角度而言，是一种物质闭环流动型经济，它体现了一种闭合的理念。但从自然环境系统角度而言，循环经济具有

---

① 中国科学院可持续发展战略研究组：《循环经济：实现可持续发展的理想经济模式》，《中国科学院院刊》2004年第12期。

开放性，它是整个地球生态系统的一个子系统，并非一个孤立而封闭的系统，其增长仍然要受到日益稀缺的自然资源的制约。按照可持续发展系统的要求，经济系统中人类各种生产活动对自然环境造成的危害和影响必须限制在适宜人类生存环境的动态平衡之内，不同于以往的末端治理模式。循环经济综合考虑每一个过程和每一个环节，要求经济循环和自然物质循环必须融为和谐的整体。

2. 新的发展观

循环经济的发展观是可持续的发展观，它要求经济发展不仅要考虑经济总量的提高，还要考虑生态承载能力；不仅要关心当前经济的发展，还要关心子孙后代的生存发展。循环经济的发展观把经济效益、社会效益和环境效益统一起来，把局部利益与整体利益统一起来，把当前利益与长远利益统一起来。在生态系统中，经济活动超过资源承载力的循环属恶性循环，会造成生态系统蜕化；只有在资源承载能力之内的良性循环，才能使生态系统平衡发展。

3. 新的价值观

在循环经济的价值理念中，资源被赋予了新的内涵：垃圾变废为宝，土地不再是"取料场"和"垃圾场"，河流不再是"自来水管"和"下水道"。新的价值观念改变了传统资源"取之不尽，用之不竭"的错误理念，而是需要维持良性循环的生态系统。在应用新的科学技术时，不再是最大限度地开发利用自然资源、最大限度地创造财富和获取利润，而是最大限度地考虑它对生态系统的维系和修复能力，使之成为有益于环境的技术。尽可能地节约自然资源，使用风能、生物质能等绿色可再生资源，强化人与自然和谐相处的能力，促进人的全面发展。

4. 新的生产观

循环经济的生产观念是要充分考虑自然生态系统的承载能力，不仅要尽早地节约能源，而且还要提高自然资源的利用效率，使资源不断循环使用，创造良性的社会财富。在生产过程中，要求遵循减量化、再利用、再循环的原则，无论是材料的选取、产品设计、工艺流程还是废物处理，都要求进行清洁生产。同时，循环经济还要求尽可能地利用可再生资源替代不可再生资源，使生产建立在合理的依托自然界生态循环基础之上；尽可能地以知识投入来代替物质投入，以达到经济、社会与生态的和谐统一，使人类在良好的环境中生产生活，全面提高人们的福利水平。

5. 新的消费观

循环经济的消费观念要求转变传统工业经济的"拼命生产、拼命消费"的消费观，提倡适度的消费、层次消费，在消费的同时就考虑到废弃物的资源化，把循环生产和消费挂钩，逐渐形成绿色消费观念和有利于节约资源的生活方式。通过采取一系列的措施，如通过税收和行政等手段限制以不可再生资源为原料的一次性产品的生产和消费，特别是限制高耗能产品的消费和使用；积极倡导绿色环保产品的消费，抵制豪华包装，使节能、节水、节粮等行为变成一种普遍性的消费理念。

（三）循环经济的原则

1. 减量化（Reducing）原则

减量化原则属于输入端方法，要求用较少的原料和能源投入来达到既定的生产目的或消费，从而在经济活动的源头就注意节约资源和减少污染。在生产中，减量化原则常常表现为要求产品体积小型化和产品重量轻型化。此外，要求产品包装追求简单朴实而不是豪华浪费，从而达到减少废弃物排放的目的。

2. 再使用（Reusing）原则

要求制造产品和包装容器能够以初始的形式被反复使用。再使用原则要求抵制当今世界一次性用品的泛滥，生产者应该将制品及其包装当作一种日常生活器具来设计，使其像餐具和背包一样可以被再三使用。再使用原则还要求制造商应该尽量延长产品的使用期，而不是非常快地更新换代。

3. 再循环（Recycling）原则

要求生产出来的物品在完成其使用功能后能重新变成可以利用的资源，而不是不可恢复的垃圾。按照循环经济的思想，再循环有两种情况，一种是原级再循环，即废品被循环用来产生同类型的新产品，例如报纸再生报纸、易拉罐再生易拉罐，等等；另一种是次级再循环，即将废物源转化成其他产品的原料。原级再循环在减少原材料消耗上面达到的效率要比次级再循环高的是循环经济追求的理想境界。生物质能的开发利用符合循环经济的发展模式。开发利用生物质能主要是指对农业、工业和城市生活垃圾等废弃物的再利用。废弃物的再利用，减少了经济投入，提高了资源利用水平，减少了经济活动对自然环境污染的排放量，符合经济循环的三原则。生物质能的开发利用将以往的"生物质资源—产品—废弃物的线性经济增长模式"转变为"生物质资源—产品—废弃物再利用"的资源循环利用的经济发展模式。

二 循环经济的经济可行性

循环经济作为一种可持续的经济增长模式，涉及的都是理性的"经济人"主题。它同市场经济一样，都追求资源的高效利用和优化配置，考虑的是如何在既定资源存量下提高资源的利用效率和经济发展的质量问题，把资源环境的消耗严格限制在它的承受范围之内。因此，循环经济从根本上也是符合经济发展规律的，具有经济可行性。

1. 消除了环境外部不经济性，规范了市场的发展

外部性是指一个经济主体的经济活动对其他经济主体产生的外部影响。但受益人没有为之承担应有的成本费用，同样蒙受损失的人也没有获得应有的报酬，这就是外部性。如果一些人的生产或消费使另外一些人受益而后者无须向前者付费，这种情况就是正外部性。相反，如果一些人的生产或消费使另外一些人蒙受损失而这种损失又得不到合理的补偿就称为负外部性。

在以传统经济学为理论基础的市场经济中，企业与社会经济行为主体都追求利润最大化，很少关心甚至不关心外部成本或社会成本，导致外部负效应时常发生。企业常为节约局部私人成本不断向大自然排放过量的废弃物，使得资源与环境出现严重的不匹配、不协调，结果导致市场失灵，政府不得不干预，将外部负效应内部化。发展循环经济能够有效地解决市场经济下产生的外部不经济性问题，它可以在生产的各个环节（输入端、生产过程中、输出端）全方位地节约资源和保护环境，可以完全按照自然生态规律组建新的经济模式，使得企业之间和全社会内部形成稳定而循环的物质流和能量流，有效地解决传统生产给环境和资源造成的压力，尽量不生产不利的外部性，并排除给任何人污染环境的权利，将经济活动对生态环境的不利影响尽可能降到零，从而有效地矫正市场失灵，促进市场经济的规范、有效。

2. 增加了效益和保障了资源利用的代际均衡

循环经济体现节约资源、优化生态与提高效益的统一性。在当今社会，经济发展呈现一种趋势，即产品越是生态环保越具有内在的附加价值，也将越有效益。发展循环经济，不仅能够使企业获得更大、更长远的经济效益，而且能使生态环境得到进一步改善，使人们的生活质量得到进一步的提高，它将是21世纪市场准许采取的最有效的经济运行方式。另外，它还将产生良好的生态效益和社会效益。循环经济通过提倡废弃物的循环再利用，降低了企业的生产成本、居民的生活成本和社会的资源成本。在这一过程中将吸纳不少劳动力，刺激对技术和服务的需要，延伸产业链，提高人们的收入水平，增加社会福利。最后，循环经济实行尽可能利用可再生资源、保证可再生资源的再生能力的原则，使当代人尽量给后代留下不少于自己的可利用资源量，并通过资源定价、生态补偿等机制，重建社会结构和经济利益体系，实现资源利用的社会公平和代际公平，体现资源利用上的代际均衡。

三 循环经济与生物质能

生物质能如此受到全世界重视，与它对资源的节约和循环使用的多功能有关。太阳能、风能、水能等可再生能源可以提供能量，但不能形成物质性生产；不能像煤炭和石油那样形成庞大的煤化工和石油化工产业，生产出上千种化工产品。而生物质既是可再生能源，也能生产出上千万种的化工产品，且因其主要成分为碳水化合物，在生产及使用过程中不影响环境，又胜过化石能源一筹。再则，生物质以作物秸秆、畜禽粪便、林产废弃物、有机垃圾等农林废弃物和环境污染物为原料，使之无害化和资源化，将植物储存的光能与物质资源进行深度开发和循环利用。它还利用边际性土地和水面能源植物，以增加土地和水面对太阳辐射能量的吸存，堪称循环经济之典范。重要的还在于，它是农业生产的一部分，可以发展农村经济，增加农民收入，促进农业的工业化进程、中小城镇建设、富余劳动力转移以及缩小工农和城乡差别。

（一）沼气与循环经济

农业生物质能的开发技术包括原料开发技术和生物质综合利用技术。原料开发，主要指能源植物的开发，属于农业种植业生产技术范畴，其中能源植物的高产技术是关键。高产技术的主要途径是提高能源物质的产量，提高光能利用率，包括选育低光呼吸品种和四碳类型品种、基因工程技术改良、延长光和时间、增加光和面积等措施与技术。生物质综合利用技术，涵盖了多学科的技术与内容，其中沼气利用技术就是一个典范。沼气作为现代生物质能，其开发利用体现了投入消耗减量化、物质再生资源化、资源利用最大化的循环经济原则，是保护和改善农业生态环境，促进农业经济良性循环，实现全面建设小康社会和新农村建设的重要战略举措，有利于实现生态效益、社会效益和经济效益的协调性发展。

生物质制沼气技术是一种变废为宝的高效转换技术，有机废弃物在厌氧的环境中，在一定的温度、湿度和酸碱度的条件下，通过微生物发酵后生成沼气、沼液和沼渣。沼气的主要成分是甲烷，可以直接炊事、照明，还可以用于供热、烘干、储量、保鲜。农村生活能源消费中50%以上来源于秸秆、薪柴的低效率直接燃烧，还有部分依靠煤炭提供，它们已经成为农村二氧化碳、二氧化硫等污染物排放的主要来源，直接影响农民的生活质量安全。而农作物的秸秆、禽畜粪便的循环再利用，使得经济系统更加和谐地融入自然生态系统的物质循环过程中。作物秸秆在沼气发酵后，沼肥（沼液和沼渣）中含有40%的有机物质、20%的腐殖酸，丰富的氮、磷、钾和微量元素以及氨基酸等，是优质高效的有机肥，施入农田的氮、磷、钾的利用率可达95%。如果依据循环经济原则，对沼液和沼渣进行合理的处理及应用，可以有效地维持和培肥地力，提高农业生态系统的生产力。沼液不仅是农作物的全素营养液，可以作为肥料，还可以配合农药及化肥喷施，用来预防和防治病虫害等。用沼液浸种可以提高种子的发芽率，促进种子新陈代谢，使幼苗抗病、抗虫、抗逆能力增强，在高效设施农业中有着重要的地位和作用。

沼气的开发利用与建设产生的最直接、最感官的就是替代效应，它可以替代农村传统的生物质能。一方面节约农村劳动力为收集薪柴而付出的时间，优化农村劳动力结构；另一方面又节约农民的能源消费支出，间接增加农民收入。首先，目前推广的"猪—沼—菜""猪—沼—稻"等循环农业生态模式，有效地促进了农村产业结构的调整，增加了农民的致富渠道。其次，沼气作为农村生活能源消费的来源，不仅有利于农村生活环境的改善，更为重要的是更新了农村居民的能源消费观念，以沼气为核心的能源生态模式，改变了农村生活的烟熏火燎的历史，净化环境，减少疾病的传播和感染，提高了劳动者的身体素质，而且还有利于节省开支，增产增收。最后，沼气的增产增收效益也相当可观。例如，沼液叶面喷肥苹果增产20%以上，沼液浸种小麦增产5%—15%，水稻增产10%—20%；沼液喂鱼增产20%，喂猪可提前20—30天出栏；沼气加温养蚕，产茧量增加10%以上等。可见，生态能源模式实行种、养、沼有机结合，使生物种群互惠共生，物质能量良性循环，取得了省柴、省电、省钱、增产、增肥、减少病虫害、净化环境的综合效益。

（二）生物质液态燃料与循环经济

生物质液态燃料主要包括生物燃料乙醇和生物柴油，目前，它们是对常规化石能源实现有效替代的可再生能源产品。它作为可再生能源的重要组成部分，在其生产开发利用的过程中，并非是完全不污染环境的，它同样面临许多的难题。目前，为防止用玉米等粮食制取燃料乙醇对粮食安全产生影响，2006年12月18日，国家发展和改革委员会下发紧急通知，对国内一些地方新增玉米加工燃料乙醇明确叫停，提出"因地制宜，非粮为主"的发展原则。现在大多发展的主要是非粮乙醇。

在燃料乙醇生产过程中，如用红薯制取燃料乙醇，由于红薯自身还有果胶，给后续的"三废"处理带来一定的难度。此外，在其生产过程中还会产生废渣酒糟，如果不及时处理的话，就会腐败变质，既浪费了资源，又严重污染了周围的环境。酒糟具有极高的营养价值，它不仅含有丰富的蛋白质和18种氨基酸，还含有丰富的磷、钾等无机元素及总糖和脂肪等成分。利用酒糟能生产有机肥料，发酵有机肥的含氮量达3%，含磷量达1%，有机质含量超过70%，各项指标均符合国家标准。酒精与无机氮、磷肥联合施用可提高土壤的肥力，增加土壤的保蓄水分的能力，增加小麦的产量。利用酒糟还可以进行厌氧发酵生产沼气，酒糟中营养物质含量丰富，只是pH值偏低，对其进行适当的处理，可避害趋利，如进行厌氧发酵，进行资源化处理，实现循环经济。

生物柴油是一种优化的石化柴油替代品，在其生产过程中产生副产物甘油，随着生物柴油的规模化发展，甘油的合理利用成为生物柴油产业发展的关键问题之一。因为少量的溶解于生物柴油中的甘油将会使与之接触的橡胶零件，如橡胶模、密封圈、燃油管等逐渐降解。但对粗甘油可以通过相应的工艺路线转化为乳酸、环氧路丙烷等具有市场前景的高附加值产品。这样不但节约了资源，还避免了环境污染。

在循环经济模式下生物质能的开发利用，避免了其生产过程中由于工艺设备条件等原因造成的再污染，充分利用了有限的资源，降低了工农业的生产成本，符合中国可持续发展的要求，是人与自然和谐共生的生态经济模式的重要体现。

第三节 产业结构优化升级理论

一 产业结构优化升级的含义

产业结构优化升级是指产业结构向协调化和高度化方向的演进。产业结构协调化是指在产业发展过程中要合理配置生产要素，协调各产业部门之间的比例关系，促进各种生产要素的有效利用，为实现高质量的经济增长打下基础。产业结构高度化是指产业结构从较低水平状态向较高水平状态发展的动态过程，即产业结构向高技术化、高知识化、高资本密集化、高加工度化和高附加值化发展的动态过程。它是以新兴产业比重提高为前提，其重要标志就是以各产业技术层次不断提高和新兴产业不断成长为主导产业。因此，产业结构优化升级包括两个方面的含义：一是结构效益优化，即产业结构演进过程中经济效益不断提高；二是转换能力优化，即产业结构对技术进步、社会资源供给状况和市场需求状况变化的适应能力的优化。它包括传统产业向现代化产业转化的能力、长线产业向短线产业转换的能力、衰退型产业不断消亡和新兴产业不断产生的能力。实现产业结构优化可以通过政府有关政策的调整，积极影响产业结构演进，实现资源优化配置与再配置，从而推进产业结构向协调化和高度化及优质化方向演进。

二 产业结构优化升级的特点

提高经济增长质量必须提高产业结构水平即产业结构的优化升级，这就要实现产业结构的协调化和高度化。随着社会生产力的不断发展、科学技术革命的不断发展，产业结构不断由低级向高级发展，呈现出产业结构高度化的趋势。目前，产业结构这种高度化趋势具有新的特点。

（一）产业结构非物质化趋势

新技术革命的发生，极大地提高了物质生产部门的劳动生产率，造成了物质生产部门存在大量的剩余产品，使更多的劳动力和生产物质要素有条件脱离直接物质生产部门，从事以服务业为主体的、为社会物质资料再生产服务的第三产业。

（二）产业结构智能化趋势

在新技术革命的推动下，一方面，社会生产系统中脑力劳动因素的作用日益增大，科技人员与管理人员的比例急剧增加，产业结构逐步升级；另一方面，高新技术产业，如电子产业、核电业、新兴合成材料业、生物工程业、宇航工业、管道纤维及信息产业等迅速崛起，并日益占据主导地位，商品生产由以物质商品为主逐步向信息产品过渡。这种趋势拉动着产业结构不断向高度化调整，实现产业结构升级。

随着科学技术的进步，必然不断创立许多新兴产业部门，形成新兴工业群，同时也加快了传统产业的改造，促进产业结构优化，带来整个经济效益的提高，成为高质量经济增长的强大推动力。因此，经济增长的高质量必须依赖于产业结构水平的提高。产业结构优化升级不是绝对的，它是一个动态的过程，既然产业结构的转换与经济发展过程密切相关，它就必定贯穿于整个经济发展过程中，并表现为一个不断调整的过程。

三 产业结构优化升级的内容

产业结构优化升级是对影响产业结构的各种因素的优化，具体来说有以下几个方面。

一是现行产业机构的优化。现行产业机构状况是产业结构优化升级的现实基础，其协调化和高度化程度如何，直接影响到产业结构未来升级的方向。因此,产业结构优化升级的主要内容是实现产业间在以下几个方面的协调化和高度化:现有三次产业间产值结构、资产结构、技术结构、中间要素结构等方面协调化和高度化;产业间地位的协调化和高度化;产业间结构交替演进的协调化和高度化;产业间及产业各部门间发展速度比例的协调化和高度化;产业整体素质的协调化和高度化;部门专业化协作程度、产业间及产业部门间关联效应,产业间的物质技术基础的协调化和高度化。

二是供给结构的优化。供给结构是指在一定的社会生产技术组织和市场条件下,作为生产要素的资本、劳动力、自然资源等在国民经济各产业部门间可供应的比例,以及由此所决定的产业关联关系结构。因此,在资本结构、投资结构、利用外资结构、劳动力结构、自然资源禀赋及其配置结构等优化时,供给结构优化是主要内容。

三是需求结构的优化。需求结构是在一定的收入水平条件下,社会各个消费群体对各产业部门的产品和服务的需求比例关系,以及由此所决定的产业间的关联关系结构。因此,不同消费群体的需求比例结构、中间产品和最终产品的比例结构、投资比例结构、消费结构、投资和消费比例结构等是需求结构优化的主要内容。

四是技术结构的优化。技术结构的优化是指国民经济各产业部门间的生产技术结构、劳动生产率结构、技术对生产的贡献结构、技术创新和技术引进结构以及产品和服务的技术含量结构等,以及由此引起的产业间的技术关联结构。因此,优化技术结构,就是要对产业间和产业部门间的技术装备结构、技术创新能力结构、劳动生产率结构、资源使用率结构等一系列结构进行优化。

四 产业结构优化与生物质能

随着中国城镇化的加快、非农业人口的不断上涨、常规化石能源的日益枯竭,未来经济发展不仅要面临能源总量的约束,还要面临能源消费结构的约束。特别是农村生产、生活用能将会面临商品性能源消费结构的约束。

(一)农村能源消耗方式落后、大气污染不断增加

随着城镇化进程的推进,城市规模在不断地扩大,而城市人口必然迅速增长。在这一进程中，城市基础设施必然加快，城镇人口能源耗费必然数倍于农村人口。同时，由城镇化带来的农民收入的快速增长，农业生产向现代化快速推进，必然带来农村能源需求结构的新变化。但目前，农村生活用能消费中的50%仍然依靠秸秆、薪柴等生物质直接燃烧提供，还有部分依靠煤炭用于取暖、炊事，这就使得农村二氧化碳、二氧化硫等污染物的排放难以控制，日益演进成"先污染农村小环境，后延伸城市大环境"的不良模式，严重影响着居民生活质量安全。

（二）农村商品性能源需求增加结构变化，催促能源结构优化，启动生物质能开发

农村能源消费表现出了如下的新特征：一是家用电器的普及、住房面积的扩大以及生活水平的提高，引发的电能需求增加。1997—2007年，农村用电量增长了1.78倍，年均递增10.78%。2010年，农村用电量将达到7490亿度，按每度电消耗355克标准煤计算，总共将消耗26589万吨标准煤。农村商品性生活能源消费，在1997—2007年以年均3.25%的速度递增，2010年，农村商品性生活能源消费将达到11028.8万吨左右标准煤。二是农业集约化经营引发的能源需求，包括农业机械化生产用能和化肥、农药等农业投入品生产用能。在1997—2007年，农业生产用能消费增长了37.7%，年均递增3.43%。2010年，中国农业生产用能大约需要9413万吨左右标准煤。三是快速增长的摩托车消费引发的能源需求。根据国家统计局的抽样数据，农村居民每百户摩托车拥有量为4.9辆，2007年每百户摩托车拥有量为48.25辆。假设每辆摩托车平均行驶里程5000公里，按照国家标准，以100公里耗油2.1升计算，则每辆摩托车年耗油量为105升，到2010年，农村摩托车保有量将达到1亿辆，全年则将消费1140万吨标准煤。以上几项合计，2010年农村发展对常规能源的需求将达到4.82亿吨标准煤，占中国总能耗的11.7%。面对这样的农村能耗，无疑对农村开发生物质能，特别是对种植油菜、棕榈、麻疯树、木本油料作物等来生产生物柴油和生物燃料乙醇提出了需求。这不仅能拉动农村能源结构调整优化，还将拉动农业内部结构不断协调优化，同时也将拉动农业内部劳动力充分就业，促进农村快速发展，增加农民收入。

(三) 生物质能产业的发展促使农业内部结构协调发展

中国是一个拥有 13 亿人口的农业大国，农业在国民经济中占有相当的比重，占国家财政的 45% 左右。农业提供的原料占工业原料的 40%，约占轻工业原料的 70%。直接影响 1/4 以上工业总产值的形成；农村市场占全国市场份额的 44% 以上，农村市场的总需求对第二、第三产业，对整个国民经济增长具有重大影响，这种影响还将进一步扩大，将逐步占据主导地位；农村人口占全国人口的 3/4，农村经济对国民经济的贡献份额也达 60% 以上，从某种意义上说，中国农业的发展制约着国民经济的发展，加大对农业的投入势在必行。目前，中国农业发展缓慢，主要原因就在科技水平低，经营管理落后，所生产出的农产品大都不符合市场需求，档次低、质量差、成本高，造成增产不增收。而生物质能产业的发展，能改变农业的种植结构，加速荒山荒坡的绿化，使农民加大经济作物的种植，增加农民收入，而且能为工业提供大量生产资料。生物质能产业的发展可以防止农村人口向城市的过分转移，有利于国民经济健康、快速地发展。

现代生物质能产业的飞速发展，为农业提供了新的动力来源和生产设施，并为农业基础设施提供了物质技术基础，化肥、农药、饲料以及现代化农业生物技术的发展，实现了生物质能产业和现代农业的高度结合。动力资源、技术装备和技术手段、化学生物手段等物质技术资料在农业生产中的广泛应用，实现了生产资料生产的现代化。与此同时，农业生产也开始不断采用先进的工业技术和生物技术，保证了农业生产过程的高技术性。工厂化农业和能源化农业也逐渐成为农业发展的重要方向，而且最大限度地利用生物质能产业，建立了农、林、牧、副、渔多种经营的综合生产体系。利用生态系统生物共生和物质循环再生原理，合理组合"五业"结构，使各项生产之间多样化发展，各种生物产品及"废品"之间多层次、多级别利用。

(四) 非粮化成为第二代生物燃料方向

第一代生物质能产业主要以玉米、甘蔗和大豆等粮食作物和油料作物为主要原料，采用生物沼气技术、生物质致密成型技术、生物质燃烧技术等技术工艺，主要技术产品是生物柴油和燃料乙醇等。借助于这些相对成熟的生物燃料技术，美国、巴西和欧盟等已初步形成规模化的生物质能产业，建立起相对完善的生物质能产业链。

第二代生物质能产业旨在摆脱以玉米等粮食作物为原料的生物燃料生产模式，开发以麦秆、草和木材等农林废弃物为主要原料的生物燃料生产技术，发展纤维素制备生物燃料。生物质热解合成气乙醇发酵技术的研究、旨在开发藻类生物质能的生物光解水法制氢技术等，是第二代生物质能产业技术创新的基本选项。德国、以色列、日本、葡萄牙、俄罗斯、瑞典、英国、美国都投入大量的人力物力对这些技术进行研究开发。

促使生物质能产业技术创新向非粮化第二代生物燃料技术转型的主要动力在于生物质能产业发展的外部社会经济环境所构成的巨大压力。近年来，随着世界问题观察研究所、世界银行等国际组织有关生物质能产业发展前景预测报告的相继出台，各种针对生物质能的抨击声不绝于耳，加上国际粮食市场价格持续走高的现实压力，迫使各国政府和生物质能产业开发者强制性地调整其生物质能产业创新的方向和策略，积极推进非粮化的第二代生物燃料技术创新，以为即将出现的生物质能产业创新时代寻找新的突破口和平衡点，从而保障生物质能能源替代目标和粮食安全等多项社会综合目标的同时实现。

第三章 国内外生物质能产业研究状况

能源和环境问题已成为人类社会共同面临的重大挑战，影响着社会发展的进程和未来。能源不足将直接影响国民经济发展和经济增长，但在几乎所有的经济增长评论中，经济增长被认为只是资本、技术、储蓄率、就业及制度等因素的函数，能源资源能够相互替代或被其他生产要素所替代。这意味着能源资源只是影响经济增长的非决定因素。第二次世界大战后两次石油危机的爆发，给发达国家的经济带来了沉重的打击，它们纷纷将能源供应安全放在特别重要的位置，以摆脱国家经济发展因能源供应国的地缘政治不确定因素的影响而受到牵制。而且传统能源（如石油、煤）使用过程中所引起的环境问题，尤其是未采用清洁技术的传统能源的使用，会造成空气中二氧化碳等气体排放过多，超过大自然本身可吸收和承载的量，进而对人和动物的身体健康构成威胁。能源问题开始向全人类敲响了警钟，能源资源的重要性开始得到人们的关注，能源资源因素被认为是经济增长的动力又是制约其发展的障碍。到了20世纪80年代，当可持续发展概念提出以后，经济学家、社会学家和自然科学家等分别从各自学科的角度对可持续发展进行了阐述。多数学者认为对环境保护的态度和可持续发展观念的树立与否，是衡量一个人、一个民族、一个地区、一个国家"现代化"程度的准绳之一。迫于能源供给和环境保护的压力以及推动可持续发展的压力，各国开始大力开发可再生能源和寻求替代能源。

18世纪之前，生物质能一直是人类最主要的能量来源，直到今日，生物质能仍然是仅次于石油、煤炭、天然气的第四大能源，在世界一次性能源供应量中的比重约为10%。与太阳能、风能等常见的过程性可再生能源不同，生物质能属于含能体能源，在诸多方面与煤炭、石油、天然气等常规化石能源相似，具有可存储、可运输等特点。生物质能资源来源于一切直接或间接利用绿色植物进行光合作用而形成的有机物质，包括动物、植物、微生物，以及由这些生物产生的排泄物和代谢。长期以来，生物质能资源的利用以直接燃烧为主，不仅效率低下，而且污染环境。随着科学技术的发展，生物质能资源可以通过各种技术加以转化和高效利用，产生电力和热力，或生产生物燃料，如乙醇、生物柴油及沼气。生物质能资源的科学利用，对缓解能源供需矛盾、优化能源品种结构、减少温室气体排放、提高农民收入及农村生活条件、促进经济社会可持续发展等都具有重要意义。

第一节 国外生物质能产业的研究状况

一 理论研究

（一）生物质能产业决定系统

Mitchell[①]对生物质能决定支持系统DSS（决策支持系统。通过运用DSS收集生物质能产业各环节数据加以分析，确立利于生物质能优势发展的混合型模型）进行了总结和评价。DSS为产业决定系统的一种收集生物质能产业各环节数据加以分析的方法，主要侧重于过程中的成本、收益分析。DSS包括交流平台使用者可以直接与系统互动；管理信息系统MIS是用系统内已有关系进行模拟，处理数据的部分；结果输出界面，用简单易懂的形式输出信息。已有的DSS包括AUHDSS（一种专门研究树木转换成生物质能的模型）、CDSS（研究短生长期的矮木转换成生物质能的模型）、BEAM（一种技术—经济测度模型：考虑到技术因素，生物质能供给与转换之间的关系，不同的技术条件下的产业内各环节的关系）。Mitchell认为，现有的这些DSS研究内容都是生物质转换成生物质能过程中的成本、收益，这些模型有一定的优越性，如

---

① CP Mitchell, Development of Decision Support Systems for Bioenergy—Application, *Biomass and Bioenergy*, 2000.

通过数据和成本收益分析，可以为使用者确定生物质能产品储存形式、工具、时间长短，或是首要、次要的运输选择等。但是，缺陷也是很明显的，主要原因在于生物质能产业内部纷繁复杂的数据想要准确获得（有些情况下甚至是获得）很难，而且产业内各环节（如生产与转换、运输等）的关系不好确定。Mitchell 建议综合各不同 DSS 的优势发展一个混合型模型。

Hektor[①] 整理了过去几十年内关于生物质能的实证研究，把各国已实施的计划分为国家计划、项目计划和管理计划，其中在制订国家计划时需考虑到以下因素：自然因子，如土地、水、树木以及矿物资源等；技术因子，如机械设备、转换工具、工厂建设等；劳动力因子及其他软因子，如知识、经验和组织等。综观已有的国家计划，通常是将每个因子都转换成经济价值，再加入时间因素，即引入利率计算，Hektor 认为 2%—5% 的利率较为合适。因缺乏经济、商业、管理报酬导致国家计划不能执行时，可采用补贴、特殊刺激。

Gielen[②] 等研究了碳税实行对生物质能产业发展的影响。他们对三种模拟情景下使用碳税产生结果分别进行了计算。这三种模拟情景分别是：BC 情景，即没有任何二氧化碳政策执行；JENO 情景，代表的是现行国际二氧化碳政策，即在发达国家收取碳税，发展中国家则没有；GLOB 情景，代表的是一种设想的全球二氧化碳政策。这里的二氧化碳政策主要指的就是碳税。结果发现，分别采用三种情景时，二氧化碳减排量及其对生物质能产业发展的影响是不一样的。其中，采用 JENO 情景时一国绿化情况是最好的，GLOB 情景次之；而生物质能产量增加值在 GLOB 情景下最大，该情景最有利于促进生物质能产业的发展。结果表明，想要促进生物质能产业发展，全球性的二氧化碳政策（尤其是征收碳税）是必要的。

---

① Hektor, Willow Growers in Sweden, *Biomass and Bioenergy*, Volume 18, Issue 2, 1 February 2000, pp. 137 – 145.

② Gielen, CO_2 in the Iron and Stell Industry: an Analysis of Japanese Emission Reduce Potentials, Biomass and Bioenergy, Volume 30, Issue 10, August 2002, pp. 849 – 863; Gielen: the Economic Incentive to Increase Output, *Biomass and Bioenergy*, Volume 32, Issue 6, August 2002, p. 133.

(二) 生物质能产业发展的政策研究

Hillring[①]分析了政府在生物质能产业发展中的作用,在回顾了不同政府的生物质能战略以及瑞典几十年的政策后,得出以下结论:在发展生物质能产业时,政府可影响的领域包括能源消费(如能源使用量、能源消费结构的改变、能源使用效率的提高)、产业结构和能源产品。而政府可采取的政策措施包括:支持研发、管理支持、对信息传播的支持、行政政策和经济刺激。同时他认为,研发是必要的,经济政策是最简单可行的,而行政政策有时达不到目的。

Coelho和Bolognini[②]分析了生物质能利用中存在的阻碍,尤其是非技术因素,如经济因素、缺乏立法支持、定价没有加入环境因素等。笔者认为使用确定产品价格的工具模型将外部性加入到购买价格的制定过程当中是促进生物质能发展的根本政策。

Ray[③]使用POLYSYS模型研究了农业政策对生物质能产业发展的影响。POLYSYS是一种将农业与其他因素(如环境)相结合进行研究的模型,侧重于研究这些复杂因素相互影响、作用及实施的政策对农业、区域经济、生物质能产业的影响。Ray用该模型测度了潜在的生物质能和生物柴油供给量,并指出要充分将农业部门与环境、区域经济和相关产业联系起来,以促进生物质能产业的发展。

(三) 生物质能产业发展研究

Hooper和Li[④]较早尝试寻找生物质能商业化发展的途径,他们认为,生物质在将来可能为我们提供很多的能量,但必须要使其价格、技术能力与现存能源供给结构兼容。生物质能产业发展的障碍有:生物质能的实际价格仍很低;原料成本比预期要高;产品和商品风险因素的未知;国家缺乏应对市场阻碍的能力;对环境的影响不确定。Hooper和

[①] Hillring, National Strategies for Stimulating the Use of Bioenergy: Policy Instruments in Sweden, Biomass & Bioenergy — Biomass Bioenerg, Vol. 14, No. 5, 1998, pp. 425–437.

[②] Coelho, Bolognini, Policies to Improve Biomass - electricity Generation in Brazil, *Renewable Energy*, Volume 16, Issue 14, January–April 1999, pp. 996–999.

[③] Ray, Bimass and Bioenergy application of the Polysys Modeling Framework, *Biomadd and Bioenergy*, Volume 18, Issue 1, April 2000, pp. 291–308.

[④] Hooper, Li, Summary of the Facter Critical to the Commercial Application of Bioenergy Technologies, *Biomass and Bioenergy*, Volume 11, Issue 6, 1996, pp. 469–474.

Li 主要从投资者角度提出了发展该产业的对策,关键问题是确定其作投资决定的原则。决定生物质能产业投资的主要因素是来自市场和政策的、影响投资者判断的"不确定性",要消除这些不确定性,促使生物质能的商业化要做到:使技术在商业上可行;对能源市场纷繁复杂的关系作出正确的解释;通过实施产业战略等措施对风险因素提供担保。

Sims[1] 对生物质能已用于商业化的先例进行了分析,提出成功发展生物质能产业的途径还介绍了发展生物质能产业应该着手处理的问题。使用生物质能会增加土地使用的竞争性,导致土地中多余营养的转移。要解决这些问题,使生物质能可与其他产品相竞争,就必须充分发挥其附加利益,如种植能源作物能降低含水层提高盐碱地的肥力;对固体废弃物的利用可以节约销毁成本;对液体废弃物的处理可减少环境污染;生物质能的使用可减少二氧化碳的排放量,等等。要成功地建立和发展生物质能产业,必须要有可行的支持组织,以提升生物质能产品的利益;要寻找新途径以克服新项目实行中的阻碍;要增强生物质能及其产业在公众心目中的形象。

Amani Elobeid 和 Simla Tokgoz[2] 分析了贸易自由化和取消联盟税收抵免美国燃料乙醇市场的影响,通过利用多元化的国际乙醇模型发现,美国的贸易壁垒已经有效地保护着本国燃料乙醇行业。但随着贸易自由化,乙醇市场的不断深化,乙醇的生产受价格波动的影响将会减弱,而受农产品市场的影响会增大。

二 实证研究

Kim[3] 对芬兰的生物质能产业经验总结、Ramachandra[4] 对生物质能

---

[1] REH Sims, Bioenergy to Mitigate for Climate Change and Meet the Needs of Society, *The Economy and the Environment*, 2001, Volume 8, Issue 4, pp. 349 – 370.

[2] Amani Elobeid, Simla Tokgoz, Removing Distortion in the US Ethanol Market: What does it Imply for the United States and Brazil? *American Journal. of Agricultural Economics*, Volume 90, Issue 4, pp. 918 – 932.

[3] Kim, Cumulative Energy and Global Warming Impact from the Production of Biomass for Biobased Products, *Journal of Industrial Ecology*, Volume 7, Issue 3 – 4, p. 112.

[4] Ramachandra: Present and Prospective Role of Bioenergy in Regional Energy System, *Renewable and Sustainable Energy Reviews*, Volume 4, Issue 4, December 2000, pp. 375 – 430.

产业在 UKD 发展情况的研究、Walsh[①] 对美国生物质能产业发展情况的研究、Hillring[②] 对瑞典生物质能产业的研究、Mandal[③] 对印度的实地考察都属实证研究。

Kim 等对芬兰生物质能利用现状进行了分析，生物质能燃料占芬兰能源消费的 17%，生物质发电占 10%，他们将芬兰的林业作为一个能量消费者研究其对能源消费和二氧化碳排放的作用——该产业消耗了 28% 的能量，并排放出 16% 的二氧化碳。得出的结论是，林业在生物质能产业发展过程中具有很重要的作用，可以为芬兰达到《京都议定书》规定的气体排放标准做出贡献。

Ramachandra 等主要研究的是传统的生物质能及其使用。他们将 UKD 分为两个部分，生物质能富余区和生物质能匮乏区，研究了生物质能在两个区域能源供给中的地位，提出要加强两区域间生物质能的交换和合作；整个区域仍使用低效率的燃烧炉，今后可通过高效率的燃烧炉改善。

Walsh 以可供种植生物质作物的土地数量、生物质作物产量、产品成本和土地收益率为自变量，利用一般均衡办法推导出了美国生物质能的供给曲线。Hillring 总结了过去 20 年瑞典利用生物质能的经验——致力于通过生物质能产业的发展增加就业、发展农村和区域经济，公司的一体化经营是有效的，系统化发展该产业是成功的战略；并对将来作出了预测——小生态公司将具有优势，生物质能市场的国际化将有助于增加竞争，大幅度降低产品价格，这种强竞争意味着生存下来的公司是一体化的。Mandal 以 135 家农户为调查对象，分析了以豆类为转换基础的各种产品系统的能量及效率问题。

[①] Walsh, Bioenergy Crop Production in the United States: Potential Quantities, Land use Changes, and Economic Impacts on the Agricultural Sector, *Biomass and Bioenergy*, Volume 24, Issue 4, April 2000, pp. 313 – 333.

[②] Hillring, National Strategies for Stimulating the Use of Bioenergy: Policy Instruments in Sweden, *Biomass and Bioenergy* - Biomass Bioenerg, Vol. 14, No. 5, 1998, pp. 425 – 437.

[③] Mandal: Bioenergy and Economic Analysis of Soybean - based Crop Production Systems in Certral India, *Biomass and Bioenergy*, Volume 23, Issue 5, Novermber 2002, pp. 337 – 345.

Madlener 和 Vogtli[①]，Tromborg、Bolkesjo 和 Solberg[②] 分别以瑞士和挪威的生物质能产业作为研究对象，并从市政公共事业木材燃料发电厂项目和地区性的木材供暖系统进行多角度分析。研究发现：一方面，要激起当地森林所有者解决那些年代久远且没有营利性的森林问题，必须有相应的政府政策扶持，包括：支持绿色能源产业政策；对当地政府生产更多的绿色能源物质而不是水电，给予一定的激励。这两个条件是能否成功开展此项目的决定要素。另一方面，挪威要实现 2010 年生物质能使用量净增加是否切合实情，但需要政府提高公众在利用生物质能技术方面的意识，并给予重大的经济奖励。此外，通过利用林业部门局部均衡模式对挪威未来的生物质能使用量进行了预测，发现在目前细分市场电力和石油价格水平下，生物能源利用将会增加，并且生物质能竞争力轻微的改善或能源价格的提高都可能会使生物能源的使用水平大大提高。

总之，国外对生物质能产业的研究既有理论研究又有实证研究。理论研究的主要内容包括如何将影响生物质能生产的各因素结合起来，对生物质能的发展作出正确的决定和政策，以及一项政策如何影响生物质能产业的发展。实证研究包括对芬兰、美国、瑞典和印度等国家发展情况的研究。中国生物质能产业尚未建立，这些理论和实践经验对中国发展生物质能是大有裨益的。

三　国外发展生物质能的政策措施

为了促进生物质能的发展，各国结合自身实际采取了积极务实的鼓励政策，主要有配额制度、固定电价、税收优惠、财政补贴、重视研发等。

1. 配额制度

配额制度是随着电力市场化改革逐步发展起来的一项新的促进可

[①] Madlener, Vogtli, Diffusion of Bioenergy in Urban Areas: a Socio - economic Analysis of the Swiss Wood - fired Cogeneration Plant in Basel, *Biomass and Bioenergy*, Volume 32, Issue 9, September 2008, p. 815.

[②] Tromborg, Bolkesjo, Solberg, Biomass Market and Trsde in Norway: Status and Future Prospects, *Biomass and Bioenergy*, Volume 32, Issue 8, August 2008, pp. 660 - 671.

再生能源发展的制度，主要是对电力生产商或电力供应商规定在其电力生产中或电力供应中必须有一定比例的电量来自可再生能源发电，并通过建立"绿色电力证书"和"绿色电力证书交易制度"来实现。绿色电力证书是政府为了促进发展清洁电力而颁发给生产清洁电力企业的证书，该证书还可以进入市场交易。电力生产商或电力供应商如果自己没有可再生能源发电量或达不到政府规定的配额要求，可以通过购买其他可再生能源企业的"绿色电力证书"来实现，同时，可再生能源发电企业通过卖出"绿色电力证书"可以得到额外的收益，激发出企业发展清洁电力的动力，从而促进可再生能源发电（包括生物质能发电）的发展。目前，欧盟的许多国家都在推行可再生能源配额制度。

2. 固定电价

固定电价就是根据各种可再生能源的技术特点，制定合理的可再生能源上网电价，通过立法的方式要求电网企业按确定的电价全额收购。按照不同的电价水平进行收购，从而保证各种可再生能源技术都能获得比较合理的投资收益，为可再生能源的发展创造了更加优越的政策环境。对处于成长初期的生物质能发电产业，固定电价制度无疑有利于促进其发展。欧盟通过立法方式，规定电网企业必须高价收购可再生能源发电，特别是生物质能发电。

3. 税收优惠

税收优惠也是各国促进生物质能发展的重要鼓励政策。从1982年至今，巴西对酒精汽车减征5%的工业产品税。2002年，美国参议院提出了包括生物柴油在内的能源减税计划，生物柴油享受与乙醇燃料同样的减税政策。德国对可再生能源实行低税率的优惠政策，如对乙醇、植物油燃料免税，对生物柴油每升仅征收9欧分的税费（而汽油则每升征收45欧分）。

4. 财政补贴

由于生物质能产业市场尚未成熟，企业投入较大，所以需要政府强有力的扶持。对此，各国纷纷出台补贴政策以推动生物质能产业的发展。如瑞典从1975年开始，每年从政府预算中支出3600万欧元，用于生物质燃烧和转换技术研发及商业化前期技术的示范项目补贴。丹麦从1981年起，制定了每年给予生物质能生产企业 400 万欧元的补贴计划，这一计划使目前丹麦生物质能发电的上网电价相当于每千瓦时 8 欧分。意大利从 1991 年到 1995 年对生物质利用项目提供了 30%—40% 的投资补贴。

5. 重视研发

政府投资支持关键技术的研发，加强与私营部门的合作，促进生物质能技术的产业化。生物质能关键技术研发，一般是以政府公共部门的先期投入为引导，通过产业界、企业界的随后跟进，快速实现技术的产业化和商业化。澳大利亚政府通过加强公共部门研究机构与私营企业界之间的合作，实现"共担风险、共享成果"，加速了关键技术的科技成果转化与产业化进程。英国环境食品和农村事务部在"生物能源作物研发项目"投资 90 万英镑，研究能源作物的基因改良和农村环境保护。生物能源研发的巨大投入促进了英国生物质发电和生物燃料生产的快速发展。巴西经过 30 多年对酒精燃料的研发和应用，培养了一大批专业高科技人才，掌握了成熟的酒精生产和提炼技术，以及酒精汽车制造技术，建立了强劲的酒精动力机械体系和完善的酒精运输、分销网络。

6. 发挥政府采购的政策功能，推动生物质能产品市场发展

许多国家（如美国、日本、德国、澳大利亚等）都在积极推行政府生物质清洁能源采购政策，发挥政府部门在该领域的表率作用：如规定政府机构的能耗目标、在国家采购法中明确规定政府采购的产品必须符合的认证标准与等级、定期公布清洁能源采购目录、编制政府采购指南以及加强政府机构的能源审计等。

7. 建立有利于生物质能发展的投融资机制

通过引入适当的投融资支持机制，帮助投资者降低投资成本，控制市场风险，并充分发挥保险公司的作用，特别是充分发挥公益基金等政府性资金的投资杠杆作用，如美国加州的可再生能源发展基金、美国佛蒙特州的节能基金和英国的碳基金等。

第二节 中国生物质能产业的研究状况

中国早期的生物质能开发利用一直是在"改善农村能源"的概念

和框架下运作。中国农村通常以直接燃烧秸秆低效率使用生物质能源，后来为了解决农村燃料紧缺问题，通过将废料发酵后产生沼气，以取代薪柴使用，这是最早的生物质能的利用，它起到了环境保护和改善农村卫生状况的作用。20世纪60年代末到70年代初，中国出现了发展沼气的热潮。此后在学术界引发了对沼气开发利用的研究热潮，但沼气的发展规模大，经济效益并不明显。中国政府真正注意并开发利用新能源和可再生能源是从十一届三中全会以后开始的。[1] 生物质能利用政策在"改善农村能源"思路下，开始向"开发生物质能"转变。随着可持续发展概念深入人心，全球气候变化的影响，国内学者对生物质能的开发利用状况在某些领域展开了相关研究。

一 理论研究

1. 在税收保护和高额补贴下可生存的观点

阮永华[2]等通过建立决策模型，指出生物质能产业只能在税收保护和高额补贴下才有可能生存，并根据现有资源和发展情况，利用餐饮废油以及油厂各种下脚料转化为生物柴油是可行的。梁靓[3]指出目前国内生物质能开发利用的成本比较高，在发展生物质能产业的前期，需要政府介入，通过价格补贴、税收调节、法律保障等手段来弥补市场力量的不足，使得生物质能的环保效益体现出来，增强其市场竞争力。程小琴[4]认为从社会角度来看，支持生物柴油发展的补贴是经济有效的。从国家宏观层面来讲，需要在财税政策上进行扶持，国家应该在建立成本分摊、风险分摊、研发投入机制方面加大资金投入。在保证原料有效供给的基础上，从微观层面上鼓励潜在的消费者使用生物柴油，保证生产与销售使用不脱节，在供需双方互动下推进生物柴油产业的发展。

---

[1] 谢治国：《建国以来我国可再生能源政策的发展》，《中国软科学》2005年第9期。
[2] 阮永华：《生物质能源发展的规划与博弈混合多层次模型》，《淮阴工学院学报》2005年第1期。
[3] 梁靓：《生物质能源的成本分析》，《南京林业大学》2008年6月。
[4] 程小琴：《生物柴油产业发展相关政策选择分析》，《中国物流与采购》2007年第21期。

2. 外部补偿和创造公平竞争环境的观点

任东明[①]认为在中国的可再生资源发展中"外部成本"和"可再生能源规模小"的存在影响着可再生能源与常规能源的公平竞争和技术提高，要根本解决这两大问题必须制定新的政策，形成新机制和新体系。具体应包括目标机制、定价机制、交易机制、选择机制和补偿机制五种运行机制，以此来适应满足可再生能源巨大的投资需求和健康发展。梁靓[②]指出生物质能具有突出的外部效应，一旦产生这种现象，单纯的市场调节就不能实现对资源的合理配置，从而会抑制其发展，所以政府应当发挥其经济调节职能，运用财政手段进行资源分配，成为资源配置的一种有效的补充方式。针对生物质能产品生产的高成本，可建立成本分摊机制，由全体消费者承担，将发展生物质能外部收益内部化。在生物质能发展初期，需要政府宏观调控政策的引导，以弥补该产业外部效应带来的不利影响。同时还提出，当生物质能产业发展到一定成熟阶段，政府要适时地退出并减少干预，政府的职能就是为市场机制发挥作用创造外部环境和条件，使得该产业完全市场化。

3. 保护环保和准公共物品的观点

周凤起[③]、孙玉芳[④]、张正敏[⑤]从可再生能源角度出发，认为生物质能具有很好的环保效应，具有准公共物品的属性。其发展不仅可以促进绿色的植被增加，还可以减少二氧化碳的排放，产生很好的正外部性。他们并指出了发展可再生能源的必要性和重要性，认为在其发展过程中需要政府发挥相应的职能，如国家专项计划推进、公共意识观念的提升等，并从管理体制、法律支持、发展目标以及政策激励四个方面指出可再生能源产业的推动因素。王向阳[⑥]则从农村生物质能产业发展的角度

[①] 任东明：《论中国可再生能源发展的主要问题以及新机制的建立》，《可再生能源》2003年第4期。

[②] 梁靓：《生物质能源的成本分析》，《南京林业大学》2008年6月。

[③] 周凤起：《对我国可再生能源发展战略思考》，《中国科学院院刊》2006年第4期。

[④] 孙玉芳：《国内外可再生能源产业政策比较分析》，《农业工程学报》第22卷增刊1，2000年10月。

[⑤] 张正敏：《中国可再生能源战略与政策研究》，《经济研究参考》2004年第84期。

[⑥] 王向阳：《构建支持农村生物质能源发展的政策体系》，《经济研究参考》2008年第7期。

出发,指出发展农村生物质能具有多重效应,在大力发展农村生物质能条件已经具备的前提下,发展农村生物质能必须得到政府的支持,并提出构建农村生物质能发展公共政策的原则和投资、评价、金融等政策的综合配套建议。

4. 市场化运作的观点

闫丽珍[1]从农村生物质能开发利用角度出发,提出应当建立完善生物质资源市场,在此基础上,市场机制才能予以调解并影响资源配置。只有认识到生物质资源的价值及其在市场上的流通性,才可能减少对资源的浪费,通过改变利用方式来提高资源利用效率,从而减轻农村地区能源压力,减少环境污染,保持生态平衡。王亚静等[2]认为生物质产业在今后的发展过程中,应建立严格的市场准入和监管制度,提高市场进入的技术和资金门槛,继续推行定向购销体制,避免盲目建设和生产。

二 实证研究

(一) 生物质能产业发展的原料选择之争

廖富霖[3]认为原料的选择已成为制约生物质能产业发展的"瓶颈",原料种类及其经济性将会受到极大的关注。但对于采用何种原料来开发利用生物质能,学者们意见较为分歧,目前主要存在以下几种主张:以粮食、秸秆、林木质资源和种植新的能源作物为生物质能开发利用的原料。

国家《"十一五"燃料乙醇专项规划》论证专家组成员、清华大学教授李十中认为可以用粮食加工燃料乙醇。由于用玉米加工乙醇,可以产生附加值较高的蛋白质饲料,玉米胚芽还可以加工合成玉米油,得到的副产品价值都比较高。与其他原料比起来,总成本收益合计较高,企业获利也较容易。而刘峥毅[4]则认为秸秆可以作为生物质能开发利用的原料。

---

[1] 闫丽珍:《中国农村生活能源利用与生物质能开发》,《自然资源学报》2008年第5期。

[2] 王亚静等:《关于发展生物质产业的几点思考》,《中国人口资源与环境》2007年第4期。

[3] 廖富霖:《加快森林城市建设,实现城市可持续发展》,《福建林业科技》2007年第26期。

[4] 刘峥毅:《秸秆等纤维质更适宜颗粒化后就地应用》,《科学时报》2007年9月19日。

石元春[1]认为根据中国农业生态资源特点，可建设以甜高粱和林区废弃物为主体的东北绿色油田、以旱生灌草和甜高粱为主体的西北绿色油田、以甜高粱为主体的华北绿色油田、以麻疯树和甜高粱为主体的西南绿色油田，以及以多种木本能源植物和草本能源植物为主体的东南绿色油田。张百良[2]同样主张种植新的能源作物作为生物质能开发利用的原料。他认为国内替代粮食生产燃料乙醇的原料种类很多，如木薯、甜高粱、薯类、甘蔗、能源甜菜和可再生资源植物纤维等。此后，在各地出现了甘薯生物燃料乙醇产业研究的高潮。邓虹[3]、夏训峰等[4]、蔡庆丽[5]、李明亮[6]等分别在四川、重庆、广西、湖北等地探讨了甘薯产业发展模式和发展潜力。

以玉米等粮食作物为原料的燃料乙醇在中国从快速发展到被叫停，使得原料选择问题成为研究热点，学者们逐渐探索出新的原料开发途径。何蒲明[7]、沈亚芳[8]以粮食安全为目标，探讨了生物质能开发利用的原料选择问题。何蒲明认为，以粮食为基础的生物能源已有危及粮食安全的倾向，它是导致中国农产品价格上涨、粮食库存减少、耕地减少的原因，他建议今后应积极发展林业生物质能。沈亚芳则认为，以玉米为原料发展生物质能对玉米的供求形势虽产生一定的影响，在未来有可能会形成"与粮食争田"问题，但通过补贴政策可稳定玉米市场，通过提高玉米单产和使用率、推进玉米进出口管制和国家储备政策有望促进玉米燃料乙醇的健康发展，同时还可以寻求非粮替代来源。她认为甘薯、甜高粱是合适的非粮原料替代物。

---

[1] 石元春：《发展生物质产业》，《中国农业科技导报》2006年第1期。
[2] 张百良：《生物能源发展及科技创新机遇》，《农业工程学报》2008年第2期。
[3] 邓虹：《四川省高淀粉甘薯产业发展战略探讨》，《农业科技管理》2007年第1期。
[4] 夏训峰等：《甘薯燃料乙醇循环经济发展模式研究》，《经济科学与技术》2008年第9期。
[5] 蔡庆丽：《广西发展非粮生物燃料乙醇产业的优势与对策》，《农业现代化研究》2008年第5期。
[6] 李明亮：《湖北省甘薯产业发展趋势分析与对策》，《湖北农业科学》2008年第10期。
[7] 何蒲明：《基于粮食安全的林业生物质能发展》，《林业经济问题》2008年第4期。
[8] 沈亚芳：《生物质能源发展对玉米贸易安全的影响》，《中国国情国力》2008年第3期。

吕文[1]等通过对中国部分地区林木生物质资源的实地调查研究，阐述了大力发展林木生物质能的必要性和可行性。高岚[2]、朱玉亮[3]、李云[4]从不同的角度阐述了发展林木生物质能的技术可行性、生产经济性和市场的可行性。生物质能开发利用的原料选择的不确定性和由此对社会和生态环境带来的不确定性，仍将是未来几年内学者们不可间断的研究问题。

（二）粮食安全问题研究

1. 威胁粮食安全的观点

不少学者认为大量生产生物质能会带来区域性的粮食安全问题。李志强[5]指出生物质能在世界范围内发展迅速，中国生物质能发展势头强劲。其势必会对农业与粮食安全产生重大冲击，有可能引发一场新的农业革命，同时又将对粮食与食物安全造成重大影响。蔡浩[6]、王亚静等[7]、何蒲明[8]指出从中长期来看，发展粮食燃料乙醇，会导致粮食供需缺口不断扩大，带动中国粮油价格上涨，最终影响国家粮食安全。崔凯[9]、葛如江[10]同样认为中国粮食不能承受"能源化"之重，为了解决13亿人口吃饭问题，用玉米等为原料的替代能源产业难以推开；并且中国的粮食供求处于平衡状态，在中国使用玉米为原料发展生物质能的空间十分有限。孙智谋等[11]认为世界粮食危机是粮食供需严重失衡导致粮价飞涨而引起的，与人类近年来大量利用粮食来生产能源密

---

[1] 吕文：《中国林木生物质能源发展潜力研究》，《中国能源》2005年第11期。

[2] 高岚：《林木生物质能源的发展和我国能源林建设》，《生物质化学工程》2006年第1期。

[3] 朱玉亮：《辽宁省能源林培育与发展的对策》，《辽宁林业科技》2008年第4期。

[4] 李云：《我国林业生物质能源林基地建设问题的思考与前瞻》，《林业资源管理》2008年第3期。

[5] 李志强：《生物质能源发展对粮食安全的影响》，《中国能源科学》2007年第4期。

[6] 蔡浩：《发展能源农业需要解决好三大问题》，《经济透视》2006年第7期。

[7] 王亚静等：《关于发展物质产业的几点思考》，《中国人口资源与环境》2007年第4期。

[8] 何蒲明：《基于粮食安全的林业生物质能发展》，《林业经济问题》2008年第4期。

[9] 崔凯：《调控乙醇燃料：石油安全对决粮食安全》，《第一财经日报》2007年2月7日。

[10] 葛如江：《中国粮食能否承受"能源化"之重》，《经济参考报》2006年12月30日。

[11] 孙智谋：《粮食危机与生物质能的发展动态》，《酿酒科技》2009年第1期。

切相关。今后粮食生物燃料发展，必须在保证粮食的基础上逐渐减少以粮食为原料加工乙醇的总量，加大第二代非粮原料生产生物燃料的研究力度。

2. 非威胁粮食安全的观点

李十中、石元春[1]则认为玉米深加工中只有不到4%的玉米用于生产乙醇，不存在与民争粮，而且近年来东北玉米外调减少则是导致中国大部分地方玉米价格上涨的重要原因。因此，粮食价格大幅上涨不能归咎于玉米乙醇产业的发展，发展生物质能与保障中国粮食安全并不矛盾，关键是要发展新原料，如甜高粱、薯类等，生物质能的发展完全可以做到不依赖粮食。李十中指出制备乙醇、生物柴油等的能源作物，如玉米、甘蔗、甜高粱、甘薯、木薯、油菜、绿玉树等，既能满足粮食安全的需要，又是很好的能源作物。他还认为燃料乙醇实际上是一个调节器，一个粮食产销的蓄水器，如果粮食丰产，就可以多消化一些粮食，如果粮食歉收，就可以停下来，或者发展其他原料。

张锦华等[2]建立了一个以玉米燃料乙醇为例的理论模型及分析框架，分别在短期动态均衡、长期动态均衡以及有进口补充的情况下分析生物质能的发展对中国粮食安全可能造成的影响，并通过玉米生产和供求的特征进一步说明燃料乙醇的发展对粮食安全影响的实际状况。研究结果表明，燃料乙醇的发展并没有给粮食安全带来实质性的影响，但从长期来看不排除存在粮食安全的风险。从模型分析结果来看，中国可以通过对补贴政策、替代政策、贸易政策以及技术政策的调整来协调粮食安全与能源安全的发展。

三 小结

通过对上述资料的分析总结，可以看出目前国内外关于生物质能的研究主要集中于以下几个方面：

---

[1] 石元春：《我国能源的忧思》，《中国科学报》2006年2月26日。
[2] 张锦华等：《生物质能发展会带来中国粮食安全问题吗？——以玉米燃料乙醇为例的模型及分析框架》2008年第4期。

1. 生物质能转换技术的研究

生物质能转换技术包括生物转换、化学转换和直接燃烧三种。生物质能转换的方式有生物质气化、生物质固化、生物质液化和生物质发电四种。目前，全世界各种生物质利用技术处于不同的发展阶段，几种主要的生物质利用技术如生物质燃烧和碳化已完全商业化；生物质高温热解已发展到示范阶段；厌氧热解、乙醇发酵在技术上完全成熟；生物质气化虽还成本较高，但已得到充分开发，正朝着实现商业化发电方向实现。

2. 生物质能发展对生态环境的影响研究

生物质的硫含量、氮含量低，作为燃料时，燃烧释放的硫化物和氮化物较少，二氧化碳的净排放量也接近于零。所以，从对大气的影响上，生物质能弥补了化石燃料燃烧对环境的压力，促进生态系统的良性循环。但生物质能的发展也有它的局限性。有部分学者认为生物质需水量大，能源作物的光合作用效率低，生物质的生产将局限在降水充足的地区，生物质生产将与粮食生产等其他类型的土地利用相竞争。生物质能发展还表现在影响生物的多样性。通常认为多年生的本地作物替代一年生农作物能够保护生物多样性；相反如果用生产生物质能的作物替代自然覆盖，比如森林和湿地，那么生态系统的功能将削弱，生物多样性将降低；此外，生物质能的利用对水土流失、土壤肥力变化和水污染等生态环境问题都有重要影响。

3. 生物质能发展可行性及发展前景的研究

生物质由于能量密度低，分散分布，利用过程需增加预处理，或需附加的转换设备，从而利用的成本较高，其所占比例会逐渐下降，在经济发达地区已基本为化石燃料所代替。而通过生物质能转换技术获得的优质能源生产成本普遍过高，和化石能源产品竞争处于不利地位，因而也很难为消费者接受。从直观的经济效益出发，生物质项目是否可行，决定于该项目的经济效益是否大于零，即生物质产品收入应大于其系统及运行的总投资成本。但从宏观、全面的角度上看，政策障碍、机构体制、信息传播、投资障碍、技术产业化条件才是造成生物质能商业化利用进程受阻的深层原因。总的来说，生物质能开发必须克服两个关键障碍：一是降低生物质能的成本，只有生物质能产品的价格低于市场同类型的化石能源价格，它才会被消费者接受；二是利用生物质能，特别是在发展能源作物的时候，不能对生态环境产生不利影响，不能对粮食安全构成威胁。

随着世界不可再生资源的开发消耗，空间环境和生态环境不断恶化，可再生的、环保性的再生能源生产成为人们追求的目标，生物质能课题研究也越来越被重视。国内外学者在生物质能开发利用及产业体系建设发展方面做了大量的研究和探讨工作，其研究领域略有不同，研究水平、研究方法和取得的研究成果也存在较大差距。但通过对已有研究成果的解读、分析和评价，对于今后生物质能的开发利用、研究都将具有很大的推动作用。由于不同国家开发利用生物质能的发展阶段、起因不同，因此在生物质能开发利用及产业发展方面的研究也就存在较大差距。中国对生物质能产业发展的研究起步较晚，与国外研究水平和研究成果相比具有一定的滞后性，很多方面还是分散的、零碎的。国外学者对生物质能开发利用与国际贸易政策、碳税政策、清洁发展机制等之间的关系表现出浓厚的研究兴趣，在相关决策模型方面的研究已经较为成熟。这些都为生物质能产业的健康发展及未来走向提供了理性化的决策指引。但同时我们也应看到，生物质能开发利用过程中产生的一系列问题在不同国家所表现出的特征是不一样的。以玉米燃料乙醇为例，在美国主要以玉米进行燃料乙醇生产，这主要是依据本国资源禀赋进行的比较优势选择。美国玉米的生产成本要低于中国，其单产率又远远高于中国。因此，就研究内容而言，能源安全与粮食安全的关系研究必将有很大区别。国外学者的研究内容和研究成果既有通用性又有不可避免的局限性。但无论如何对于国内还处于探索性阶段的研究都具有很好的借鉴意义。

综合上述的研究成果和对生物质能发展的未来预期，我们认为今后还需要在两个问题上借鉴国外经验和结合中国的特殊国情进行深入探讨：(1) 通过附加效益降低开发初期的市场成本。国外学者在探寻生物质能实现产业化发展的过程中，提出在其发展初期可以通过能源作物的附加效益来降低过高的原料开发成本，提高生物质能自身的竞争力，这对中国生物质能的开发利用提供了很好的经验。生物质能不同于太阳能、风能、水能的最大特点就是其可以像石油产品一样产生上千种化学物品，通过这些产品的附加效益再加上政府的扶持足以解决开发成本过高的问题。此外，国外对生物质能开发利用过程中产生的外部性问题，通常是将外部性加入消费常规化石能源的价格中进行成本分摊或通过碳税政策降低二氧化碳排放量，来间接促进生物质能产业的发展。但在发展中国家以目前的经济水平，其发展还有着较大的碳需求空间。在中国特殊权属制度和征税政治倾向的存在，征收碳税使得政府、企业、消费者之间最后的博弈结果可能是使大量的收入从企业流向政府。因此，想通过征收碳税来抑制温室效应，势必会影响 GDP 和经济的增长。但到生物质能之类的新能源技术获得重大突破和创新阶段时，可结合碳税政策来实现能源的节约，促进经济发展。因此，在生物质能发展过程中，我们既要防止其开发过程中能源资源的二次消耗浪费，还要注意碳税政策的合理实施。（2）关于生物质能开发利用所需原料的区域选择问题及其制成品（生物柴油和燃料乙醇）的区域性市场选择问题。国内学者就生物质能开发利用原料选择和其开发利用与粮食安全间的关系进行了广泛的研究，并就生物柴油和生物燃料乙醇两个有效的石油替代产品从政策补贴主体、受益主体等方面进行了多角度分析。但是就生物柴油和燃料乙醇产品是想通过替代城市过高的能源消耗缓解能源安全，还是想通过替代农村增长过快的商品能源来弱化能源约束，为城市发展创造更多的能源发展空间，即生物质能开发所获得产品（生物柴油和燃料乙醇）的区域性市场选择问题还未引起学者们的重视。我们倾向于对后者替代政策合理实施问题的研究，认为今后需要通过替代农村快速增长的商品能源和生产用能，来缓解农村能源对常规能源所形成的压力，实现能源的可持续发展。此外，生物质能开发利用产业体系建设在政策上、市场上、技术上也还未形成系统的构架研究，这对于中国学者来说无疑是一个极具理论意义和现实意义的议题。因此，对于生物质能的研究工作者来说任重而道远。此外，作为一个新兴产业，实践中的运作有许多问题是不可预见的，必须通过不断的试验、示范、修正、探索和完善，才能保证这一新兴产业逐步走向成熟，故加强实践探索尤为重要。

第四章　中国生物质能开发利用的概况

随着国际油价的大幅度波动，节能减排、保护环境的呼声日益高涨，国际社会普遍开始重视生物质能的开发利用，各国纷纷采取有效措施鼓励生物质能产业的发展，生物质能的有效开发和利用日益成为国际能源领域投资发展的焦点。据统计，目前占全球能源消耗总量近50%的石油和天然气在21世纪中叶将消耗殆尽，虽然占目前全球能源消耗总量25%的煤还可以继续开采使用，但开采的难度越来越大，成本也会越来越高。寻找一种可再生的替代能源，已成为社会普遍关注的焦点。生物质能一直是人类赖以生存的重要能源，仅次于煤炭、石油和天然气而居于世界能源消费总量第四位，在整个能源系统中占有重要的地位。据预测，到21世纪中叶，采用新技术生产的各种生物质替代燃料将占全球总能耗的40%以上。

第一节　中国生物质能开发利用的现状

生物质能资源，按原料的化学性质分，主要为糖类、淀粉和木质纤维素类。按原料来源分，则主要包括以下几类：(1) 农业生产废弃物，主要为作物秸秆；(2) 薪柴、枝丫柴和柴草；(3) 农林加工废弃物，木屑、谷壳和果壳；(4) 人畜粪便和生活有机垃圾等；(5) 工业有机废弃物，有机废水和废渣等；(6) 能源植物，包括所有可作为能源用途的农作物、林木和水生植物资源等。中国拥有丰富的生物质能资源，目前可供利用开发的资源主要为生物质废弃物，包括农作物秸秆、禽畜粪便、工业有机废弃物和城市固体有机垃圾、林业生物质、能源作物等。据测算,中国理论生物质能资源在 50 亿吨左右,是中国目前总能耗的 4 倍左右[①]。

一 中国生物质资源的特点

(一) 资源丰富

中国的生物质资源丰富,理论生物质能资源有 50×10^8 吨左右,目前可以作为能源利用的生物质主包括农作物秸秆、树木枝丫、畜禽粪便、能源作物(植物)、工业有机废水、城市生活污水和垃圾等。中国的可开发生物质资源总量为 7×10^8 吨,其中农作物秸秆约 3.5×10^8 吨标准煤,占 50% 以上。在这可开发的生物质能资源中,农作物秸秆有 40% 作为饲料、肥料和工业原料,尚有 60% 可用于能源,约 2.1×10^8 吨标准煤(孙振钧,2004)[②]。林木枝丫和林业废弃物年可获得量约 9×10^8 吨,大约 3×10^8 吨作为能源利用,折合约 2×10^8 吨标准煤。甜高粱、小桐子、黄连木、油桐等能源作物(植物)可种植面达 2000×10^4 hm² (百米的平方,即 1 公顷),可满足年产量约 0.5×10^8 吨生物液体燃料的原料需求。畜禽养殖和工业有机废水理论上可年产沼气约 800×10^8 m³,全国城市生活垃圾年产生量约 1.2×10^8 吨。目前,中国生物质资源可转为能源的潜力约 5×10^8 吨标准煤,今后随着造林面积的扩大和经济社会的发展,生物质资源转换为能源的潜力可达 10×10^8 吨标准煤。

中国尚有近 1×10^8 hm² (1 公顷) 宜农、宜林荒山荒地,用于发展能源农业和能源林业,是发展洁净可替代能源的重要资源。中国现有林木生物质资源量丰富,林木生物质总资源量为 192.58×10^8 吨。林木生物质能是生物能源的组成部分,按类型和来源分为薪炭林、林业三剩物(采伐剩余物、造材剩余物和加工剩余物)、森林抚育间伐、灌木林、油料作物,总量 26.64×10^8 吨(林木生物质能理论或潜在量),可获得生物量 8×10^8 — 10×10^8 吨(理论可获得量),其中可作为能源

[①] 孔令刚、蒋晓岚:《生物质及其开发利用的价值与意义》,《中国科技论坛》2007 年第 9 期。

[②] 孙振钧:《中国生物质产业及发展取向》,《农业工程学报》2004 年第 5 期。

的生物量为 3×10^8 吨以上（理论可利用量），林木资源由林分、散生木和四旁树、经济林、竹林和灌木林组成。根据第六次全国森林资源清查资料，中国森林面积 $17490.92 \times 10^4 \text{ hm}^2$（1公顷），森林覆盖率18.21%，活立木总蓄积 $136.18 \times 10^8 \text{ m}^3$，其中森林蓄积 $124.56 \times 10^8 \text{ m}^3$。主要分布在东北和西南地区的内蒙古、吉林、黑龙江、西藏、四川、云南等省（自治区）。林木生物质能是指可用于能源或薪材的森林及其他木质资源，主要来源于薪炭林、林业生产的"三剩物"、灌木林平茬复壮、经济林修剪和林业经营抚育间伐过程产生的枝条和小径木。还有造林苗木截干、城市绿化树和绿篱修剪等。据测算（中国林木生物质能研究课题组，2006），全国林木地上生物量为 167.46×10^8 吨，林木总生物量为 192.58×10^8 吨。

（二）品种多样化

目前，已知道世界上的生物多达25万种，生物的多样性决定了生物质资源的多样性，任何一种生物都有可能为人类提供一种或多种生物质。例如，水稻可以提供稻壳和秸秆，含有淀粉、木质素和纤维素；树木可以提供树干、树根、树叶、果实和分泌物等，含有纤维素、木质素、单糖及多糖、松脂、单宁、生漆、植物油脂等。中国地大物博，南北跨度大，从暖温带到寒带的气候特点决定了具有生物多样性，使得生物质资源来源广泛，品种多样，为缓和能源供求矛盾和多样化利用及多维度开发创造了条件。

（三）用途多样化

生物质资源开发利用转化途径具有多样性，这决定了生物质资源使用性能上的多样性。利用生物质资源可以生产清洁燃料，如沼气、生物乙醇、燃料乙醇和生物柴油等，还可以用于开发出适应未来市场需要且环境友好的石油和天然气的替代品生物基。以玉米为原料的生物燃料乙醇在产生过程中还可以生产高蛋白饲料，可以替代传统的饲料产品。例如，利用生物质资源还可以开发生物质能高分子材料、生物质资源精细化学品等。在这一过程中，由于生物质主要成分为碳水化合物，在生产及使用过程中总量上不会增加二氧化碳的排放，故此，发展生物质产业既有利于丰富物质经济，又不会对环境造成危害。中国农业部与美国能源部项目专家组对中国生物质资源可获得性评价的预测是：到2010年，中国粮食产量为5.6亿吨，秸秆总量为6.57亿吨，除了2800万吨用于造纸，1.13亿吨用于饲料，还田1.089亿吨外，可作能源利用的秸秆约为4.071亿吨。此外，每年产生畜禽粪便约25亿吨或干物质1.2亿吨，2020年达40亿吨或干物质2.2亿吨[①]。如果得以开发利用，并充分利用其多样性的特点，将大大丰富中国的物质经济。

生物质资源作为一种可再生能源，可免于我们面对未来能源枯竭的尴尬局面。它是一种可再生的、源源不断的、可更新的能源，如果能够充分地开发利用，将在很大程度上利于实现国家的能源安全和环境保护。

二 中国生物质资源的拥有量及分布

（一）农作物秸秆

秸秆，通常指农作物籽实收获后的植株，包括禾谷类、豆类、薯类、油料类、麻类，以及棉花、甘蔗、烟草、瓜果等多种作物的秸秆，是农村最主要的农作物副产品。农作物秸秆是中国主要的生物质能资源之一，据联合国环境规划署报道，世界上种植的农作物每年可提供各类秸秆约20亿吨，中国农作物秸秆年产量为7亿吨左右，位列世界之首，折合标准煤量为3.53亿吨，占全世界秸秆总量的30%左右，中国每年农作物秸秆资源量占生物质资源量的近一半[②]。

中国的玉米秸秆主要分布在黑龙江、吉林、山东、河北、河南5省，而内蒙古和辽宁也是玉米秸秆资源量比较多的省区。而小麦秸秆主要分布在河北、河南、山东和江苏4省区，水稻秸秆主要分布在江苏、安徽、江西、湖南、湖北、广东、广西和四川等省区。中国广大南方地区传统食品以大米为主，因此，华东、华南、西南等地区稻秆资源丰富；而北方地区传统食品为小麦和玉米，因此东北、华北等地区麦秆和玉米秆资源丰富。中国秸秆资源的分布不均衡，原因是中国作物秸秆的分布格局与农作物的分布相一致。由于不同地区自然气候状况、社会经

[①] 马洪等主编：《中国发展研究：国务院发展研究中心研究报告选（2007）》，中国发展出版社2007年版。

[②] 曹稳根等：《我国农作物秸秆资源及其利用现状》，《环卫科技网》2010年11月3日。

济条件、文化传统习俗的差异，地区间种植结构差异巨大，由此带来作物秸秆品种和类型结构组成有所不同，作物秸秆分布具有明显的地域性。

由于秸秆产量未列入国家有关部门的统计范围，其产量通常依据农作物的经济产量计算而得。农作物生物量是指农作物有机体的总重量，可以区分为地表生物量和地下生物量两部分，也可区分为农作物经济产量、地上茎秆产量和根部生物量三部分。农作物经济产量是指人们需要的有经济价值的农作物主要产品的产量，所以又称其为农作物主产品产量，简称为农作物产量。农业统计年鉴中的各类农作物产量即指农作物的该部分生物量。对于粮食、油料等农作物，籽实产量即经济产量。而农作物地上茎秆产量即一般意义上的农作物秸秆产量。其通过经济产量计算的公式如下：

$$m_s = \sum_{i=1}^{n} b_i (1/c_i - 1)$$

式中，m_s 为作物秸秆总量；i 为某作物品种；b_i 为 i 种作物产量；c_i 为 i 种作物的经济系数。经济系数（Coefficient of Economic）也称收获指数（Harvest Index，HI），其生理本质反映了作物同化产物在籽粒和营养器官上的分配比例，为经济产量占干物质的百分比[①]。它反映品种同化物质转化为经济产量的效率，一般用百分率表示。相近的指标还有谷草比（Residue Factors）和谷秆比等。谷草比则是指上述经济产量与其余干物质产量的比值。草谷比为某种农作物单位面积的秸秆产量与籽粒产量的比值，即草谷比 = 农作物秸秆产量/籽粒产量。农作物秸秆和籽粒的重量与含水量密切相关。含水量不同，计算出的谷草比相差很多。当给出某种作物的草谷比时，需同时注明含水量。通常按风干（含水量为15%）计。它们从不同角度反映生物学产量的构成，而且可以互相换算。经济系数与草谷比（SG）的换算公式可以为 CI =（1 - SG）/SG。由于一般的主要农作物在收获后的根部生物量的比重有限，因此在计算时可以只计算地上生物量，近似忽略根部生物量。不同学者在估算中国秸秆资源时，采用了不同农作物经济系数。根据李十中提供

---

① 潘晓华：《作物收获指数的研究进展》，《江西农业大学学报》2007 年第 1 期。

的农作物草谷比，由 $s_n = \sum_{i}^{n} s_i d_i$ 可以估算中国农作物秸秆资源量和其区域分布状况。

随着中国农村经济的发展，农民收入的增加，现代生活意识的逐渐增强和农业产业结构的调整，大量的商品能源逐渐走进农村家庭，农业高效化肥的使用都将秸秆资源取而代之。由于农作物复种指数提高，特别是近几年小麦机收面积扩大，麦秸留茬过高，灭茬机械和免耕播种技术推广没有跟上，造成农民为赶农时放火焚烧秸秆和留茬。使得近年来在中国粮食主产区出现了因焚烧秸秆而严重污染环境的现象。既浪费了资源，也给人们的生活和工农业生产带来了很大的影响。因此，综合利用农作物秸秆资源，特别是将其能源化，对于节约资源、保护环境、增加农民收入、促进农业的可持续发展都具有重要的现实意义。

（二）林业生物质资源

根据2004年第六次全国森林资源清查结果，中国现有用材林面积862.58万公顷，蓄积55.124亿公顷；薪炭林面积303.44万公顷，蓄积5.627亿公顷；经济林面积2139万公顷；竹林面积484.26万公顷。据统计每年约有1.5亿吨森林采伐、木材加工的生物质废弃物；约有1亿吨各种修枝等林业生物质；200多万吨的树木果实和天然树脂；100多万吨没有开发利用的松脂，若充分开发这些目前没有得到充分利用的资源，将会替代约1.3亿吨石油能源。此外，丰富的林地和沙地等边缘性土地资源，可以发展为林木生物质能基地；多样化的油料树种和速生乔木、灌木树种，为发展林业生物质能提供了丰富的种质资源。充分利用这些资源开发林业生物质能，形成新的能源产业，一方面将成为解决中国能源问题的一条重要途径[①]，另一方面也能够实现中央提出的生物质能"不与人争粮""不与粮争地"的目标。

根据木材加工场所的不同及加工工艺和木材加工产品的不同，木材的剩余物获得量也有所不同，可分为以下两大类：

1. 林木伐区剩余物

林木伐区剩余物包括经过采伐、集材后遗留在地上的枝杈、梢头、

---

① 唐红英：《我国林业生物质能源发展相关政策概述》，《林业经济》2008年7月。

灌木、枯倒木、被砸伤的树木、不够木材标准的遗弃材等。据不完全统计，每采伐100立方米的木材，剩余物约占30%，其中约有15立方米的枝杈和梢头，8立方米的木截头，还有部分小杆等。1995年，中国年生产原木6766.9万立方米，可产生2030.1万立方米的剩余物，若利用率按55%计算，将会有1000多万立方米的剩余物可供加工利用，这也将缓解中国森林资源紧缺和木材供需矛盾。

2. 木材加工区剩余物

在中国几乎所有木材加工厂的生产线都是刨车带锯制材生产线。这种制材生产线能加工各种径级、不同形状、内部质量各异的原木，既可生产普通锯材又可生产专用锯材。但是，这种单一模式的制材生产线不利于节约木材。由于带锯机锯条稳定性差，对修锯和操作技术水平要求高，所以造成带锯制材锯切精度低，使中国锯材规格质量较差，合格率仅为50%，对于公差1毫米范围内的绝对出材率只有60%左右，造成了严重的木材浪费。

由上述两类剩余物可以看出，中国原木出材率较高，约在60%—80%，但锯材到木制品的木材利用率低，只有50%—65%。东北地区锯材到木制品的木材利用率仅为50.15%，也就是说，东北地区从原木到木制品的木材利用率约34.6%。如按全国平均原木出材率为70%、锯材利用率为60%计算，1995年全国各地区木材剩余物的数量应为3704万立方米，约占木材生产总量的54.73%。

目前，国家对秸秆发电实行优惠电价政策，上网电价高出燃煤发电0.25元/（kW·h），并可享受税收减免。2010年，中国被废弃的秸秆将达到3.5亿—3.7亿吨。如果用于发电，则相当于9000万kW发电机，一年运转5000小时，产生电力4500亿kW·h。

（三）禽畜粪便

禽畜粪便也是一种重要的生物质能。除在牧区有少量的直接燃烧外，禽畜粪便主要是作为沼气的发酵原料。中国养殖业发展历史悠久，繁殖和喂养的畜禽种类很多，喂养方式一般分为两种：一种是传统的自然式放养，主要适用于小型养殖场和家庭户养，或需要特殊放养的畜禽，如羊、马、鸭等，其粪便大都散失在草场和池塘，很难收集。另一种是集中式喂养，主要体现在大中型养殖场，对牛（包括奶牛和肉牛）和猪（包括肉猪和种猪）采用圈养方式，粪便集中，易于收集。根据计算，目前中国禽畜粪便资源总量约 8.51 亿吨，折合 7837 多万吨标准煤，其中牛粪 5.78 亿吨，可折合 4890 万吨标准煤，猪粪 2.59 亿吨，可折合 2230 万吨标准煤，鸡粪 0.14 亿吨，可折合 717 万吨标准煤。

畜禽粪便是很重要的沼气生产原料。据估计，全国畜禽粪便的理论沼气生产量在 650 亿立方米以上。在粪便资源中，大中型养殖场的粪便是更便于集中开发和规模化利用的。如能在大型养殖场配套建设畜禽粪便—沼气池—发电设施，中国的生物质能发展会上一个新的台阶。中国目前大中型牛、猪、鸡场有 6000 多家，每天排出粪尿及冲洗污水 80 多万吨，全国每年粪便污水资源量为 1.6 亿吨，折合 1157.5 万吨标准煤。目前，只有 20% 的粪便污水受到不同程度的厌氧或耗氧处理，处理数量有限，大部分都是直接排泄在环境中，故对环境造成了很大的污染。在传统农业中中国的禽畜粪便主要用于农业肥料，只是在西藏、青海等少数民族地区才通过风干直接燃烧的方法利用禽畜粪便为燃料。随着农户经营被现代化、工业化的农业经营替代，传统的畜粪肥田—种田增粮—养畜模式被打破，农业很难消耗利用畜粪，以致畜牧业的环境污染日益严重。尽管目前在广大农村用禽畜粪便作为沼气原料而获得能源较为普遍，但仍有大量畜禽粪便没有被利用。

（四）城市有机垃圾

随着中国城市化水平的提高，城市数量和城市规模都在不断扩大。与此同时，中国城镇垃圾的产生量和堆积量均在逐年增加，年增长率在 10% 左右。1995 年，中国城市总数达 640 座，垃圾清运量为 10750 万吨。城镇生活垃圾主要是由居民生活垃圾，商业、服务业垃圾和少量建筑垃圾等废弃物所构成的混合物，成分比较复杂。目前，中国大城市的垃圾构成已呈现出向现代化城市过渡的趋势，表现为以下特点：一是垃圾中有机物含量接近 1/3，甚至更高；二是食品类废弃物是有机物的主要组成部分；三是易降解有机物含量高。目前，中国城镇垃圾热值在 4.18 兆焦/千克（1000 千卡/千克）左右。

城市生活垃圾的资源统计难度较大，因为不同地区、不同城市的垃圾成分差异很大，甚至同一城市不同来源的垃圾组成也不同，主要与生活水平、生活习惯、生产结构、产品结构、能源结构、城市建设、绿化面积、城市地理位置和季节气候等极为复杂的因素有关。

（五）工业有机废弃物

工业有机废弃物可分为工业固体有机废弃物和工业有机废水两大类。在中国，工业固体有机废弃物主要来自木材加工厂、造纸厂、糖厂和粮食加工厂等，包括木屑、树皮、蔗渣、谷壳等。工业有机废水资源主要来自食品、发酵、造纸工业等行业，以及制药、屠宰、面粉、植物油、石化、天然橡胶、糠醛等非轻工业行业。初步统计，目前全国年产有机废水25.2亿吨，废渣0.7亿吨，可获得沼气资源量为106.8亿吨。中国的木材加工生产线都是跑车带锯制材生产线，锯材规格质量较差，合格率仅为50%左右。如按平均原木出材率为70%、锯材利用率为60%计算，1995年全国木材剩余物的数量应为3700万立方米，约占木材生产总量的55%，由粮食加工行业排出的谷壳量达4000万吨，除小部分用于酿酒、饲料和生产能源外，其余大部分沦为废弃物，成为该行业的环境负担。

第二节　中国发展生物质能开发利用的动因

一　能源危机是开发利用生物质能的直接动力

能源是人类经济社会发展最根本的动力。近年来，中国经济每年以7%—8%的速度增长，而相应的能耗也以平均每年8.25%的速度增长，石油的消费从1982开始一直维持着年平均5.6%的增长速度。根据中国国家统计局数据，中国近几年的石油进口量分别为：2000年9748.5万吨，2001年9118.2万吨，2002年10269.3万吨，2003年13189.6万吨，2004年进口石油达15168万吨。虽然2005年中国原油和成品油的消费量呈负增长趋势，但是石油净进口达到13617万吨，成品油净进口为1742万吨。2005年，美国能源环境信息署（1E02005）又发布了能源的剩余可采储量、储量增长潜量及待发现资源量的信息，全球石油还可用53年，天然气可用63年，煤炭可用90年[①]。据国家发展和改革委

[①] 石元春：《追求生物质能的梦想　建设21世纪的桃花源》，《瞭望》2007年第11期。

员会预计，2007 年中国石油消费量将达到 3.5 亿吨，高于 2006 年 3.4 亿吨的年消费量。而 2006 年中国石油的进口依存度接近 50%，专家预计 2007 年的石油对外依存度将达到 50%；到 2010 年中国需要一次性能源标准煤 30 亿—40 亿吨，最低不少于 20 亿吨；到 2020 年需要标准煤 60 亿—80 亿吨。而中国探明可利用的煤炭总储量接近 1900 亿吨，人均煤炭储量为 17136 吨，按每年耗储 50 亿吨计算，1900 亿吨可利用煤的储量也支撑不到 40 年；探明的油气资源的储量将不足 10 年消费，最终可采储量勉强可维持 30 年的消费，能源危机已经成为摆在我们面前的一个不可否认的事实[①]。

按照世界经济发达国家的历史发展经验，一般情况下，经济总量和能源消费量是同步上升的，中国要持续推动经济发展，就必须保持能源的持续供给，就必须面对难以避免的两个情况：一是石油消费量显著增加；二是受石油资源的约束需要大量进口石油满足国内需求。中国石油供应的一大半将依赖国际资源，一方面将对国际石油市场的供求关系产生一定影响；另一方面使中国的石油安全问题变得十分突出。如何准确把握影响石油安全的国际形势和树立切合实际的石油安全观；如何充分利用好国内外两种资源；如何建立针对石油安全的紧急应对机制和预警机制；如何参与到有利于保证中国石油安全的国际合作框架中；如何提高中国石油企业参与国际市场竞争的能力，是摆在中国政府和企业面前需要很好地解决的重要问题[②]。在此背景下，生物质资源作为可再生性替代能源，其开发利用必然会受到重视；当生物质能这种清洁能源通过现代化高效技术的转化利用，在世界范围内闪烁亮点并成为能源家族中的后起之秀和石油战略中的调节器时，生物质能则成为各国制定能源安全战略决策的重要考虑因素，其开发利用必然备受重视。

二 丰富的生物质资源是发展生物质能的巨大引力

生物质能，源于太阳，储于生物，是以农林等有机废弃物和利用边

---

① 王雅鹏：《我国能源危机的诱因与应对策略》，《中外能源》2007 年 3 月。
② 张无敌：《我国生物质能源转换技术开发利用现状》，《能源研究与利用》2000 年第 2 期。

际性土地种植的能源生物为原料，以农作物淀粉、油脂为调剂所生产的可再生性清洁能源。与粮食安全和农业生产结构组成有直接关系的液态生物质燃料——燃料乙醇和生物柴油，都属于生物质能。燃料乙醇的生产原料主要有玉米、甜高粱、木薯、甘薯等。中国有11608万公顷边际性土地，可种植甜高粱、木薯、旱生灌木等能源植物。甜高粱对土地条件要求低，盐碱地、沙荒地都可以种植，对水的利用效率也高，甜高粱秆糖度为14%，可以直接榨取糖分进行乙醇发酵，加工工艺比淀粉乙醇简单，糖分发酵后就成为乙醇，其加工成本也比较低，比玉米乙醇大约低30%。中国是薯类生产大国，种植面积占世界总面积的2/3。目前，主要用作饲料和淀粉，对其进行深加工，用其淀粉糖制作燃料乙醇，具有很大的生产潜力，而且其剩余物中的大量木质纤维素等营养物质仍会以饲料和肥料的形式进入土壤及生物质的循环系统，为农业进一步持续发展提供有利条件。制备生物柴油的原料包括大豆、油菜籽、花生、芝麻等草本油料和油桐籽、油茶等木本油料或动物脂肪。由于木本油料生长周期长、规模小，大豆、花生的种植与粮食争地，目前最主要的原料是油菜籽，油菜种植面积能否扩大和产量能否提高，是生物柴油能否发展的关键。从面积扩大的可能性看，中国黄淮海流域、西北、东北等广大地区都适宜种植油菜，仅长江流域和黄淮海地区适宜种植油菜的冬闲地就有0.2亿公顷，发展生物柴油有丰富的原料产能；从产量提高的可能性看，中国油菜单产比欧洲国家低，出油率也比其低近10%，通过品种改良和引进推广，潜力也是很大的。甜高粱、薯类、油菜籽的生产状况和潜力共同构成了生物质液态燃料发展的一种潜能，成为促进其开发利用的强大引力。

三 良好的生态效益和经济效益是生物质能得以开发利用的推动力

大量使用煤炭、石油、薪柴等一次性能源，不仅造成了能源危机，更重要的是破坏了生态环境，使温室气体效应、二氧化碳过量排放、二氧化硫过量排放及酸雨等问题接踵而来。英国政府公布的一份700页的报告指出，现在的情况远比制定《京都议定书》时预期的问题还要严重，如果温室气体的排放按目前的速度增长，海平面升高引发的洪水可能使一亿人被迫离开家园，冰川消融可能导致全球1/6的人口缺水，而干旱可能造成数千万的"气候难民"。今后两个世纪内全球为此付出的成本将达到 GDP 的 5%—20%①。中国现有的能源消费构成中，煤炭占71.6%，石油占19.8%，天然气占2.1%，其他生物质能占6.5%，以消耗煤炭为主。煤炭燃烧除排放大量的二氧化碳外，还排放大量的二氧化硫。据吴辉 2003 年对京西北电力走廊、新疆的考察证明，华北地区的荒漠化根源于燃煤发电排放的二氧化硫，它造成大面积的植被死亡、生态环境退化、蓄水能力下降。

生物质能属于清洁能源，可大大减轻人类使用能源造成的环境危害。生物质能作物玉米、甜高粱、薯类、油菜等在生长期要吸收和消耗空气中大量的二氧化碳，排放出氧气，在转化成燃料以后虽然也有二氧化碳排放，但一般可以做到二氧化碳吸收与排放平衡。生物质液态燃料——燃料乙醇和生物柴油中氧的含量高，不含对环境造成污染的芳香族烷烃，因而有利于保护环境。同时，生物质能的开发利用在经济上也是有利可图的。据专家测算，如果玉米价格不超过 246 美元/吨，石油价格每桶不低于 60 美元，加工生产燃料乙醇的企业就会有效益，而国际石油价格 2008 年年初曾经多次突破每桶 100 美元，生产加工利润是不言而喻的。尽管 2008 年由美国次贷危机引发的金融风暴侵袭实体经济，使得国际油价大幅下滑。但据新华网获悉，此轮油价下跌根本原因在于经济下行带来的需求疲软，随着全球经济回暖，石油需求必然大幅回升。法国石油巨头道达尔中东地区负责人称"石油依然是未来人们利用的主要能源，他预计到 2030 年石油占世界能源供应的比重将仅从目前的 80% 微降至 75%"②。国际能源署首席经济学家比罗尔称，"已经得到有关能源投资将被延迟的消息，这是一个很大忧虑，或将引发石油供应短缺及出现史无前例的高油价"。③

同时，生产燃料乙醇以后的副产品还可以作为饲料使用。用油菜籽生产生物柴油，综合利用其副产品菜籽饼粕以后，效益也很好。据对华

---

① 李雁争：《关于发展生物质产业的几点思考》，《中国人口资源与环境》2007 年第 4 期。

② 人民网，http://paper.people.com.cn/rmrbhwb/html/2008-11/15/content_139185.htm。

③ 新华网，http://news.xinhuanet.com/fortune/2008-11/15/content_10360757.htm。

中农业大学开发的油菜籽直接生产生物柴油工艺进行效益核算，一套总投资6000万元左右的年加工3万吨油菜籽的生物柴油综合处理装备，可制备生物柴油1万吨、甘油1000吨、菜籽饼粕2万吨。对菜籽饼粕进行进一步加工，可生产浓缩蛋白8500吨、无毒饲料7000吨、植酸钠400吨，年销售收入可达14000万元，利税总额为2500万元，利润空间很大。生物质能开发利用的良好环境效益和经济效益，有力地推动了其迅速发展。据中国科学技术信息研究所战略研究中心[①]分析：在过去两年，全世界在可持续能源（可再生能源和能效）领域的投资增长了1倍多。2004年该领域的投资为275亿美元，2005年增长到496亿美元，2006年进一步增长到709亿美元，2007年第一季度的投资继续呈上升趋势，据估计，2007年可持续能源投资有望达到850亿美元。

四 增加农民收入和就业机会是生物质能开发的社会驱动力

生物质能产业化的发展将是中国能源可持续发展的新动力。随着生物质能源产业的发展，将会促进大部分农作物向能源作物转变、发展。并能够在很大程度上促进新农村建设的发展和农村产业结构的调整，特别是定向培育能源林政策的出台，既有利于为物质能源的开发利用提供原料来源，又有利于农民从中获取补贴收入和劳务收入。

此外，生物质能资源的开发，将是农民增收和农转工就业致富的新途径。中国农村人口有9亿，其中约有50%的农村低收入和贫困人口分布在比较贫困的山区、沙区；65%人口的生活燃料依赖传统的可再生能源。新开发的菊芋、木薯、甜高粱、薪炭林等高产能源作物，可种植在荒山、滩涂等边际性土地上，这将为种植业结构的拓宽开辟新的领域。目前，中国尚有1亿多公顷的土地不宜垦为农田，但这些边际性土地对生物质产业来讲是宝贵的资源，可种植高抗逆性能源植物。据统计，这些边际性土地种植能源作物可以年产或替代6亿吨燃油（相当于目前全国石油年消费量的1倍），这对土地贫瘠、偏远的农村来讲，大力发展生物质能源，既能增加农民收入，又能为其提供廉价、清洁的

---

① 黄军英：《全球可持续能源投资趋势》，《中国工程咨询》2008年第9期，第31—32页。

能源，对有效解决贫困和能源供应问题，提高农民生活水平，实现脱贫致富，无疑是一条十分有效的途径。

开发利用生物质能，不但可以通过现代化的生化技术、物化技术将生物质能转化为类似于市场上消费的常规能源，还可以形成成千上万种的化工产品。因此，推进生物质转化基地建设，将会创造更多的农民就业岗位，它直扣当今"三农"、能源和环境三大主题。在全国农业生产秸秆的大县和山区林木种植大县，开发绿色能源，可以充分利用当地的剩余劳动力，可以启动农业生物质转化基地工程，发挥乡镇一级组织、加工、协调的主导作用。据测算，由此可新增400亿元和至少1000多万个就业岗位。既能推动中小城镇的发展，减少大中城市的人口和就业压力，又能缩小工农及城乡间的差距，为农民创造就业岗位和增加收入开辟新径，走出一条具有中国特色的"开发现代农业新能源"的道路。

第三节　中国生物质能应用进展

中国政府及有关部门对生物质能的利用极为重视，科学技术部已连续在4个国家五年计划中将生物质能技术的研究与应用列为重点研究项目。目前，中国已涌现出一大批优秀的科研成果和成功的应用范例，如户用沼气池、生物质气化发电和集中供气、生物压块燃料等，取得了可观的社会效益和经济效益。同时，中国已形成了一支高水平的科研队伍，在国内有名的科研院校和大专院校中，拥有一批热心从事生物质技术研究与开发的著名专家学者。20余年来，通过生物质资源的开发、能量转换技术研发和小规模产业化工程示范，中国的生物质能产业已形成了一定的发展基础。

目前，中国生物质能的生产已经进入产业化阶段，生物化工产业快速发展，有机化学、有机肥料、生物化学农药及生物医药等行业已实现规模化生产。在技术水平方面，发展生物质产业的关键技术已经基本成熟，在部分领域已拥有一批具有自主知识产权、技术水平位居世界前列的成果，已基本具备了规模化生产和产业化经营的技术条件。与发达国家相比，中国在木质纤维素水解、微生物利用水解糖、连续发酵等技术方面占有一定优势，如果政策措施得力、部署得当，有望取得突破。

一 生物质能开发利用机构简介

中国科学院青岛生物能源与过程研究所由中国科学院、山东省人民政府、青岛市人民政府于2006年7月开始共同筹建,系中国科学院直属科研机构,并纳入中国科学院"知识创新工程"管理系列,专门从事生物能源与过程领域研究,重点面向国家能源、资源与环境等重大战略需求,面向国际生物加工与转化科技前沿,紧密结合地方经济社会发展需要,开展生物能源与过程领域基础性、战略性和前瞻性研究。中国科学院青岛生物能源与过程研究所的研究领域:以工业生物技术为主线,以战略高技术研发为主要任务,研究开发生物基能源、生物基材料以及其产品、工艺和技术,服务于国家和地方在资源开发、能源利用、清洁生产过程等领域的需求。主要开展能源植物培育与改良、微生物筛选改造、微生物催化与代谢调控、生物降解过程、生物过程工程中反应、分离和放大集成、生物转化过程和计算机系统仿真、重要技术安全性评价等研究领域。

广东省新能源和可再生能源研究开发与应用重点实验室,依托于中国科学院广州能源研究所,省政府早在1995年就开始通过省长专项基金支持实验室基础建设工作,并在1999年11月正式立项建设,2002年10月通过广东省科技厅验收。2003年年初开始进行学科调整,以新能源和可再生能源为主线设置三个研究方向:生物质能、天然气水合物和能源战略。2003年9月立项进行二期建设,并搬迁到五山创新园区,根据研究方向布局建立相应的创新体制和机制,实行与国际接轨的实验室管理。广州能源研究所生物质能研究中心以生物质生化转化技术、生物质热化学转化技术、生物基化工品制备技术、废弃物处理与资源化利用技术为主要研究方向,重点进行生物柴油、燃料乙醇、生物质热解气化、生物质气化发电、合成燃料、生物油精制、垃圾综合处理等技术攻关。该学科从"六五"开始承担国家研究课题,共完成"生物质气化发电优化系统及示范工程""200吨/日能量自给型城市生活垃圾堆肥系统关键技术研究及工程示范""固体生物质气化合成DME关键技术研究""生物燃料油发展战略研究"等国家重大科技攻关项目,科学院、国际合作、地方及企业委托项目 40 余项，在生物质气化技术、垃圾处理技术等方面都取得了较好的成绩，是中国生物质能技术方面的重要力量。

二 中国生物质能应用进展

自 2003 年以来，国家发改委先后批复江苏如东、山东单县和河北晋州三个国家级秸秆发电示范项目，拉开了中国秸秆发电建设的序幕。在建秸秆发电项目分布在山东、吉林、江苏、河南、黑龙江、辽宁和新疆等地。为了开发和利用生物质能，龙基电力公司于 2004 年从丹麦引进世界先进的生物发电技术。2007—2008 年，由龙基电力公司提供先进技术、国能生物发电公司投资的生物发电厂，从无到有，像雨后春笋般发展起来。如山东高唐垦利生物发电厂，河北省威县成安生物发电厂，江苏省射阳生物发电厂，黑龙江省望奎生物发电厂，吉林省辽源生物发电厂，河南浚县、鹿邑生物发电厂等生物发电厂建成并网发电。到 2007 年年底，在共计一年的时间里，建成了 10 家生物发电厂。

中国生物质气化技术已达到工业示范和应用阶段。广州能源研究所开发的"生物质气化发电技术的研究与应用"成果，是以气化为技术核心，配套自主开发的低热值气体燃料内燃发电机组，技术指标及设备规模两方面均取得了突破，形成了适合中国国情的农业废弃物气化发电系统，设备已全部实现国产化，投资不到国外同类技术的 2/3，运行成本也降低 50% 左右。截至 2008 年 10 月，已建成的生物质气化发电站装机容量占目前国内市场份额的 70%，总装机容量逾 40MW，累计合同金额 1.5 亿元。该研究成果充分利用了废弃物资源，作为中国能源短缺的补充，同时又能改善能源结构，实现国家能源多元化战略。

江苏国信如东生物质发电有限公司生物质发电于 2008 年 6 月初投用。四川简阳生物质发电厂项目于 2007 年发电，该生物质发电厂主要利用农作物秸秆作燃料，项目主要投资方为国能生物发电有限公司，总投资 2.7 亿多元。该项目建设内容及规模为两台震动排高温高压炉和两台装机容量 12MW 纯凝式汽轮发电机。该生物电厂的装机容量为 2.4 万 kW。根据设计，生物发电厂每年需要 10 万吨的秸秆燃料。华能长春生物质热电厂于 2008 年 4 月底在吉林省长春市双阳区奠基。该热电厂总投资约为 3 亿元人民币，装机容量为 5 万 kW，年发电量可达 1.8 亿 kW 机组，2009 年 8 月实现投产发电；如东生物质发电厂年消耗秸秆 17 万吨，转化电能 1.74 万 kW，相当于节约煤炭 8.5 万吨，减少二氧化碳的排放约 10 万吨；利用秸秆、谷壳、树枝等作为燃料的发电项目在江西省鄱阳县建成，于 2009 年投产，同时，该省万载县、吉安市的生物质能电厂 2009—2010 年两年内投产。据介绍，鄱阳生物质能电厂总投资 2.5 亿元，建设两台 212MW 机组，每年可产生上网电量 1.4 亿 kW，年燃烧农林废弃物 18 万吨以上，供热量达到 18 万吨蒸汽，每年可减少二氧化碳排放 2600 吨。

截至 2010 年 2 月，湖南省已核准生物质能电厂 9 座，共 21 万 kW。已投产常德、益阳、岳阳等三座电厂，力争 2012 年有 25 万 kW 的生物质能项目投产发电。益阳生物质能电厂，使用农作物的秸秆、叶、壳等废弃物作燃料发电，有利于带动农业的广度发展和农产品的深层系加工。以一台 1.5 万 kW 的机组为例，每年消耗燃料 15 万吨，年均收购单价为 280 元/吨，再加上其他人工成本，电厂每年直接支付给农民的费用达 5000 万元，社会效益相当明显。

中国第一座利用甘蔗叶的发电厂已于 2010 年 3 月在广西壮族自治区投入运营。该电厂每年使用 20 万吨农业废弃物用于发电，其中包括甘蔗叶和树皮。该电厂发电能力为 1.8 亿 kW，与相同效率的燃煤发电厂相比，可每年减少二氧化碳排放 10 万吨、二氧化硫排放 600 吨和粉尘排放 400 吨。该电厂从农民手中购买甘蔗叶价格为 120 元/吨（12.9 欧元/吨）。广西每年有 800 吨可供利用的甘蔗叶，可约为 38 家电厂提供这种植物的材料。

2010 年 3 月 26 日，亚洲最大的生物质能发电项目在广东湛江溪县开建，项目规划总投资达 25 亿元。该项目由广东粤电集团投资建设，主要开发利用湛江周边地区的秸秆、叶片、皮壳、树枝、树皮、林业加工边角料等农林废弃物进行直接燃烧，通过生物质能转换技术实现发电，具有环保、节约能源、惠民、可持续利用等特点。该生物质发电项目总装机容量为 4×50MW 机组，分两期建设，第一期工程装机规模 2×50MW 直燃生物质发电组，计划在 2011 年年初投产，届时将成为亚洲生物质能发电领域中单机容量及总装机容量最大的生物质发电企业。据了解，该新型清洁能源项目建成投产后，可直接反哺农业、带动农业就业，预计可以创利税7000万元，同时为当地农业增加收入两亿多元，每年还可以减少二氧化碳的排放量达到40万吨。

三 中国生物质能开发利用政策分析

中国生物质资源丰富，迫于能源与环境危机的压力，中国政府也开始重视生物质能源的开发利用。2001年，为了解决大量的库存粮积压带来的沉重的财政负担和发展石化替代能源，中国开始了以陈化粮为原料的燃料乙醇生产，国家计划委员会发布了示范推行车用汽油中添加燃料乙醇的通告，之后试点方案与工作实施细则出台。自2002年3月国家经济贸易委员会等八部委联合制定颁布了《车用乙醇汽油使用试点方案》和《车用乙醇汽油使用试点工作实施细则》，明确试点范围和方式，并制定试点期间的财政、税收、价格等方面的相关方针政策和基本原则，对燃料乙醇的生产及使用实行优惠和补贴的财政及价格政策。之后，随着《车用乙醇汽油扩大试点方案》和《车用乙醇汽油扩大试点工作实施细则》的发布，车用乙醇汽油试点工作在中国大部分地区扩大，与此相应的优惠措施也在进行中。自2002年以来，中央财政积极支持燃料乙醇的试点及推广工作，主要措施包括投入国债资金，用于河南、安徽、吉林三省燃料乙醇企业建设；实施税收优惠政策，对国家批准的黑龙江华润乙醇有限公司、吉林燃料乙醇有限公司、河南天冠燃料乙醇有限公司、安徽丰原生化股份有限公司4个试点单位，免征燃料乙醇5%的消费税，对生产燃料乙醇的增值税实行先征后返；建立并优化财政补贴机制，在扩大试点规模阶段，为促进企业降低生产成本，改为按照平均先进的原则定额补贴，补贴逐年递减。

2006年1月1日《中华人民共和国可再生能源法》正式生效，法律明确要求，加快开发生物质能，生物质产品可享受地方政府补贴。随后，2006年9月，财政部、国家发展和改革委员会、农业部、国家税务总局、国家林业局联合出台了《关于发展生物质能和生物化工财税扶持政策实施意见》，在风险规避与补偿、原料补助、示范补助、税收减免等方面对于发展生物质能和生物化工制定了具体的财税扶持政策①。目前，国家对定点生物燃料乙醇生产企业的财政补贴由过去的定额制改为弹性制，按照最新制定的《生物燃料乙醇弹性补贴财政财务管理办法》规定，当油价上涨，燃料乙醇销售结算价高于企业实际生产成本，企业实现赢利时，国家不予亏损补贴。企业应当建立风险基金，风险基金要由企业专户存储，专项用于弥补今后可能出现的亏损。该办法还规定了弹性补贴标准的核定方法。当燃料乙醇销售结算价低于标准生产成本，企业发生亏损时，先由企业用风险基金以盈补亏，风险基金不足以弥补亏损时，国家将启动弹性补贴。此外，自 2006 年起，国家有关部门相继出台了《可再生能源发电有关管理规定》等配套实施细则，重点支持可再生能源发电技术；财政部也发布了财税支持政策；农业部也适时发布了《农业生物质能产业发展规划》。

2007 年 9 月，中国政府专门发布了《可再生能源中长期发展规划》，将生物能源确立为可再生能源的重要组成部分，制定了到 2020 年中国生物能源的具体发展目标。"十一五"期间，中国发展以生物质为原料的生物能源已成为必然趋势，其中能源植物、燃料乙醇、生物柴油以及生物质发电和供热已列为重点。2010 年，中国将"大力推进生物质能产业发展"列入国家"十二五"规划，进一步完善财政补贴政策，逐步从建设投资补贴转向原料补贴、产品补贴、消费补贴、投资补贴等四管齐下。加大生物质资源开发补贴力度，明确对生物质能投资项目和工程的激励政策，完善生物质能产品的价格补贴，创新有利于生物质能产业发展的商业模式。中国已连续四个五年计划将生物质能技术和应用列为重点。中国生物能源开发正迎来前所未有的历史发展机遇。

上述政策措施的出台十分有利于保证投资人的利益，为生物质能的开发利用带来良好的发展机遇，促进了生物质产业的发展。随后政府又出台了一系列的法律、法规以及有关财税补贴方面的具体措施。以下就财税方面的具体措施做简要阐述。

1. 政府补贴

（1）事业费补贴。中央财政不仅为中央和地方的专门管理机构的

---

① http：//www.agri.ac.cn/DecRef/AgriCye/200709/49515.html.

运转提供经费，同时也为这些部门的活动提供资金。

（2）研究与发展补贴。中央政府通过国家发展和改革委员会和科技部对可再生能源技术的科技攻关提供资金。

（3）投资贴息补贴。中央政府通过相关部门由中央财政对可再生能源技术的发展项目提供贴息。例如，国家经贸委每年拥有1.2亿元的贴息贷款用于支持可再生能源产业发展。

（4）项目补贴。中央政府也通过不同的渠道对可再生能源技术进行补贴，如户用沼气系统、省柴灶推广等。

2. 税收优惠政策

（1）关税优惠。尽管中国没有关于生物质能技术的产品进口采用低税率的明文规定，但在实际执行中可参照风力发电和其他可再生能源技术所享受的政策，主要部件和整机进口关税都享受了优惠税率。由双边援助或多边援助，用于边远地区供电系统或扶贫项目的光伏发电系统一般可以申请免税。

（2）增值税优惠。目前，虽然对可再生能源还没有制定统一的增值税优惠政策，但其中三个例外使得可再生能源的增值税明显低于其他产业。一是人工沼气的增值税按13%计征；二是水力发电增值税税率按6%计征；三是风力发电的增值税按6%计征。

（3）所得税优惠。企业利用废气、废水、废渣等废弃物为主要原料进行生产的，可在五年内减征或免征所得税。对中外合资、合作和独资企业实行的税收"三免两减"的政策，这一般是对所得税而言的。当企业使用银行贷款时，所得税可以税前还贷或税后还贷。采取税前还贷，实际上是对企业减免所得税的一种方式。减免所得税的另一种方式是加速折旧，减少企业账面利润。

（4）地方税优惠。地方税主要有所得税、增值税附加、土地占用税等，目前还没有出台对可再生能源企业减免所得税的政策，只是一些地方考虑以加快设备折旧的方式来减少企业的所得税。内蒙古对风能系统采取了降低增值税附加税率的措施（由8%降为3%），大部分地区对风电机占地采取了减免土地税和土地划拨政策，实际上风电机征地是零费用，生物质能比照该税率征收。

四 典型应用领域

(一) 沼气

沼气技术是中国发展最早和应用最广的生物质能利用技术。在 20 世纪 30 年代，著名科学家周培源教授在江苏省宜兴县建造沼气池，用以点灯做饭。20 世纪 50 年代末，全国推广沼气池，但技术不成熟。到 20 世纪 70—80 年代，针对农村能源严重短缺情况，重点发展了户用沼气池、节柴炕灶、薪炭林和大中型沼气工程系统等技术[①]。传统沼气是利用粪便作原料，因原料不足、气量不够、经济效益低而未能继续发展。而利用秸秆发酵产生沼气拥有降解率高、出气快、周期短、效益高的特点。大量剩余的沼渣可彻底解决中国土地长期施肥而产生的土壤板结、有机物含量下降等问题。这一项目现已进入商业化运营，2005 年建成的日产沼气近 400 立方米的秸秆沼气工程，供一家食品厂使用，效果良好。在国家相关部门支持下，第二个便于向全国推广、可供 500 户居民使用的标准化工程，在 2006 年 10 月投入运营。截至 2010 年，全国农村沼气用户已达到 4000 万户，占适宜农户的 30% 左右，年生产沼气约 155 亿立方米，约生产沼肥（沼渣、沼液）3.85 亿吨，使用沼气相当于替代 1850 万吨标准煤，减少排放二氧化碳 4500 多万吨，替代薪柴相当于 0.07 亿公顷林地的年蓄积量。到 2015 年，农村沼气用户数量达到 6000 万户左右，年产沼气 233 亿立方米左右，并逐步推进沼气产业化发展。年新建规模化养殖场、养殖小区沼气工程 4000 处，年新增沼气 3.36 亿立方米；到 2015 年，建成规模化养殖场、养殖小区沼气工程 8000 处，年产沼气 6.7 亿立方米。

北京化工大学于 2009 年 3 月 21 日宣布，由该校科研团队攻关的秸秆生物气化关键技术取得突破性进展，破解了不能完全以秸秆为原料生产沼气的难题，使秸秆生产沼气量提高到了 50%—120%，为实现秸秆规模化生产沼气奠定了基础。他们发明的常温、固态化学预处理技术可在厌氧前对秸秆进行快速化学处理，预先把秸秆转化成易于消化的

---

① 第九届全国人大四次会议：《关于国民经济和社会发展第十个五年计划纲要及关于纲要报告的决议》，2001 年 3 月 15 日。

"食料"使秸秆的产气量提高50%—120%,解决了秸秆木质素含量较高、不易被厌氧消化、厌氧发酵产气量低、经济效益差等问题。此外,针对秸秆密度小、体积大、不具有流动性及传热传质效果差等问题,研制出一种新型反应器。该反应器采用组合式强化搅拌系统,可实现机械化进出料和自动化高效搅拌;同时,采用带太阳能温室的半地下式反应器结构,可把部分太阳能和地热能转化为沼气能,大大提高了系统的能源转化效率。目前,秸秆化学预处理技术和专用高效反应器技术已获得国家授权发明专利,拥有中国自主知识产权。山东泰安、德州等地已利用该技术建成了多个完全以秸秆为原料的厌氧发酵生产沼气的集中供气示范项目,下一步还将再建16个沼气工程。与传统的秸秆热解气化技术相比,生物气化反应条件温和,产出效益高,且不产生有害的副产品,但由于秸秆的木质纤维素含量高、消化率低、产气量少,此前一直不能完全以秸秆为原料生产沼气。

中科院成都生物研究所开发的高效稳产沼气工程关键技术于2010年2月通过四川省科技厅验收。成都生物所在集成引进德国高浓度CSTR沼气发酵工艺的基础上,对传统的沼气发酵工艺(Complete Stirred Tank Reactor,CSTR)工艺进行了优化研究,从不同物料发酵浓度、发酵装置结构、进出料方式、搅拌类型等方面进行了改进,构建出一套产气高效、管理方便、运行安全稳定的沼气高浓度发酵工艺。

中国秸秆数量大、种类多、分布广,每年秸秆产量接近7亿吨。综合利用这一宝贵资源,推进秸秆能源化利用,是节约利用资源、防止环境污染、促进结构调整、增加农民收入的重要途径,也是发展循环农业,推进农业和农村节能减排任务的重要举措。用秸秆产生沼气还可以解决不养猪农户的沼气原料问题,对巩固发展沼气建设成果具有重要意义。

(二)生物质液态燃料

中国目前生物质液态燃料主要包括燃料乙醇和生物柴油。

2002年后,全球燃料乙醇产量出现井喷,尤其是美国燃料乙醇产量以超常规速度增长。中国从2002年开始燃料乙醇试点工作,主要在吉林燃料乙醇、黑龙江华润乙醇、河南天冠燃料乙醇和安徽丰原燃料乙醇四家定点生产,起初的生产原料主要为陈化粮,目的是调节库存流通与生产，减少过高的库存积压成本，之后燃料乙醇便在全国迅速发展起来。2003 年 11 月，吉林省率先开始在全省范围内封闭运行推广车用乙醇汽油；从 2004 年 10 月起，黑龙江、吉林、辽宁、河南、安徽五省及湖北、山东、河北及江苏的部分地区，强制封闭使用车用乙醇汽油。这些地方除军队特需和国家特种储备外实现了车用乙醇汽油代替其他汽油。此后中国分别在河南、安徽、吉林和黑龙江建设了以陈化粮为原料的燃料乙醇生产厂，2005 年总产量达到 102 万吨，成为继巴西、美国之后的世界第三大燃料乙醇生产国和使用大国。2006 年中国燃料乙醇的生产量进一步达到 144 万吨。2006 年 7 月财政部还表示，中央财政投入国债资金 418 亿元，积极支持燃料乙醇的试点及推广。自 2002 年试点以来，四家燃料乙醇定点生产企业共减免两税 119 亿元；中央财政共拨付亏损补贴 20 亿元，还免征燃料乙醇 5% 的消费税。2005 年，广西壮族自治区的木薯乙醇产量已经达到 30 万吨，以甜高粱茎秆为原料制取燃料乙醇的技术研究与开发也开始起步。

随着陈化粮的消失殆尽，以玉米为原料生产燃料乙醇项目的跟风建设在很大程度上影响着国家的粮食安全。2007 年，以玉米为原料的燃料乙醇项目扩张被叫停，实行"因地制宜，非粮为主"的发展原则。目前，已经开发出了非粮食原料乙醇生产技术，以木薯为代表的非食用薯类、甜高粱、木质纤维素等为原料的生物质燃料乙醇已经有产品问世。燃料乙醇产业与市场发育关系紧密，其发展涉及原料供应、乙醇生产、乙醇与组分油混配、储运和流通及相关配套政策、标准、法规的制定等各个方面。中国生物燃料乙醇产业发展还处于起步阶段，还需在这些方面做出积极的规划与推动，解决产业尚面临的诸多困难和问题，例如原料不足，技术产业化基础薄弱，产品市场竞争力不强，政策和市场环境不完善。

生物柴油作为生物燃料的另一个热点，2005 年年底全球生产能力已超过 600 万吨，较一年前增加了 1 倍多；2006 年年底全球生产能力已达到 1000 万吨。中国政府、研究单位和一些企业对生物柴油非常重视。"八五"和"九五"期间，开展了野生油料—光皮树油的采集、酯化改性和应用试验研究；"十五"期间，科技部将野生油料植物开发和生物柴油技术发展列入国家 863 计划和科技攻关计划；国家"十一五"

规划，2010 年中国生物柴油年利用量将达 200 万吨。中国科技大学、江苏石油化工学院、北京化工大学、吉林省农业科学院、广州能源研究所等科研单位纷纷展开了生物柴油的研究工作，并成功利用菜籽油、大豆油、废煎炸油等为原料生产生物柴油。中国几大国营石油集团如中石油、中石化、中海油和中粮集团都设立了专门的机构研究生物柴油。除此之外，中国还涌现出正和、古杉、卓越、天冠、湖南天源等许多家生物柴油民企，开发出自主知识产权的生物柴油生产技术和工业化试验工厂[①]。据广州能源研究所生物柴油课题组的不完全统计调查，目前全国生物柴油生产厂家已达到 69 家，总生产能力为 113.63 万吨/年。其中，山东省的生物柴油生产企业最多，为 9 家，产能最大的省份为江苏省，37.32 万吨/年。然而，廉价、来源稳定的原料供应不足成为阻碍生物柴油产业发展的最大问题，2008 年，许多生物柴油工厂因原料得不到供应而停产，全国生物柴油实际产量仅为 30 万吨左右。为促进生物柴油产业的健康发展，建设固定的植物原料基地尤为重要。总体而言，中国的生物柴油工业化生产已粗具规模，由于所使用工艺多为自主研发，受企业研发时间及研发水平限制，中国生物柴油企业大多数技术处于初期发展阶段，环境友好性和经济竞争性弱，产业化和商业化程度较低，有待进一步发展。

第四节 中国开发与利用生物质能存在的问题

生物质能在开发应用中，从原料的选择、产品的研发、产品的销售等过程中，总是会涉及不同的产业部门和微观化的不同利益主体。从原料生产、供应讲，农业是生物质能产业的产前部门；从生物质能的消费看，农业又是其产后部门，而农民又是产前部门和产后部门的行为主体。从产品的研发和销售看，生物质能企业是农业产前部门和产后部门的桥梁，也是生物质能产品开发的核心部门，而投资厂商是这个过程中的投资行为主体。政府部门制定的产业规划、生物质能产品标准、生物质能发展的相关政策等，是生物质能产业发展的航向指

---

① 孙纯、梁玮：《中国生物柴油开发生产现状》，《天然气工业》2008 年第 28 期。

引，决定着投资厂商的积极性和农业部门原料供应的稳定性，以及生物质能源产业发展及其开发利用技术和产品推广利用的程度。目前，由于生物质能源产业规划不完整和缺乏生物质能产品标准加之投入不足，使得其利用推广力度不够，投资厂商积极性不高，农民提供能源作物的意愿不高，以至生物质能源产业发展缓慢。另外，由于发展生物质能具有较强的正外部性，其发展还处于起步阶段，开发成本较高，无法与常规化石能源进行竞争。因此，仅仅依靠市场的力量不能使该产业迅速走向规模化和商业化，出现了产业推进的孕育性弱化阶段。要迅速消除这些瓶颈约束，加快发展步伐，政府必须进行强有力的干预和支持。

一 阻碍生物质能开发利用的因素

（一）技术因素

中国生物质能技术的总体水平不高，且大多数处于初级阶段，与一些发达国家相比，大部分生物质能产品的生产厂家生产规模小、过于分散，集约化程度低，工艺落后，产品质量不稳定。新技术开发不力，利用技术单一。中国早期的生物质利用主要集中在沼气利用上，近年逐渐重视热解气化技术的开发应用，也取得了一定突破，但其他技术开展却非常缓慢，如生产乙醇、热解液化、直接燃烧等。另外，由于资源分散、收集手段落后，中国的生物质能利用工程的规模很小；为降低投资，大多数工程采用简单工艺和简陋设备，设备利用率低，转换效率低下。再加上中国在生物质能研发经费投入过少，使得研究的技术含量低，多为低水平重复研究，最终未能解决一些关键技术，如厌氧消化产气率低，设备与管理自动化程度较差；气化利用中焦油问题给长期应用带来严重问题；沼气发电与气化发电效率较低，二次污染问题没彻底解决。因此，可再生能源产业迫切需要采取有效措施提高技术发展水平。由于技术上存在障碍，使生物质能发电设备的本地化制造比例较低，这是造成长期以来生物质能开发的工程造价居高不下，有时不能及时提供所需备件的主要原因。其结果使中国生物质能价格水平大大高于常规能源的电价水平。

(二) 原料和成本因素

生物质能开发利用的原料如果来源于自然界的再生性资源，就不会有原料的约束问题。但是，中国和世界许多国家在开发利用生物质能时，都是从技术最成熟的粮食加工开始起步的，以至生物能源开发利用出现了"与人争粮，与粮争地"的局面，发展面临着原料供应约束。中国是一个粮食供求长期处于紧平衡状态的国家，如果以粮食作为原料发展生物质能产业项目，会面临原料不足的严重约束。虽然2007年国家发改委明确叫停继续扩展粮食乙醇项目，提倡大力发展木薯、甘蔗、甜高粱等能源作物代替粮食原料，明确了"因地制宜，发展非粮乙醇"原则，但是由于面临技术研发的风险、较高的生产成本、种植地域的限制等因素的制约，使得生物质能产业的发展仍旧处于原料的约束及其能否持续供应的尴尬境地。

当前的生物质能发展，原料高成本和生产效益低是制约其技术商品化和产业化的最大障碍。导致生产成本高居不下的原因很多，其中生产加工技术滞后、生产规模小是最主要的原因之一。由于生物质能处在产业发展初期阶段，生物质能领域的研究和开发还没有得到系统、大规模的投入。研发中自主知识产权创新能力不足，关键性的加工转化技术还有待于突破，致使其产业化、规模化发展不足；同时，由于产业化发展不充分，现代生物质能的生产工艺、加工设备和行业标准还有待进一步地完善和提高，以至其市场化、规模化发展受到约束、效益拉动发展的动力不足。此外，生物质能收集成本过高，也影响着生物质能的开发利用。生物质能与常规能源相比，现代生物质能的生产技术和产业配套能力还远没有达到完善和成熟的阶段，客观上决定了现代生物质能在生产环节上的高成本，制约着生物质能的开发利用。

(三) 对环保缺乏支持因素

中国政府一直都给予环境保护以帮助，但并不给其特权。根据2001年世界银行的一项研究表明[1]，中国政府需要在这些方面给予更多的花费。中国自改革开放以来，政府对农村生物质能开发利用予以极大

---

[1] Bo Hektor, "Planning Models for Bioenergy: Some General Observations and Comments". *Biomass and Bioenergy*, Vol. 18, 2000.

关注和实质性支持，贯彻实施"开发与节约并举，目前以节约为主"和"因地制宜，多能互补、综合利用、讲求效益"的农村能源建设方针政策，收到一定收效。但对前期三十余年来，中国农村能源建设的总体情况进行系统全面总结不足。公众对开发利用农村生物质能的意义关注不够，认为开发利用农村生物质能仅仅是农民的事情，与己无关，没有形成全社会积极参与和支持可再生能源发展的局面。某些地方政府认识存在误区，对如何开发利用农村生物质能知之甚少，没有明确发展方向和目标。某些部门仅强调本身利益，只推广少数几种技术，而对其他有用技术却视而不见。某些利益集团采取了实用主义，对自己有利的推广，无利的则不推广。

（四）环境机构不完善因素

尽管中国的主要环境机构环保局已经上升到一个主导地位，但是它依然缺乏必要的人才和资金。各地方政府往往忽视了当地环保局工作能力的低下。与环保局状况相似，一些地方性的自然资源管理机构（比如水利和林业局）同样面临着资源和政策支持的挑战。科学与技术协会作为研究新技术、进行科学创新的机构，是新能源技术研发的另一大部门。科学与技术协会比环保局具有更强的执行力，但它依然必须与其他部门竞争资源。

（五）政策因素

近几年，中国生物质能开发利用取得了一定进展，特别是在户用沼气、养殖场沼气工程和秸秆气化建设方面，由于国家的大力扶持，目前的技术水平和发展规模均已取得长足进展。但是，在生物质成型燃料、生物质能发电和发展能源作物等方面，无论是技术、规模、水平还是在发展速度上与发达国家仍然存在较大差距。这其中的因素是多方面的，中国农村生物质能开发利用起步晚是一个原因，同时也包括生物质资源底数不清、供需关系不明、部门利益突出、各自为政、各地对生物质能多样性、生物质资源的可得性、经济特点和技术有效性缺乏充分认识，往往不能因地制宜，而是蜂拥而上等。但是，纵观欧美发达国家开发利用生物质的发展经验，缺乏操作性强的经济激励政策是制约中国进一步开发生物质的重要障碍。生物质能的特点是资源丰富稳定，但是分布分散，生物质大范围的高效利用要求全社会对生物质有全面的了解和认同，在生物质能技术产业化和商品化过程中培育成熟的市场，形成大量的用户，使生物质能作为商品能源的比例有显著提高，而形成这一局面的前提是积极有效的经济刺激政策。

中国对促进生物质能发展制定了一系列的相关优惠政策，虽然这在很大程度上促进了生物质能的发展。但是我们也应该看到，相关政策的制定还带有一定的滞后性，现有政策宏观性强，执行力度弱，政策执行不明确。在生物质资源的调查评价、生物质能的开发利用、生物质能转化、环境经济分析评价等方面的相关政策不明确，致使从事生物质产业的不少企业处于观望阶段。在体制方面，中国实行的是家庭承包、小规模分散经营的体制。这种体制易于对农业生产作业管理，易于调动经营者的积极性，但也有市场交易成本高、产品标准化程度低、集中难度大、生产效率低等缺陷，使得以农作物秸秆、家畜粪便为原料的生物质能发展受到了制约。在政策方面，虽然处于资源约束和环境保护的压力下，中国政策上鼓励生物质可再生性能源的开发利用，但在能源价格制定中，矿物质能源只考虑了开采运输的人工成本，而没有考虑其资源的稀缺性和供求缺口，以至价格相对生物质能较低，企业更愿意选择一次性的石化能源，使生物质能开发利用因不具有市场价格优势和竞争优势而很难快速发展。在意识观念方面，公民能源环境保护意识薄弱，对生物质产业发展的紧迫性、必要性认识不足，还没有真正感受到能源危机的压力，使得该产业的发展受到抑制。

（六）投融资存在的问题

一是，政府投入不足。从各国的发展看，生物质能项目在初期都是以政府投资或政府补助企业投资，当技术成熟、经济效益显现之后，政府才退出在该领域的投资。中国政府虽然长期以来一直关注生物质能技术的开发，并组织技术攻关，但为了解决能源紧张问题，政府把更多的注意力放在传统能源的建设上，而在生物质能项目的建设方面投入不多，导致生物质能技术开发进展缓慢，缺乏突破性的进展，生物质能的生产量及其投资在能源生产量及其投资总量中的比重都是微不足道的。

二是，企业投资积极性不高。由于风险大和经济效益差，企业很少主动对生物质能项目投资。对于生物质能，由于国内的技术水平较低，不能提供大规模生产的设备，进口设备的价格昂贵等原因，一般企业也不会主动投资建设。市场需求量小，导致生产生物质能设备的企业只能亏损运行，企业同样没有投资的积极性，银行也不愿为这类企业投资。

三是，投融资渠道少。国外尤其是欧美一些发达国家的公司债券（企业债券）和股票等在直接融资企业投资项目等中长期资金需求中占有十分重要的地位，一般占企业投资的比重超过30%，但中国直接融资的发展状况与发达国家相距甚远。目前，国家绝大多数的股票和债券的发行权只给予经济效益好的企业，经济效益较差的生物质能生产企业和设备制造企业的投资项目几乎是不可能从资本市场上直接融资的。

二 中国生物质能开发利用的发展前景及政策建议

中国能源消费结构单一，石油的进口依存度高，形势十分严峻：中国人均占有可开采石油资源十分贫乏，大约只有世界平均水平的12%。然而，自1993年起，中国已由石油净出口国变成净进口国，2003年成为世界第二大能源消费国。中国石油年自给能力为1.3亿—1.5亿吨，2008年，石油进口量已占消耗量的52%，突破2亿吨，尤其是近阶段中国汽车工业大规模发展，矿物燃油的短缺已成定局。发展新能源和可再生能源是优化中国能源结构、减少环境污染和可持续发展的战略举措。而在众多的新能源和可再生能源中，生物质能的规模化开发无疑是一项现实可行的选择。为此，国家相继出台的一系列促进生物质能产业发展的政策措施，为生物质能产业营造了良好的宏观政策环境，国有大型企业和跨国公司等大型企业也积极参与进来，极大地促进了产业的发展。生物质能的开发利用迎来了前所未有的历史机遇，这将全面促进中国生物质能产业的发展。

（一）中国生物质能开发利用的发展前景

1. 能源植物的开发

能源植物的种植需要开发大量的能源农场、森林农场。同时，能源植物中还含有大量其他的化学物质，这些化学物质可以生产相关化学制品和材料。所以，生物能源的开发将为经济—能源—环境的循环发展体系带来驱动力，而生物能源植物的种植与加工将推动农村农业和工业的发展。生物能源的种植、加工和销售，不仅解决了能源紧张的问题，而且提高了农民种植植物的积极性，促进了荒地、尾矿的开发利用，提高了土地的利用效益，减少了矿物能源所造成的环境问题，绿化了广阔的土地，保护了生态环境。因此，能源植物的开发和利用已经成为世界重大热门课题之一，受到世界各国政府与科学家的关注。

2. 培养技术研发人员

中国与国外生物质能产业发展相比，除经济实力的差距外，专业人才缺乏也是一个重要方面。专业型人才不仅是生物质能工艺技术创新与开发的基础，也是先进的能源作物育种技术和转基因技术产生的基础，同时也是中国生物质能材料供应能力及水平提高的保证。因此，中国应在生物质能加工的生产效率和综合创新方面进行技术突破，如在解决农作物秸秆低效率利用、高效直接燃烧技术创新和设备制造、生物质气化和发电、生物质液化技术、生物质裂解液化技术的研发利用等方面进行相应的技术突破和技术普及及推广，要学习欧盟每年把专款给予专门的大学、科研人员进行生物质能研发人员培训的经验，加强生物质能产业发展的专门人才培养和引进，同时还要注意在能源植物种植方面的人才培养和技术创新与推广，要有专人给农民以技术指导，以促进中国的生物质能开发利用和尽快实现产业化、市场化。

3. 完善政策

中国生物质能在技术上与国外相比存在很大的差距，一些核心技术如酶制剂等都被外国公司所掌握，其他很多技术仍然处于示范阶段，还没有快速实现商业化。政府应该与时俱进地建立和完善技术标准体系，提高市场进入的技术、资金门槛，选择一些重点、关键性技术集中力量进行攻关，确保产品质量与生产过程环保达标，要防止一些企业为了获得政府的优惠资金，跟风上项目，以及为了生产生物质能在生产过程中又大量消耗常规能源的现象发生。政府要按照鼓励先进的原则，在已获得市场准入权的企业中，实行招标制度，谁的效率高、补贴低，政府就支持谁。当生物质能产业发展成熟，具备竞争力时，政府再退出，不再给予直接财政支持，让企业完全按照市场规律办事。

4. 加强国际合作

生物质能的开发利用，是经济快速发展和能源危机爆发的产物，发达国家由于工业化起源早，经济发展快，能源供应的压力要早于和大于中国和一切发展中国家，因而开发利用生物质的时间也较早，很多技术的发展也已经成熟和商业化。如何利用现在的国际背景和国际经济及技术环境抓住一切市场商机，迎接挑战，是我们必须认真思考的问题。我们既要加强对外合作，抓住难得的机会，还要坚持自主开发与引进消化吸收相结合的技术路线，掌握核心技术，要有目的、有选择地引进先进的技术工艺和主要设备，站在高起点上发展中国生物质能产业，加强与国际组织和机构的联系与合作，通过开展国际合作，建立专门的生物质能植物展示区，增强公众认知度及节能的意识，不断壮大和发展中国的生物质能产业。

（二）中国生物质能开发利用的政策建议

根据生物质能开发利用本身的特点和中国的国情，针对中国生物质产业发展过程中存在的一些消极和阻碍性的因素，如原料资源短缺、生物质能工业体系不完备、研究开发能力不足、产业基础薄弱以及产品市场竞争力不高等问题，提出几点建议。

（1）发展新的生物质能资源，建立能源基地。目前，以粮食为原料的生物质燃料生产已不具备再扩大规模的资源条件，发展多元化原料是大势所趋。今后，应合理评价和科学规划，利用山地、荒地和沙漠，发展新的生物质能资源，研究、培育和开发速生、高产的植物品种，在条件允许的地区发展能源农场、林场，建立生物质能基地，提供规模化的木质或植物油等能源资源。

（2）加大对生物质能基础性研究的支持力度，加强对生物质能技术研发和装备保障的支持力度，加快具有自主知识产权的新能源技术开发步伐，改变部分生物质能转换技术落后的现状，力争在未来全球性生物质能多项技术竞争中占领制高点。设立专项科研资金，对生物质固体成型燃料等问题进行攻关；加大对能源作物优良品种繁育、生物质原料收储运等关键技术问题的研发力度，积极引进国外先进技术和经验，在农作物秸秆高能效低能耗转化、纤维素生产燃料乙醇、转基因技术提供生物质原料等方面开展研究，总结经验，稳步推进农业生物质能产业的健康发展。加强生物质能的新技术引进、试点和示范工作，积极引进、消化、吸收国外先进生物质能利用技术，并进行生物质能利用技术的再创新与集成创新，形成具有自主知识产权的关键技术与前沿技术。特别是解决产业化关键技术，降低生产成本，增强中国生物质能的市场竞争力。

（3）加大试点示范力度。中国各地区特点、生物质资源禀赋和经济发展水平差异很大。建议总结成熟技术和产业化运作模式与经验，在全国典型地区对不同原料、不同用途、不同运行模式的生物质技术进行试点示范，验证工艺和设备的可靠性、可行性及适用性，为下一步大面积大规模推广提供技术支撑和管理经验。对能源作物种植、转化和秸秆纤维素乙醇进行试点示范，为规模化推广提供技术储备和经验积累。

（4）加大政府扶持力度，开展宣传和培训工作。国家要将生物质能发展纳入国民经济发展计划当中，确保有计划、有步骤地推进生物质能工作，健全配套相应的政策和标准体系，建立和完善质量保证机制和信息服务系统，鼓励和促进生物质能产业的健康发展。充分利用网络、电视、报纸、杂志等多种媒体，采取多种形式，广泛宣传生物质能开发利用的重要意义。重点抓好技术培训和职业技能鉴定工作，对从事生物质能利用的技术工种实行职业准入和持证上岗制度。扩大和深入宣传工作，强化意识改变观念。宣传对象要上至政府各级领导、各部门，下至群众百姓。切实地领会和意识到生物质能开发利用意义的深远，以及不可忽视的地位；真正理解和认定生物质能在社会可持续发展中的重要意义。

（5）建立稳定的投入机制。建议政府加大对生物质能产业的投资力度，把发展生物质能与农村能源建设结合起来，与发展农村经济、保护生态环境结合起来，重点对生物质固体成型燃料、能源作物、秸秆沼气等投资给予补贴，带动民间资本进入，增加就业和农民增收，有效拉动内需，成为应对经济危机的有效措施之一。此外，要充分发挥金融机构、国际组织、外国政府和企业等投资的积极性，形成良性投融资环境。探索构建政府引导、企业带动、社会参与、多方投入的农业生物质能产业建设机制，拓宽农业生物质能开发利用的融资渠道；加快金融创新，大力发展创业风险投资，推动贷款担保机构发展，着力解决生物技术企业融资难问题；充分发挥政府投资的引导作用，调动企业自筹资金投入农业生物质能建设的主动性。创造良好的投资环境，积极争取金融部门、国际组织等资金的支持，广泛吸引社会、个人和外资的投入。

第五节　中国与国外生物质能开发利用的比较及启示

中国和欧盟在能源供应处境上有很大相似性，其能源的进口依赖性较大。但欧盟通过制定相应的政策法规，促使欧盟成员国内生物质能市场化，使生物质能开发利用技术居于世界先进水平，逐步走出一条能源安全供给与环境保护相协调的可持续发展道路。而中国生物质能的发展仍处于起步阶段。因此，分析中、欧发展生物质能的差异，借鉴欧盟发展生物质能的经验，对中国能源发展具有重大意义。

一　中国与欧盟发展生物质能的比较及启示

中国与欧盟的石油进口依赖程度都较高，同时拥有丰富的生物质能资源条件，都在积极大力开发生物质能，在技术、政策上都做了巨大努力。但由于发展生物质能的起因、政策取向、技术水平、规模和发展阶段不同，致使中国和欧盟在发展生物质能上存在很大差异。

（一）中国与欧盟发展生物质能的比较

1. 中、欧发展生物质能的起因不同

受战后两次石油危机的影响，西方国家将能源供应安全放在特别重要的位置，以此尽量摆脱经济发展因能源供应等不确定因素的影响。所以，欧盟在20世纪70年代，生物质能的开发就已成为研究的重大课题，并投入大量的人力和资金从事生物质能的研究开发。至今，生物质能直接燃烧发电和生物质颗粒成型技术应用已非常广泛，并形成一定规模。中国作为一个农业大国，解决农村边远地区的能源短缺和环境问题，是能源发展初期的动因。因此，生物质能成为农村的主要能源，但大多是农作物秸秆的直接燃烧和低效率的利用。这与欧盟生物质能的发展相比，中国生物质能研发的起步阶段较晚，中国真正开发新能源与可再生能源是从十一届三中全会后开始的。目前，中国以玉米为原料的燃料乙醇年生产能力为102万吨，以甜高粱为原料的燃料乙醇试产规模为5000吨，以来自餐饮等行业废油回收等为原料的生物柴油的年生产能力大约2万吨。

2. 中、欧发展生物质能的政策取向不同

欧盟制定能源政策的核心是注重环境和可持续发展。在全球能源需求增加、石油价格上涨、化石能源日益枯竭的形势下，几乎各国都将保证能源供应作为能源政策的核心来考虑。相比之下，中国能源政策重点是能源供给与开发上。近些年，因能源紧缺、环境问题，中国也从多角度、多层面制定包括生物质能在内的能源发展政策。中国自 2006 年 1 月 1 日起实行的《可再生能源法》，虽然以法律形式规定 2010 年初级能源的 55% 将来自可再生能源；2020 年这一比例将达 105%。同时也规定了相应的财税扶持政策如弹性亏损补贴、原料基地补助、示范补助、税收优惠等。但在提高能源效率、节能方面的配套措施还较少，没有形成一套能源与环境、可持续发展相协调的政策，缺乏落实政策的措施。

（二）欧盟生物质能发展对中国的启示

1. 将可再生能源政策重心放到可持续发展上

可再生能源的推广及应用，需要政策的支持。中国在能源战略制定上，多是解决燃眉之急，即便是制定长期发展目标，落实到地方，就又回归到解决能源紧缺的原点上。2006 年 1 月 1 日《可再生能源法》的实施，为生物质能的发展提供了可靠的法律保障。但与其相应的配套措施尚未出台。所以，中国在政策执行时，应更强调生物质能环保性、可持续性。通过节能、降低单位 GDP 能耗等措施，实现又好又快地发展。

2. 加大科研投入和政策支持力度

应制定明确的生物质能发展目标和具体要求。借鉴欧盟在开发生物质能上的措施，把能源农业发展视为实现可持续发展的一项基本建设工程。加强生物质能的新技术引进、试点和示范工作，积极引进国外生物质能开发的先进技术，并积极参与生物质能的国际交流合作项目。制定操作性较强的生物质能发展政策，如给予生物质能加工企业在税收、原料方面的优惠政策。开展生物质能要坚持点面结合、整体推进的原则，将近、中、远期目标相结合。既要支持前景好的基础性研究，也要推动技术相对成熟的项目进入中试阶段或产业化，争取短期内取得"点"上的突破。同时，建立国家级的质量监测系统，抓好产品生产的标准化、系列化和通用化工作。

3. 加强生物质能技术的研发

到2010年，发达国家生物质能开发的主要目标是在大型生物质气化发电技术上，在推广直接燃烧的同时，发展可进入商业应用的IGCC发电系统。因此，中国应在生物质能加工技术上创新。如在解决农作物秸秆利用上、研发高效直接燃烧技术上、生物质气化和发电、液化技术上，特别是在生物质裂解液化技术上，都应有技术突破。同时，要注意在能源植物种植上给予农民以技术指导，以促进中国生物质能开发技术的普及。

二 巴西开发利用生物质能对中国的启示

(一) 巴西的能源现状

巴西是一个真正的农业大国，2006年农业GDP占全部GDP的27.2%，农业出口额占全部出口额的36%，从事农业的人员占全部就业人员的37%。在这样一连串令人惊异的数字之后，更令人惊异的是巴西在能源利用方面的巨大成就，2005年它的生物质能比例已占全部能源的29%，而同期世界的生物质能应用比例仅为11%，如加上水电、核电，巴西的可再生能源比例已达到44.7%，同期世界的可再生能源应用比例仅为14%。巴西加油站1升汽油价格为2.26雷亚尔，1升酒精价格为0.85雷亚尔，酒精燃料的价格大大低于汽油价格，因此酒精燃料很有竞争力，被广泛应用。用甘蔗提取酒精是目前巴西生物质能的主要构成部分，约占巴西全部能源的13.9%，巴西广泛使用酒精燃料，极大地缓解了石油能源价格危机，同时酒精是一种清洁能源，对环境无污染，实现了环境和生态的可持续。近年来，其他生物质能的应用也日益增加，特别是生物柴油的研究开发应用，得到政府的鼎力支持，取得许多明显成效，在这一点上，巴西确实走在世界的前列。

(二) 巴西生物质能的发展过程和政策措施

20世纪70年代之前，巴西基本上是依赖石油进口的国家，70年代和80年代的两次石油危机沉重打击了巴西经济，迫使巴西大力发展本国石油工业和研发使用替代能源。1975年，巴西开始实施国家乙醇计划，20世纪80年代中期，乙醇燃料的利用达到了一个高峰。当时巴西每年生产的80万辆汽车中，3/4以上是采用乙醇燃料的发动机。之后由于政府更迭、政策改变和国际市场上石油价格下跌等原因，导致巴西国内乙醇燃料供应量急剧萎缩，1990年，乙醇燃料汽车的销售量几乎降低到零。乙醇燃料无人问津。不过，一些企业和研究人员从来没有停止过对替代能源的研发工作，即便是在乙醇燃料无人问津的年代里，一直坚持乙醇燃料技术的研发工作，包括提高乙醇生产效率、甘蔗的基因及萃取技术等。

21世纪初，国际石油价格开始逐步上升时，巴西乙醇的生产效率已经翻了三番，生产成本也从每升0.6美元降至0.2美元左右，因此乙醇燃料的再度推广在经济上变得可行。随着各国对乙醇燃料的兴趣日益高涨，巴西政府又制定了更加雄心勃勃的生物质能生产计划和一系列政策措施，确定了技术开发路线、人员和资金投入框架。巴西政府计划在未来7年内，甘蔗产量将从目前的4.27亿吨增加到6.27亿吨，新建89家乙醇燃料生产厂。到2013年，乙醇燃料的年产量将扩大到350亿升，其中约100亿升将用于出口。巴西还研究开发了乙醇和汽油混用的汽车发动机，目前巴西销售的新车一半以上是这种"灵活燃料"汽车。车主可以自由选择添加的燃料类型，可以是石油，可以是乙醇，也可以是石油和乙醇的混合物。在发展酒精燃料的基础上，巴西近几年加大了研发生物柴油的计划。巴西政府于2004年12月6日公布了实施生物柴油的临时法令，宣布巴西将于2007年开始必须在矿物柴油中掺加2%的生物柴油，到2012年增加到5%。作为柴油机车的动力，也可以作为发电动力。巴西生产生物柴油的主要原料是蓖麻、棕榈油、大豆、棉籽油、向日葵和玉米等。根据国家农牧业研究公司（EMBRAPA，也即巴西农科院）研究结果，蓖麻、向日葵、大豆、棕榈油、棉籽含油量分别为47%、42%、18%、20%、15%，根据这些作物的亩产量推算，蓖麻、向日葵、大豆、棕榈油、棉花的每公顷产油量分别为705公斤、630公斤、540公斤、400公斤和450公斤。为加快推动生物柴油计划的实施，由巴西社会发展银行向生产厂家提供项目资金90%的融资计划，还通过加强家庭农业计划对种植生物柴油原料的农户提供融资贷款。目前，已在部分地区的加油站供应蓖麻、棕榈油等炼制的生物柴油。巴西乙醇燃料和生物质能不断引起全球关注，吸引了大量的国外投资，成为巴西最值得骄傲的一个成就。

(三) 巴西开发生物质能的启示

1. 宏观战略的实现需要在每个环节落实

巴西政府把生物能源开发确定为国家发展战略后，采取了切实措施，通过金融、法律、经济、科技等多种手段的综合运用，在每个环节上扎实推进，形成了国家发展战略—科技研发—市场应用的完整链条，实现了预期目标，占领了新能源技术领域的国际制高点，形成了能源市场上的国际竞争力。巴西生物能源开发计划注重目标和效益，以市场应用验证国家战略和科技研发的成功，对中国实施自主创新，建设创新型国家战略，对我们一些应用技术开发计划的实施，是一个有益的借鉴和参考。

2. 制定科技研发目标须有长远观点

巴西进行生物能源技术的研发源于石油危机，但是也经历了石油降价后无人问津的低谷，一波三折的过程中，它们坚持了科技研发，才能在近期新的能源紧张局面中提出优异的科研成果和产品，从容应对世界面临的难题，这种立足长远确定科研目标的战略思维，应是我们借鉴的榜样。

3. 科研成果的普及应用必须有经济可行性

科研为经济建设服务，研发成果的经济可行性是一个重要因素，巴西以往在乙醇应用上出现反复的经验教训告诉我们，在确定科技研发目标和推广应用时，务必把经济效益、经济可行性切实纳入考虑，切实从理念贯彻落实到实践，时时刻刻用经济指标衡量，实实在在算财务账，这样的成果才有应用的价值，才能为市场接受，才能形成竞争力。

4. 加强与巴西在生物质能研究开发方面的合作

目前，生物质能的开发应用也是中国的重要新产业，"十一五"科技支撑计划中，把"农林生物质综合开发利用"作为重大项目。巴西科研人员已在这方面做了长期大量的研究，取得了大量成果，中国相关研究机构和企业，应与巴西积极主动开展在生物质能研究开发方面的合作，利用好人类共有的无形财富，使我们的研究开发在高位起步，有更高的效率。生物质能是一个新的学科、新的产业，巴西是从20世纪70年代起步，中国则是在"十五"计划期间开始起步和试点，一个新兴产业的发展，必然伴随许多未知问题，会发生许多未料到的情况，例如各国适生适用的植物品种不同,怎样筛选出能效更高的原料作物和提取工艺;按照大规模工业化开发的方式发展生物质能,各国怎样因地制宜地确定种植的模式和布局;生物质能的原料作物怎样避免"与民争粮,与粮争地";怎样避免为扩大种植面积而破坏一些生态保护区而导致环境生态的恶化(例如现在全世界都在担忧巴西生物质能开发会破坏亚马孙森林湿地);此外,生物质能所用的农作物需使用化肥和杀虫剂,农场还需使用汽油驱动农业器械运作,都涉及使用化石燃料,是否会增加有害气体排放,生物质能将挑战农作物最基本的功能,如何避免造成新的饥饿等,这些问题是巴西的问题、是中国的问题,也是全球都在探索的问题,这些问题为我们提出了新的课题,需要国内外科研机构广泛的合作研究,各国企业界联合探索做好产业规划,集成人类共有的智慧,让这个有光明前景的新兴产业为全世界人民带来更美好的生活。

第五章 生物质能开发利用方式及状况分析

第一节 生物质能开发利用方式

生物质能的载体——生物质是以实物的形式存在的，相对于风能、水能、太阳能和潮汐能等，生物质能是唯一可存储和运输的可再生能源。生物质的组织结构与常规的化石燃料相似，它的利用方式与化石燃料类似。常规能源的利用技术无须做大的改动，就可以应用于生物质能。但生物质的种类繁多，分别具有不同特点和属性，利用技术远比化石燃料复杂与多样，除了常规能源的利用技术以外，还有其独特的利用技术。

一 生物质热解综合技术

生物质热解技术最初的研究主要集中在欧洲和北美。20世纪90年代开始蓬勃发展，随着试验规模大小的反应装置逐步完善，示范性和商业化运行的热解装置也被不断地开发和建造。欧洲一些著名的实验室和研究所开发出了许多重要的热解技术，20世纪90年代欧共体JOULE计划（非常规长期能源的联合研究计划）中生物质生产能源项目内很多课题的启动就显示了欧盟对于生物质热解技术的重视程度。但较有影响力的成果多在北美涌现，如加拿大的Castle Capital有限公司将BBC公司开发的10—25kg/h的橡胶热烧蚀反应器放大后，建造了1500—2000kg/h规模的固体废物热烧蚀裂解反应器。之后，英国Aston大学、美国可再生能源实验室、法国的Nancy大学及荷兰的Twente大学也相继开发了这种装置。与欧美一些国家相比；亚洲及中国对生物质热解的研究起步较晚。近十几年来，广州能源研究所生物质能研究中心、浙江大学、东北林业大学等单位做了一些这方面的工作。例如，浙江大学着眼于流化床技术在生物质清洁能源规模化利用上显示出的巨大潜在优势，在20世纪末成功开发了以流化床技术为基础的生物质热裂解液化反应器，并在先期成功试验的基础上，针对已有的生物质热裂解液化工艺中能源利用率不高以及液体产物不分级等缺点，采用独特的设计方案研发了生物质整合式热裂解分级制取液体燃料装置，得出了各运行参数对生物质热解产物的得率及组成的影响程度，适合规模化制取代用液体燃料。目前，正在开展深层技术和扩展应用的研究。

二　生物质固化成型

生物质是一种可再生的物质资源，但它作为能源物质利用基本上还是直接燃烧来获取热能。由于生物质的燃烧特性较差，所以有效利用率很低。随着中国农村生活水平的日益提高，相当大量的生物质未得以有效、充分地利用。中国每年因制材、林产品加工产生的木屑的数量也十分巨大，其中绝大部分被废弃。如何将这些宝贵的生物质能资源转化为方便、清洁的能源形式，其经济、社会效益都是十分明显的。作为生物质能转化途径之一的固化成型技术已引起人们的关注和兴趣。目前，中国生物质固化成型技术存在一些问题，如机组可靠性较差、生产能力与能耗比例失衡、原料密度不够、水分过高、包装与设备不配套等障碍因素，制约其商业化的发展。

三　燃料乙醇

5000年前，人类就开始利用微生物发酵制作酒精饮料，微生物利用的是生物质原料中的糖类，生物质原料中的糖类以淀粉、单糖或双糖以及纤维素、半纤维素等多糖形式存在。通常乙醇发酵菌种只能利用单糖或者双糖，不能直接利用淀粉、纤维素、半纤维素等多糖发酵产生乙醇。这就需要将这些多糖转化为可被酵母直接利用的简单单糖类，将这一转化过程统称为预处理。预处理后，酵母菌利用简单的糖类进行乙醇发酵，产生乙醇。经蒸馏等工艺从乙醇含量较低的发酵液体中回收乙醇，再脱水精制成无水乙醇。巴西、丹麦、芬兰、瑞典等国生物质能乙醇的生产和乙醇作为燃料的应用范围很广。巴西在利用乙醇作为汽油代替品方面走在世界前列，目前已有 200 万辆车用乙醇作燃料。美国国会早已通过法案，鼓励用乙醇、甲醇等部分或完全代替汽油，扶植非汽油燃料工业的发展。目前，美国许多州已通过法律规定汽车的汽油中必须添加 10%—15% 的乙醇。中国对乙醇作为燃料也给予了足够的重视。国家将全面推广使用车用乙醇汽油，截至目前，中国已经有河南天冠集团等五家燃料乙醇生产企业，总计生产能力达 157 万吨。

四 生物质气化

生物质气化是利用空气中的氧气或含氧物质作为气化剂，在高温的条件下通过热化学反应将生物质中可燃部分转化为可燃气（主要为一氧化碳、氢气和甲烷等）的热化学反应。气化可将生物质转换为高品质的气态燃料，直接应用作为锅炉燃料或发电，产生所需的热量或电力，或作为合成气进行间接液化以生产甲醇、二甲醚等液体燃料或化工产品。生物质气化原理早在 18 世纪就为人们所熟知，但有记载的商业应用可以上溯到 18 世纪 30 年代。到了 19 世纪 50 年代，英国伦敦大部分地区都用上了以"民用化气炉"产生的"发生气"为燃料的"气灯"，并形成了生产"民用化气炉"的行业，这种"民用化气炉"所用的气化原料为煤和木炭。中国于 20 世纪 90 年代发展生物质气化集中供气，它是以自然村为单位的小型燃气发生和供应系统，该系统将以各种秸秆为主的生物质原料气化转化为可燃气，然后通过官网输送农村居民家中用作炊事燃料。

五 生物质发酵产氢

氢能是最环保的能源，清洁无污染，燃烧热值很高，便于储存，是解决目前全球能源紧缺和环境污染问题最为首选的能源。生物制氢主要包括生物转化制氢和热化学转换制氢等方法，是当前最有发展前景的清洁的生物质能转换技术之一，且由于生物质是廉价的可再生制氢原料，每千克生物质可产生 0.672 m^3 的氢气，占生物质总量的 40% 以上，已成为世界各国可再生能源科学技术领域的研究开发热点之一。中国在这方面已有可广泛应用的成果，如将光和细菌与发酵细菌联合处理高浓度有机废水持续产氢的代谢模式，其处理废水的效率远比甲烷发酵高，处理成本也低，并可回收清洁能源氢。

六　生物质燃烧技术

生物质燃烧技术是传统的能源转化形式，是人类对能源的最早利用。生物质燃烧所产生的能源可应用于炊事、室内取暖、工业过程、区域供热、发电及热电联产等领域。炊事方式是最原始的利用方式，主要应用于农村地区，效率最低，一般在 15%—20%。人们通过改进现有炉灶，以提高燃烧效率及热利用率。室内取暖主要应用于室内加温，此外还有装饰及调节室内气氛等作用。工业过程和区域供暖主要采用机械燃烧方式，适用于大规模生物质利用，效率较高；配以汽轮机、蒸汽机、燃气轮机或斯特林发动机等设备，可用于发电及热电联产。

第二节　生物柴油发展分析

如何减少对石油的依赖，迫使科学家们努力寻找石油的替代物。生物柴油不仅可以使人类摆脱对石油的依赖，而且还是一种可再生能源。正是基于这些特性，目前生物柴油正在形成一个商机诱人的绿色产业。

一　生物柴油概述

（一）生物柴油的概念

生物柴油就是以生物质资源作为原料进行基础加工而成的一种柴油（液体燃料）。具体地说，它利用植物油脂如蓖麻油、菜籽油、大豆油、花生油、玉米油、棉籽油等；动物油脂如鱼油、猪油、牛油、羊油等；或者是上述油脂精炼后的下脚料——皂脚或称油渣、油泥；汽车修理厂的废机油、脏柴油等；或者是城市潲水油（地沟油）；或者是各种油炸食品后的废油和各种其他废油在进行改性处理后，与有关化工原料复合而成。生物柴油具有可再生、易于生物降解、燃烧污染物排放低、温室气体排放低等特点。生物柴油与石化柴油具有相近的性能。并且有其无与伦比的优越性：（1）点火性能佳。柴油的关键指标十六烷值较高，大于45（石化柴油为45），抗爆性能优于石化柴油。(2) 燃烧更充分。生物柴油含氧量高于石化柴油，可达11%，在燃烧过程中所需的氧气量较石化柴油少，燃烧、点火性能优于石化柴油。(3) 适用性广，除了供公交车、卡车等柴油机的替代燃料外，又可以做海洋运输、水域动力设备、地质矿业设备、燃料发电厂等非道路用柴油机之替代燃料。(4) 保护动力设备，生物柴油较柴油的运动黏度稍高，在不影响燃油雾化的情况下，更容易在汽缸内壁形成一层油膜，从而提高运动机件的润滑性，降低机件磨损。(5) 通用性好，无须改动柴油机，可直接添加使用，同时无须另添设加油设备，储运设备及人员的特殊技术训练（通常的其他替代燃料有可能需修改引擎才能使用）。(6) 安全可靠，生物柴油的闪点较石化柴油高，有利于安全储运和使用。(7) 节能降耗，生物柴油其本身即为燃料，以一定比例与石化柴油混合使用可以降低油耗、提高动力性。(8) 气候适应性好，由于不含石蜡，低温流动性佳，适用区域广泛。(9) 功用多，不仅可做燃油又可作为添加剂促进燃烧效果，从而具有双重功能。总之，使用生物柴油具有诸多的好处：减少尾气排放，不易燃烧，生物可降解，可以用于传统的柴油机而无须改进。

可见生物柴油是典型的绿色能源，大力发展生物柴油对经济可持续发展，推进能源替代，减轻环境压力，控制城市大气污染具有重要的战略意义。

（二）生物柴油生产方法

目前，生物柴油主要是用化学法生产，即用动物和植物油脂与甲醇或乙醇等低碳醇在酸或者碱性催化剂和高温（230℃—250℃）下进行转酯化反应，生成相应的脂肪酸甲酯或乙酯，再经洗涤干燥即得生物柴油。甲醇或乙醇在生产过程中可循环使用，生产设备与一般制油设备相同，生产过程中可产生10%左右的副产品甘油。但化学法合成生物柴油还有以下缺点：工艺复杂，醇必须过量，后续工艺必须有相应的醇回收装置，能耗高；色泽深，由于脂肪中不饱和脂肪酸在高温下容易变质；酯化产物难以回收，成本高；生产过程有废碱液排放。

为解决上述问题，人们开始研究用生物酶法合成生物柴油，即用动物油脂和低碳醇通过脂肪酶进行转酯化反应,制备相应的脂肪酸甲酯及乙酯。酶法合成生物柴油具有条件温和、醇用量小、无污染排放的优点。但目前主要问题有:对甲醇及乙醇的转化率低,一般仅为40%—60%。由于目前脂肪酶对长链脂肪醇的酯化或转酯化有效,而对短链脂肪醇(如甲醇或乙醇等)转化率低,而且短链醇对酶有一定毒性,酶的使用寿命短。副产物甘油和水难以回收,不但对产物形成抑制,而且甘油对固定化酶有毒性,使固定化酶使用寿命短。

"工程微藻"生产柴油,为柴油生产开辟了一条新的技术途径。美国国家可更新实验室(NREL)通过现代生物技术建成"工程微藻",即硅藻类的一种"工程小环藻"。在实验室条件下可使"工程微藻"中脂质含量增加到60%以上,户外生产也可增加到40%以上。而一般自然状态下微藻的脂质含量为5%—20%。"工程微藻"中脂质含量的提高主要由于乙酰辅酶A羧化酶(ACC)基因在微藻细胞中的高效表达,在控制脂质积累水平方面起到了重要作用。目前,正在研究选择合适的分子载体,使ACC基因在细菌、酵母和植物中充分表达,还进一步将修饰的ACC基因引入微藻中以获得更高效表达。利用"工程微藻"生产柴油具有重要经济意义和生态意义,其优越性在于:微藻生产能力高、用海水作为天然培养基可节约农业资源;比陆生植物单产油脂高出几十倍;生产的生物柴油不含硫,燃烧时不排放有毒害气体,排入环境中也可被微生物降解,不污染环境,发展富含油质的微藻或者"工程微藻"是生产生物柴油的一大趋势。

(三)生物柴油生产的原料

生物柴油作为一种很有发展前途的生物质产品,其主要原料是植物油料。随着生物质产业相关转化技术的突破,最终制约产业发展的将会是资源因素,因此生物质资源投资是长期投资。

常见的草本油料作物主要有油菜、大豆、花生、棉籽、亚麻等,其中油菜在世界范围内种植最广。草本油料植物具有产量高、适宜规模化种植等优点,但往往需要较好的耕地,选择耐旱、耐盐碱、耐瘠薄的草本油料植物,开发荒地规模种植也比较有前途。有利用潜力的草本油料植物资源有玉米和棉籽。中国木本油料植物种类丰富,可用作建立规模化原料基地的乔灌木有近30种,其中分布集中,并能利用荒山、沙地等宜林地进行造林，建立良种供应基地的油料植物有 10 种左右。木本油料植物可在占中国国土面积约 69% 的山地、高原、丘陵地区甚至沙地上生长。在这些非耕地上种植木本油料植物不仅可以为生物柴油产业提供丰富的可再生原料，改善生态环境，还有利于农村产业结构调整，增加农民收入，解决部分农村剩余劳动力的就业问题。木本油料植物抗逆性强，可粗放管理，不与粮食争地，而且是栽种一次，收获多年，采集时需要大量的劳动力，合乎中国国情。中国境内重要的木本油料植物如麻疯树、黄连木、光皮树、文冠果、山茶科的油茶等，都具有巨大的开发潜力和广阔的发展前景。

（四）花生油下脚废料开发出生物柴油

生物柴油是指植物油与甲醇进行酯交换制造的脂肪酸甲酯，是一种洁净的生物燃料，是绿色、清洁、可再生能源，也称之为"再生燃油"，是最重要的生物质能之一。以往生物柴油生产主要以动物油脂和菜籽为原料，生产成本较高。山东省农科院花生研究所历时一年多，在生物柴油生产关键技术研究领域取得突破性进展：经研究实验，确定了利用花生油下脚料和餐饮业废油在催化作用下与甲醇反应制备生物柴油的化学法和脂肪酶催化法工艺条件。与传统柴油相比，利用花生油下脚料转化的生物柴油不含对人体有害的硫和苯，燃烧排放的烟灰减少了 50%，而成本则降低了 30%。当前，山东省每年产生花生油下脚料 6 万吨，餐饮业地沟油 20 万吨，不仅造成了严重的环境污染，而且严重威胁到人们的身体健康。如果通过该项技术仅把这两项废弃油脂转化成绿色环保的生物柴油，每年产量就可达 24 万吨，直接创造的经济价值和治理废弃油脂带来的污染所需费用两者加起来就是上亿元。

（五）橡子成为生物柴油原料

中国首个具有自主知识产权的以橡子为原料的耐低温乙醇生物柴油技术，2007 年 11 月中旬由陕西绿迪投资控股集团公司研制成功，该公司还计划建设 100 万吨/年的工业化项目。该技术是以橡树种子淀粉为原料生产工业乙醇，将其与专用增能剂经充分混溶，制成热值及理化性能与普通柴油相当的生物柴油。该生物柴油无须改动发动机，可直接用于一般柴油车，并具有高耐寒、低排放、低成本等特点。

二 生物柴油效益分析

（一）生物柴油降低二氧化碳排放

生物柴油的使用能减少二氧化碳的排放，是基于生命循环分析法对柴油和生物柴油进行对比分析得出的结论。生命循环分析法是通过分析燃料从生产到消耗的全过程中的能量流和排放，从而评价某种燃料的使用对能源和环境影响的方法。柴油的生命循环是从石油的开采和提炼开始，经过初油的生产和运输，再到初油的精炼和柴油的运输，最后到其被消耗为止。而生物柴油的生命循环是从油料作物的农业生产、加工开始，经过植物油的运输，到生物柴油的生产和运输，最后到其被消耗为止。生命循环分析法中相关概念的定义如下：

初始能：循环中从环境获取的能量总和，包括进料能（能直接转化为燃油产品的原料如石油、植物油等所包含的那部分能量）和过程能。

石化能：循环中所有来自石化燃料的能量（我们将能源分为石化能和非石化能）。

燃油产品能：最终燃油产品中包含的能量。

循环效率：燃油产品能和初始能的比值。即燃油产品能/初始能。

石化能效比：单位石化能产生的燃油产品能。即燃油产品能/石化能。

经过合理和必要的假设后，我们得到的结论可以制成下表：

表 5-1　　　　　　　　生物柴油和柴油的循环效率

	初始能/MJ	石油能/MJ	循环效率	石化能效比
柴油/MJ	1.2007	1.1995	0.8328	0.8377
生物柴油/MJ	1.2414	0.311	0.8055	3.215

由表 5-1 的数据可以看出，循环中生物柴油和柴油的循环效率相当，但生物柴油的石化能效比大约是柴油的 4 倍。而且生物柴油循环中

大豆油转化是消耗石化能最多的地方，这主要是由于大豆油转化需要用乙醇等作为原料，而我们假设乙醇的生产是要消耗天然气等石化能的，所以若能使用可再生资源来生产乙醇，则可进一步提高石化能效比。总之，生物柴油循环大大降低了石化能这种有限能源的消耗。

所以，生物柴油降低二氧化碳排放应该这样来理解：燃烧生物柴油产生的二氧化碳与其原料生长过程中吸收的二氧化碳基本平衡，所以不会增加大气中二氧化碳的含量，而燃烧石化燃料所释放的二氧化碳需要几百万年才能再转变为石化能，故使用生物柴油能大大减少石化燃料的消耗，相当于降低了二氧化碳的排放。美国能源部研究得出的结论是：使用B20（生物柴油和普通柴油按1:4混合）和B100（纯生物柴油）较之于使用柴油，从燃料生命循环的角度考虑，能分别降低二氧化碳排放的15.6%和78.4%。

（二）生物柴油降低空气污染物的排放

空气污染物的排放包括发动机排气管的排放和生产燃料时的排放。由于生物柴油生产过程产生的污染物较为集中，便于处理，且污染区域可以不在城市，故在此不作考虑。生物柴油由于本身含氧10%左右，十六烷值较高，且不含芳香烃和硫，所以它能够降低芳香烃等污染物的发动机排气管排放，尤其是微粒中PM_{10}（小于10μm的颗粒）的排放，而它是导致人类呼吸系统疾病根源的污染物。

三 发展生物柴油有着良好的应用前景

生物柴油（Biodiesel）概念最早由德国工程师 Dr. Rudolf Diesel（1858—1913）于1895年提出，生物柴油是以植物果实、种子、植物导管乳汁或动物脂肪油、废弃的食用油等作原料，与醇类（甲醇、乙醇）经交酯化反应获得。生物柴油的研究始于20世纪50年代末60年代初，在70年代的石油危机之后得到大力发展，美国、英国、欧洲等许多国家都制定了相应的研究开发计划，并相继成立了专门的研究机构。在生物柴油研制领域，重点集中在选择可利用的植物种类，建立生物柴油原料利用基地和生物柴油改性技术研究上。

（一）与常规柴油相比，生物柴油具有下述无法比拟的性能

(1) 具有优良的环保特性。主要表现在由于生物柴油中硫含量低，

使得二氧化硫和硫化物的排放低,可减少约30%(有催化剂时为70%);生物柴油中不含对环境会造成污染的芳香族烷烃,因而废气对人体损害低于柴油。检测表明,与普通柴油相比,使用生物柴油可降低90%的空气毒性,降低94%的患癌率;由于生物柴油含氧量高,使其燃烧时排烟少,一氧化碳的排放与柴油相比减少约10%(有催化剂时为95%);生物柴油的生物降解性高。

(2)具有较好的低温发动机启动性能。无添加剂冷滤点达 -20℃。

(3)具有较好的润滑性能。使喷油泵、发动机缸体和连杆的磨损率低,使用寿命长。

(4)具有较好的安全性能。由于闪点高,生物柴油不属于危险品。因此,在运输、储存、使用方面的安全性又是显而易见的。

(5)具有良好的燃料性能。十六烷值高,使其燃烧性好于柴油,燃烧残留物呈微酸性,使催化剂和发动机机油的使用寿命加长。

(6)具有可再生性能。作为可再生能源,与石油储量不同,其通过农业和生物科学家的努力,可供应量不会枯竭。

(7)无须改动柴油机,可直接添加使用,同时无须另添设加油设备、储存设备及人员的特殊技术训练。

(8)生物柴油以一定比例与石化柴油调和使用,可以降低油耗、提高动力性,并降低尾气污染。

生物柴油的优良性能使得采用生物柴油的发动机废气排放指标不仅满足目前的欧洲Ⅱ号标准,甚至满足随后即将在欧洲颁布实施的更加严格的欧洲Ⅲ号排放标准。而且由于生物柴油燃烧时排放的二氧化碳远低于该植物生长过程中所吸收的二氧化碳,从而改善由于二氧化碳的排放而导致的全球变暖这一有害于人类的重大环境问题。因而生物柴油是一种真正的绿色柴油。

(二)世界各国大力发展生物柴油

目前,发达国家用于规模生产生物柴油的原料有大豆(美国)、油菜籽(欧共体国家)、棕榈油(东南亚国家)。现已经对40种不同的植物油在内燃机上进行了短期评价试验,它们当中包括豆油、花生油、棉籽油、葵花籽油、油菜籽油、棕榈油和蓖麻籽油。自20世纪80年代以来,许多国家进行了能源植物种的选择、高含油种的引种栽培、遗传改良以及建立"柴油林场"等方面的工作。西方国家生物柴油产业发展迅速。近年来，西方国家加大生物柴油商业化投资力度，使生物柴油的投资规模增大，开工项目增多。美国、加拿大、巴西、日本、澳大利亚、印度等国都在积极发展这项产业。据统计，全世界植物生物能源每年的生长量相当于600亿—800亿吨石油，为目前世界石油开采量的20—27倍。西方国家生物柴油产业发展非常迅速。目前，美国有四家生物柴油生产厂，总产量达30万吨/年；2000年德国的生物柴油已达45万吨；目前，法国、意大利和日本三国的生物柴油的生产能力分别达40万吨/年、33万吨/年和40万吨/年。

在柴油成品性能方面，国外用于规模生产生物柴油的原料有大豆（美国）、油菜籽（欧共体国家）、棕榈油（东南亚国家）。现已对豆油、花生油、棉籽油、葵花籽油、油菜籽油、棕榈油和蓖麻籽油等40种不同的植物油在内燃机上进行了短期评价试验，这些植物油的缺点首先主要体现在其油脂的分子较大（约为石化柴油的4倍），黏度较高（约为#2石化柴油的12倍），从而影响喷射时程，导致喷射效果不佳。其次，由于生物柴油的低挥发性，在发动机内不易雾化，与空气的混合效果差，造成燃烧不完全，形成燃烧积炭，以致易使油脂黏在喷射器头或蓄积在引擎汽缸内而影响其运转效率，易产生冷车不易起动，以及点火迟延等问题。针对生物柴油本身性能的问题，可以通过筛选或利用现代生物技术改造和修饰植物能源成分的品质以及后期的化学修饰与改造等方法加以解决。例如利用脂肪酸脱饱和酶调控油脂的黏度，或者通过调控与脂肪酸延长相关的酶的数量和活性以达到控制脂肪酸延长的目的等。

（三）中国发展生物柴油前景广阔

中国具有发展生物燃油产业的巨大空间。能源农业可利用的土地资源有：947万公顷的宜耕土地后备资源，按60%的垦殖率计入；2003年有72.24万公顷的高粱种植面积，按80%的甜高粱推广率计入；在全国800万公顷盐碱化耕地中，用中国已开发成功的技术加以改造的面积约为167万公顷，按80%的利用率计入。总计759.6万公顷土地可用于能源农业。

按种植甜高粱计（种植普通甘蔗的生物燃油亩产量与之接近），则可生产生物乙醇约 2850 万吨，生物柴油 1425 万吨。以上部分所利用的土地与规划中的农业用地并无多大冲突。比如说，按照粮食生产中长期预测，粮食部门所需的耕地面积并无增加，因为提高单产的潜力足以满足中国粮食需求的增加。与上述能源农业用地无重复计算，能源林业可利用的土地资源有：林业用地中 5700 万公顷的无林地面积（部分用于发展用材林等），按 60% 计入；1470 万公顷的退耕还林地，按 80% 计入（现有退耕还林地相当部分用作果园，但考虑到水果的市场需求有限，而且中国尚有 212 万公顷的宜园土地后备资源，故考虑了较高的百分比）；5393 万公顷的宜林荒山荒地，按 40% 计入。总计 6753 万公顷土地可用于能源林业。

按种植黄连木计（种植麻疯树的生物柴油亩产量略低一些），则可生产生物柴油 20260 万吨。根据中国林业发展的中长期规划，以上划归能源林业用地的土地与规划中的林业用地的冲突性较小。能源植物资源能有这样的潜力，一方面是要适当利用中国现有农林业用地和宜耕土地后备资源（0.552 亿公顷，约占耕地和林业用地总面积的 14%），另一方面是合理开发中国的宜林荒山荒地（0.216 亿公顷，占宜林荒山荒地面积的 40%），再者是利用一定的易改造的盐碱化耕地（0.013 亿公顷，约占盐碱化耕地面积的 17%），三部分面积合计 0.791 亿公顷（与之相比，中国现有耕地 1.3 亿公顷，林业用地 2.6 亿公顷），这些土地资源可为中国未来的本土替代燃油开发提供坚实的原料来源。

此外，技术研发还将开拓新的资源空间。工程藻类的生物量巨大，一旦高产油藻开发成功并实现产业化，由藻类制生物柴油的规模可以达到数千万吨，因为中国有 5000 万亩可开垦的海岸滩涂和大量的内陆水域。美国可再生能源国家实验室运用基因工程等现代生物技术，已经开发出含油超过 60% 的工程微藻，每亩可生产两吨以上生物柴油。青岛海洋大学十几年来承担了 30 多项国家及省部级海藻育苗育种生物技术研究，拥有一批淡水和海水藻类种质资源，积累了丰富的海洋藻类研究开发经验。如果能将现代生物技术和传统育种技术相结合、优化育种条件，就有可能实现大规模养殖高产油藻。

四 中国生物柴油业发展建议

（一）开展资源调查，制定产业发展规划

生物柴油产业发展必须科学发展、合理布局，不能一哄而上。要结合土地资源状况，研究分析原料供需总量和区域分布，围绕产业经济性和目标市场，因地制宜确定产业发展的指导思想、发展目标、项目布局原则和生物柴油的混配、储运、销售和使用实施方案，以及配套政策、法规工作等，统一规划，规范和引导生物柴油产业发展。要建立生物石油产业方面的行业准入标准，防止投资过热，使得一个地方有过多生物柴油企业，造成互相抢夺资源，造成整个社会资源的浪费；应对生物柴油的生产建立有效的监管机制，防止发生生产事故。

（二）加强技术研发

整合现有生物柴油技术资源，完善技术和产业服务体系，加快人才培养，全面提高生物柴油技术创新能力和服务水平，促进生物柴油技术进步和产业发展。将生物柴油的科学研究、技术开发及产业化纳入国家各类科技发展规划，在高技术产业化和重大装备扶持项目中安排有关专项，支持国内研究机构和企业在可再生能源核心技术方面提高创新能力，在引进国外先进技术基础上，加强消化吸收和再创造，尽快形成自主创新能力。攻克废弃油脂的处理问题，有效地回收和分离废弃油脂、再次利用，建立废弃油脂的收集、运输、处理等一系列管理程序。

（三）制定生物柴油质量标准和生物柴油标准体系

在《柴油机燃料调和用生物柴油 BD100 国家标准》出台后，要尽快制定中国的生物柴油质量标准和生物柴油标准体系，包括生物柴油抗氧化添加剂、原料储存、隔油池垃圾的收集、运输、处理等一系列完备的标准体系，建立相关的质量、生产流程、工艺设计以及安全生产方面的国家标准，为各级质量技术监督部门提供执法依据。

（四）培育持续稳定的市场需求，疏通销售渠道

按照政府引导、政策支持和市场推动相结合的原则，通过优惠的价格政策和强制性的市场份额政策，以及政府投资、政府特许权等措施，培育持续稳定增长的生物柴油市场，促进生物柴油的开发利用、技术进步和产业发展。改善市场环境条件。石油销售企业要按照《可再生能

源法》的要求，承担收购生物柴油的义务。生物柴油通过加油站系统进入汽车燃料市场，是推进中国生物柴油产业顺利发展的一个关键问题。国家有关部门应积极协调，努力促成优质生物柴油在加油站系统的销售。生物柴油推入市场可采用两种方式：一种是生物柴油售价要比普通柴油价格优惠，以便推广；另一种是在技术允许的条件下，将生物柴油按20%的比例混入普通柴油销售，达到生物柴油市场化的目的。

（五）加强部门之间的协调，处理好国内几大石油公司之间及其与民营企业、其他国有企业以及外资企业的关系。

发展生物柴油作为国家的一项战略性举措，政策性强，难度大，与市场发育关系紧密，涉及原料供应、生产、混配、储运和流通及相关配套政策、质量标准、法规的制定等各个方面，业务跨多个部门，是一项复杂的系统工程。加强部门之间的协调与配合，十分必要。

第三节　燃料乙醇业发展分析

在化石能源储量日趋减少、环境压力日益加剧、能源需求和石油价格持续上升的背景下，世界各国都在积极开发利用可再生的绿色能源，燃料乙醇作为目前唯一能大规模替代石油的可再生能源，受到普遍重视。在中国，开发利用新能源和可再生能源，已经成为调整和优化能源结构、解决环境问题的国家战略。

一　中国可用于生产燃料乙醇的秸秆资源分析
（一）中国秸秆的资源量及其地理分布

农作物秸秆是世界上最丰富的可再生资源。据统计，全世界每年秸秆产量约为29亿吨，小麦秸秆以亚洲、欧洲和北美洲的产量为最高，稻草以亚洲最多。中国是农业大国，农作物秸秆产量约为7亿吨/年，居世界首位。农作物秸秆的主要成分为纤维素、半纤维素和木质素，是一种宝贵的可再生资源。目前，中国秸秆的主要用途是造纸、饲料、农村生活能源（作为燃料使用），还有一部分用来还田造肥，另有约15.6%的秸秆被废弃或焚烧。利用农作物秸秆生产燃料乙醇，既能解决原料问题，又能变废为宝，增加农民收入。因此，研究中国可用于生产燃料乙醇的农作物秸秆资源情况，对于发展中国燃料乙醇工业具有重要的现实意义和深远的影响。

从资源类型来看，水稻、玉米、小麦等作物秸秆是中国秸秆资源的主要类型，这三种秸秆合计资源量占全国秸秆资源量的80%左右。2004年，中国秸秆资源中玉米秸秆占39%，稻草占27%，小麦秸秆占15%；2005年，三者的产量分别占秸秆总量的37.4%、24.2%和18.3%。

从资源量分布来看，中国秸秆资源主要分布于中部和东北的主要农区以及西南部分省市。50%以上的秸秆资源集中在四川、河南、山东、黑龙江、河北、江苏、湖南、湖北、浙江9省，其中又以黑龙江、河北、山东、江苏和四川5省分布最集中，5省秸秆总量占全国秸秆资源量的36%以上；西北地区和其他省份秸秆资源量较少。2004年，农作物秸秆产量最高的省份是河南和山东，其秸秆产量分别为72837吨和6634万吨，分别占全国秸秆资源总量的10.1%—19.2%；最低的省份是西藏，其秸秆资源量仅为119万吨，占全国秸秆资源总量的0.2%。中国是产稻大国，稻作面积约占世界稻作总面积的25%，稻草产区主要集中在华南、华东和华中地区，其分布南至海南，北至黑龙江省北部，东至台湾地区，西达新疆维吾尔自治区，低如东南沿海的潮田，高至西南云贵高原海拔2000多米的山区。中国小麦秸秆和玉米秸秆主要分布在黄河、长江流域之间，黑龙江、吉林等省份。

概括起来，中国秸秆资源量及其分布有以下特点：（1）秸秆分布具有明显的地域性，不同地区间农作物种植结构差异巨大，秸秆的品种、类型、构成有所不同；（2）秸秆年产量随种植量变化而变化，种植量的多少主要取决于经济收入的多少；（3）稻草的产区分布具有南方多而集中，北方少而分散的特点。

（二）甜高粱是中国理想的生物乙醇生产原料

现在，世界各国都在寻找新能源，最受重视的是生物质能中的石油替用品——酒精燃料。当前用以生产酒精的主要原料是糖料作物的甘蔗、甜菜、甜高粱和淀粉作物中的玉米、木薯等。甜菜的产量太低，用甜菜生产每升酒精的粗原料的成本比甜高粱高65%—85%，因而少有应用。目前，世界各国多用甘蔗和玉米生产酒精。

但是用甘蔗和玉米生产酒精不符合中国国情。巴西用甘蔗生产酒精，因巴西地处热带，2006年巴西种了4906khm²甘蔗，生产48亿加仑酒精。2006年，全国热带、亚热带面积只有73万公顷，还不足巴西甘蔗面积的15%。美国用玉米生产酒精，2006年酒精的总产量达48.5亿加仑。即便盛产玉米的美国，恐怕也难以长期使用玉米生产燃料酒精。2010年，中国玉米产需缺口达到2301万吨，我们还怎么可能用玉米来生产酒精。中国甘蔗的单位面积产量与世界持平，甜菜的单位面积产量只有世界平均产量的54%，而中国高粱的产量为世界平均产量的285%。因此，最符合中国国情、适合中国气候条件、既产粮食又产能源、产量最高的理想的作物就是甜高粱。

根据美国农业部的资料，用甜高粱生产酒精的成本为：玉米每加仑1.14美元、粒用高粱1.08美元、小麦1.36美元、黑麦1.07美元、燕麦1.43美元、大麦1.43美元、稻谷2.88美元、白马铃薯4.35美元、甜马铃薯5.72美元、甜菜5.72美元、甘蔗1.56美元、甜高粱0.44美元。泰国用糖蜜、甘蔗、甜高粱、木薯、玉米和稻谷生产酒精的成本分别为每升0.137美元、0.199美元、0.136美元、0.132美元、0.222美元和0.508美元。美国人曾对甜高粱的产量用经济学作初步分析，用甜高粱作原料生产酒精，每加仑的成本为0.18—0.20美元，而甜菜则需0.34美元，比甜高粱高65%—85%。

假若在中国3.64亿亩玉米地中，用0.5亩地种甜高粱生产甜高粱秸秆粉配合饲料，其产量比3.65亿亩所产的饲料还多，在所节省的3亿亩土地中拿出一半，即1.5亿亩土地用来种植甜高粱生产酒精，另从中国5.3亿亩的宜农荒地中拿出2亿亩加上上述的1.5亿亩玉米地共计3.5亿亩土地用来种植甜高粱以生产燃料酒精，以每亩产5000公斤茎秆和250公斤籽粒计，每亩可产445升酒精，3.5亿亩可产1559亿升酒精，约为目前全世界酒精总产量的390%，这1559亿升酒精可制成E20的汽油醇7795亿升，足以满足近期中国对能源的需求。

（三）以非粮作物取代玉米来生产燃料乙醇

中国目前主要以粮食尤其是玉米为原料发展燃料乙醇生产。由于中国的人均耕地和人均粮食占有量水平与大力发展以玉米为原料生产燃料乙醇的美国相比差距极大。根据中国国情，燃料乙醇生产仅仅依靠粮食来提供原料已不能满足燃料乙醇生产的需求，中国需要走多元化供应的路子，未来中国燃料乙醇发展更多的应是依靠非粮食原料。考虑到中国的粮食安全问题，从 2006 年至今，在保证现有的粮食乙醇生产的基础上，中国燃料乙醇生产企业的发展主要是两个方向：一是木薯乙醇；二是纤维素乙醇。两者都属于非粮食作物，其中，木薯乙醇已处于规模化生产阶段，技术发展已相对完善；而纤维素乙醇在中国还处在试验阶段，技术还有待完善。

木薯是取代玉米等原料生产酒精的理想替代物，开发木薯酒精资源前景看好。在同样土地资源条件下，种植木薯可比种植玉米多产近两倍酒精。利用木薯进行酒精生产，整株作物无废料，利用效率很高。由于粮食价格的上涨，用玉米生产燃料乙醇的原料成本居高不下。按照行业平均水平，每 3.3 吨玉米可以生产出 1 吨燃料乙醇。以 2007 年 1—6 月的市场平均价格计算，玉米的市场行情为 1500—1700 元/吨，加上 800 元左右的加工费、100 元的脱水费用和 100 元的销售费用，每吨燃料乙醇的成本约为 5950—6610 元。而出售给石油企业时，每吨燃料乙醇大约售价为 4500 元，另外生产过程中产生的酒精蛋白饲料价值为 960 元左右，这样，如果没有补贴，每生产 1 吨玉米乙醇，企业将亏损 490—1150 元。与玉米乙醇相比，每吨木薯乙醇的成本要低 1800—2460 元，每吨木薯乙醇按 4500 元/吨的销售价格计算，加上生产过程中产生的副产品，在没有补贴的情况下，每吨木薯乙醇可盈利 1070 元/吨。这还不包括由于减少了二氧化碳的排放量，每年可以获得 CDM（清洁发展机制）项目资金。根据目前国际市场的平均价格，减排量约为 10 美元/吨，每吨燃料乙醇的减排收益为 20 美元/吨。那么，按乙醇销售价 4500 元/吨、木薯 450 元/吨、酒精蛋白饲料 1200 元/吨计，年产 10 万吨的木薯乙醇的毛利润为 10700 万元，另外还可以获得 CDM（清洁发展机制）项目资金 1500 万元。

长期来看，木薯也只是中国生产燃料乙醇的过渡性原料，还不足以改变中国整个能源结构。承担改变中国能源结构重任的是以秸秆为代表的植物纤维。开发大规模生产木质纤维类生物质燃料乙醇的工业技术，是解决燃料乙醇原料成本高、原料有限的根本出路。据农业部提供的数据，中国秸秆资源量达 6 亿吨，目前有 3 亿吨用于薪柴燃料的消耗，其余均被焚烧。林业部提供的数据显示，中国林业废弃物资源量 8 亿吨，其中工业消耗 5 亿吨，有 3 亿吨亟待开发利用。按照美国每 4 吨秸秆出产 1 吨乙醇的技术水平，这些原料将能生产 1.5 亿吨燃料乙醇。如果纤维素燃料乙醇技术获得突破进展，实现工业化生产，则对突破中国资源瓶颈将起到至关重要的作用。

（四）燃料乙醇原料选择发展建议

近年来，中国耕地减少数量大、速度快，年均减少 1000 万亩以上。随着城镇发展、道路与厂矿建设，灾毁耕地，以及生态建设的退耕等多方面原因，中国耕地减少局面还将持续。另外，近年来中国粮食播种面积连年下降，随着市场经济的发展和农业结构调整的深化，以及粮食生产直补政策的实施，在各种因素综合作用下粮食占总播比例反弹的空间也有限，于是，粮食产量的回升幅度也很有限，粮食产销缺口将长期持续存在。因此，燃料乙醇原料多元化势在必行。

1. 通过改变甘蔗糖厂的生产工艺制取燃料乙醇

2003 年，中国甘蔗产量 9024 万吨，产糖 940 多万吨。近年，甘蔗产糖量占中国食糖总产量的 88% 左右（砂糖），是中国食糖的根本原料。人均食糖消费量 8 公斤，相当于世界食糖人均消费量的 40%。随着社会的发展和生活水平的提高，中国食糖人均消费量与消费总量都将继续提高，对食糖原料甘蔗的需求量也将随之增加。广西 2003 年种植面积和产量分别占全国的 50.3%、53.9%，是全国最重要的蔗糖生产基地。然而，受农业生产形势、投入产出效益等因素影响，广西提出压甘蔗扩木薯的农业产业化发展规划，为此，甘蔗种植形势不容乐观。通过改变糖厂现有煮糖生产工艺，以糖厂废蜜或乙蜜为原料发酵制取乙醇，不失为可行的生产方案。据测算，如果广西一半的糖厂采用上述生产工艺，乙糖蜜即可满足一个年产 30 万吨乙醇厂的原料需求。

2. 重视木薯作为燃料乙醇原料的开发潜力

研究结果表明，木薯作为燃料乙醇原料的综合效益居第二位，应予以重视。木薯具有适应性强、耐旱、耐贫瘠等特点，与其他作物相比，具有投入少、省工、省肥，可以间作套种等优势。中国木薯主要分布在广西和广东，其中又以广西为根本，2002 年全国木薯种植面积 43.7 万 hm^2（1 公顷），鲜木薯总量 591 万吨，广西占全国的 2/3，单产 17.8 吨/hm^2（1 公顷），高于全国平均水平。目前，广西也是全国木薯加工第一大省，加工的淀粉、变性淀粉、酒精等系列产品，处于国内领先地位。中国木薯生产长期以来不受重视，品种单一种性退化较严重，种植粗放，单产低，集约化程度低。目前，优良木薯品种单产一般在 30 吨/hm² (1 公顷) 以上，如果大力推广良种化木薯，总产量将大幅度提高。另外，广西拥有旱地和坡地约 200 万 hm² (1 公顷) 以上，适于发展木薯生产，发展空间比较大。广西农业发展规划提出：2008 年广西木薯种植面积要达到 50 万 hm² (1 公顷)，届时木薯总产量有望超过 1000 万吨，其中，1/3 以上的产量可用于生产酒精，可生产燃料乙醇 50 万吨以上，木薯作为燃料乙醇原料的开发潜力很大。

二 国际燃料乙醇产业分析

近年来，高油价促使美国、欧盟和亚洲等国的生物燃料政策发生重大变化，大幅提高生物燃料的发展目标，同时加大政策支持力度，推动燃料乙醇产能不断扩大，产量迅速增长。2006 年，世界燃料乙醇产量达到 380 亿升，相当于全球汽油消费量的 2.5%。与 2000 年 194 亿升的产量相比，2006 年增长了 95.9%。2007 年，世界燃料乙醇产量可达 440 亿升，同比增长 15.8%，世界燃料乙醇的产量主要集中在美国和巴西，2006 年两国产量分别达到 183.8 亿升和 160 亿升，占世界总产量的 90.5% (见图 5-1)。

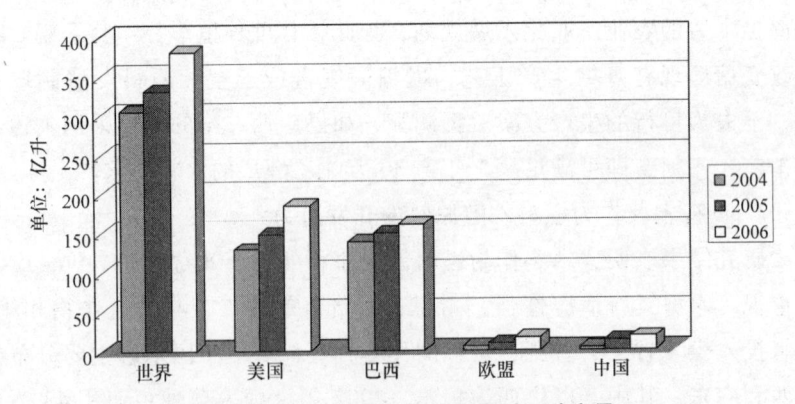

图 5-1 2004—2006 年世界燃料乙醇产量

资料来源：REN21《2007 全球可再生资源发展报告》，美国能源情报署 (EIA)，CBIO (欧洲生物乙醇燃料协会)，UNICA (巴西甘蔗行业协会)。

(一) 美国燃料乙醇行业的发展概况

美国是目前燃料乙醇生产的第一大国，乙醇产量一直在平稳增长。截至 2007 年 8 月，美国已运转的乙醇产能为 253.88 亿升（67.07 亿加仑），另有 308.47 亿升（81.49 亿加仑）乙醇项目在建，两者相加，共计 562.35 亿升（148.56 亿加仑）的乙醇正在生产或在建。此外，公开的信息显示：442 个项目，总量 1135.60 亿升（300 亿加仑）的额外乙醇产能正在发展之中，另外还有 50 亿—100 亿加仑的产能项目正处于商讨中，这部分产能都是未公开信息，但存在增加乙醇产能的潜力。截至 2009 年 8 月，美国计划再新建 71 个加工厂，将新增产能为 251.61 亿升（66.47 亿加仑），另外 68 个加工厂新增产能 203.46 亿升（53.75 亿加仑）也可能被修建。届时，2009 年美国乙醇总产能达到 1022.04 亿升（270 亿加仑）左右。

(二) 巴西燃料乙醇行业的发展概况

巴西自然条件优越，甘蔗资源丰富，在以甘蔗为原料的燃料乙醇生产与推广使用方面具有代表性。它是目前世界上最大的燃料乙醇生产和消费国之一，也是世界上唯一不使用纯汽油作为汽车燃料的国家，它的主要燃料为四种：纯乙醇（含水乙醇）、乙醇汽油（22% 乙醇 + 78% 汽油）、MEG 燃料（60% 乙醇 + 33% 甲醇 + 7% 汽油）和柴油。巴西是贫油国，1973 年和 1979 年爆发的两次石油危机给正在快速发展的巴西经济造成了沉重打击，为实现能源自给，巴西政府加速实施了以燃料乙醇为重点的替代能源战略，提高了乙醇汽油中的乙醇比例，加大了对燃料乙醇的研发投入并扶持相关企业。

1975 年 11 月，巴西政府以法令形式颁布了"国家乙醇燃料计划"，初期将无水乙醇以 20% 体积比加入汽油中，1993 年提高到 22%，2002 年将上限提高到 25%，巴西乙醇汽油中的乙醇比例是目前世界上最高的。巴西不但在全国范围内提供乙醇汽油，近期又成功地将乙醇燃料应用于航空领域。巴西政府在 1975—1989 年投资于燃料乙醇项目的资金一共花费了 49.2 亿美元，主要用来提高生产燃料乙醇各个环节的效率，使燃料乙醇的生产成本有了大幅度的降低。优惠政策的实施和对技术的大量投资促进了巴西乙醇汽油的普及，燃料乙醇产量不断增加，从1976年的年产48万吨增长到1990年的953万吨，之后燃料乙醇的产量以每年4%的速度增长，目前可以提供国家13%的能源消耗。

三　中国燃料乙醇产业分析

中国从2002年开始生物燃料乙醇试点工作，虽然时间不长，但发展速度很快。《车用乙醇汽油"十五"发展专项规划》提出短期内以陈化粮为主开展燃料乙醇的试点项目，在推广时考虑使用商品粮作为变性燃料乙醇生产的原料。2004年2月，经国务院同意，国家发改委等八大部委联合颁布了《车用乙醇汽油扩大试点方案》和《车用乙醇汽油扩大试点工作实施细则》，把推广使用车用乙醇汽油作为国家一项战略性举措。目前，中国生物燃料乙醇生产技术已经成熟，黑龙江、吉林、辽宁、河南、安徽5省及湖北、河北、山东、江苏部分地区已基本实现车用乙醇汽油替代普通无铅汽油。中国已成为世界上继巴西、美国之后第三大生物燃料乙醇生产国和应用国。

目前，中国生物燃料乙醇生产正朝着多元化原料方向发展，如薯类、纤维素。在新疆、内蒙古等地，中国自行培育的具高抗逆性和可以在全国种植的甜高粱，每公顷能产生物燃料乙醇6吨，比甘蔗高30%，比玉米高3倍。中国积极应用转基因技术选育和开发能源作物原料，已开发出利用甜高粱茎秆汁液等生物质制取乙醇的技术工艺，已建设年产5000吨乙醇的甜高粱茎秆制取生物燃料乙醇工业示范工程；纤维素废弃物制取乙醇燃料技术已进入年产600吨规模的中试阶段。此外，中国还开展了研究生物质原料的高压蒸汽爆破预处理技术、纤维素酶制备技术、大规模酶降解技术、戊糖己糖同步乙醇发酵技术、微生物细胞固定化技术、在线杂菌防治技术以及副产品木质素的深度加工利用技术等。但这些研究目前在中国尚处于起步阶段，水解技术与国外相比仍有相当差距，而且经济性较差。近年来，各地建设生物燃料乙醇项目的热情空前高涨，一些地区出现了过热倾向和盲目发展势头。

2006年9月30日，财政部等五部委发布《关于发展生物能源和生物化工财税扶持政策的实施意见》，明确提出对发展生物质能产业和生物化工实施风险基金制度与弹性亏损补贴机制，对生物质能及生物化工生产的原料基地龙头企业和产业化技术示范企业予以适当补助。2006年12月8日，国家发展改革委员会发布《关于加强玉米加工项目建设管理的紧急通知》；2006年12月14日，国家发改委、财政部发布了《关于加强生物燃料乙醇项目建设管理，促进产业健康发展的通知》，对一些地方盲目发展玉米加工乙醇燃料能力不予支持，明确提出坚持非粮为主，积极稳妥推动生物燃料乙醇产业发展。生物燃料乙醇项目实行核准制，其建设项目必须经国家投资主管部门商财政部门核准。在国务院批准实施《生物燃料乙醇及车用乙醇汽油"十一五"发展专项规划》前，除按规定程序核准启动广西木薯乙醇一期工程试点外，任何地区无论是非粮原料还是其他原料的燃料乙醇项目核准和建设一律要报国家审定。

四 全球燃料乙醇行业发展对中国的启示

1. 立足国情，因地制宜解决好原料多元化问题

中国地少人多，生产燃料乙醇所需粮食和经济作物原料有很大的局限性。目前，中国燃料乙醇生产以玉米为原料占总原料的70%，原料结构单一，而且2007年中国出台的《生物燃料乙醇暨车用乙醇汽油中长期发展规划》明确提出发展生物燃料产业必须坚持非粮原料路线。因此，需要加大原料多元化探索和实践，积极稳步推进目前以木薯和甜高粱为原料的非粮乙醇试点。

2. 加强国际合作，缩短与国外的技术差距，致力于纤维素乙醇技术创新

目前，世界燃料乙醇生产技术分为三类：以玉米等为原料的淀粉类技术，以甘蔗、甜菜等为原料的糖蜜类技术，以农、林废弃物等为原料的纤维素类技术。前两种国外技术已十分成熟，巴西的甘蔗乙醇生产效率最高，成本最具竞争优势，美国的玉米乙醇生产成本也远低于中国。中国的玉米乙醇虽已进入规模化生产，但成本偏高，木薯淀粉乙醇和甜高粱乙醇还处于试验示范阶段。中国不仅在燃料乙醇生产技术上与国外有较大差距，在燃料乙醇使用技术上如灵活燃料车的研发、燃料乙醇副产品的综合利用技术上，也落后于国外。中国应在自主创新的同时，加强国际合作，注重引进国外先进技术，提高生产和使用效率。

代表着未来燃料乙醇发展方向的纤维素乙醇，中国尝试起步较早，近年研究力度加强，有所突破，开始工业化试验。但与美欧等国相比，在纤维素乙醇开发技术上也同样存在差距。需要有足够的科技投入才能取得较快进展。因此，国家财税应重点支持纤维素乙醇技术开发，努力抢占未来生物燃料乙醇工业的技术制高点。

3. 适当进口燃料乙醇，减轻原油进口压力，关注有关国际标准或贸易规则的进展

在通过技术进步提高玉米乙醇经济性、扩大非粮乙醇产能的时期内，可以考虑从巴西适量进口乙醇。理由有二：其一，进口巴西乙醇在经济性上优于国内的玉米乙醇。根据巴西农业部的统计资料，2007年上半年，巴西出口乙醇的平均价格为 0.45 美元/升（折合人民币4258.8元/吨），巴西到中国的船运费为 30—50 美元/吨，到岸价预计为 4487.7—4640.3 美元/吨，相当于原油价格 51—53 美元/桶时的汽油价，低于国内玉米乙醇 5471.2 元/吨的销售价格。其二，利用进口乙醇培育市场，理顺后端销售机制，有利于今后中国自己生产的燃料乙醇进入市场，也将使国内外乙醇价格逐渐接近，当中国乙醇产品大量上市时有望与国外的乙醇产品竞争。此外，中国经济发展带来的能源消费的增长，预示着中国对燃料乙醇的需求将是长期的。美国和巴西这两个生产大国在燃料乙醇全球标准上联手应引起中国关注，在相关国际机构，如国际生物燃料论坛等为中国争取空间，以避免将来被动适应与中国利益相悖的国际标准或贸易规则。

4. 开发和利用灵活燃料车，拓展燃料乙醇产业的发展空间

巴西的实践证明，发展灵活燃料汽车可以有效扩大需求，促进燃料乙醇产业快速发展，为此，中国也应鼓励开发和利用灵活燃料汽车，加快灵活燃料汽车的研发和推广使用，并率先在乙醇汽油封闭运行的地区或城市使用灵活燃料汽车。巴西的测算表明，E25 以下的乙醇汽油对现有上路的机动车发动机和油路没有任何不良影响。因此，中国也可在乙醇汽油封闭运行的地区或城市开展 E25 乙醇汽油试点。

5. 加强战略研究，合理规划燃料乙醇产业布局，制定和完善产业政策

燃料乙醇的大规模推广使用有原料半径和市场半径的限制。据测

算，燃料乙醇的原料半径为 300 公里，而市场半径为 500—700 公里。这两个指标限定了生产企业和销售市场必须集中在一定的区域，这对中国在原料地分散的基础上进行生产和销售是一个很大的挑战。要加强对原料产地与加工企业和销售市场的战略研究，以合理规划燃料乙醇产业布局。由于燃料乙醇涉及能源、农业、环保、汽车等多个领域，可以借鉴美国、巴西和欧盟一些国家较为成熟的鼓励政策经验，制定和完善符合中国国情的产业发展政策，鉴于中国尚处于初起发展阶段，应加大财政投入和税收优惠力度。

第六章 生物质能开发的经济技术评价

任何一项科技成果要实现造福人类的目标,不仅取决于其技术本身的先进性,同时还取决于技术与社会发展的适应性,而这种适应性实际所反映的是适度性与超前性的协调统一关系。而科学完善的评价体系则为这种协调统一关系的建立起到了重要的引导和支撑作用。

本章将在技术经济学理论的指导下,针对生物质能系统设计和实施过程中的关键问题和环节,在分析研究生物质能利用初始条件、各种转化利用方式的基础上,运用技术经济学评价方法,建立基于层次分析法的集总加权评价模型,并对各种典型利用方式作出评价结论,为生物质能高效规模化利用提供决策指导。

第一节 技术经济评价概述

一 技术经济学

技术经济学是一门由技术科学与经济科学相互交叉渗透而形成的边缘科学,是应用经济学的一个分支,是一门研究技术和经济相互关系,寻找技术与经济的最佳结合点的应用科学。[1] 需要加以注意的是,技术经济学突出特点在于学科交叉,学科之间的边界划分并不明显,而且有不断扩展之势。事实上,技术经济学正在向研究技术、经济、社会、生态、环境、价值等构成的大系统结构、功能及其规律延伸,这充分反映了寻求人与自然和谐统一、实现科学发展的愿望和要求。

---

[1] 杨克磊:《技术经济学》,复旦大学出版社2007年版。

二 技术经济评价

技术经济评价是对技术实践活动所作的基本判断，是技术经济学研究的核心内容之一。技术经济学研究的主要目的是将技术更好地应用于经济建设，而技术经济评价正是实现这一目的最直接、最明确的环节和手段。

由于不同利益主体追求的目标存在差异，对同一技术实践活动进行技术经济分析的立场不同、出发点不同、评价指标不同，因而评价结论有可能不同。为了防止一项技术实践活动在对一个利益主体产生积极效果的同时可能损害到另一个利益主体，因此，技术经济评价必须体现较强的系统性。只有用系统的观点，系统的方法进行各种技术经济问题的研究，才能得出较为客观、公正的结论。

为了保证技术经济评价的科学性和可行性，在进行技术经济评价时应遵循以下原则：[1]

政策法规原则，即国家规定的产业发展政策、投资方针政策、技术政策及法规应当是技术经济分析和评价的依据。而本书主要依据的政策法规有《可再生能源法》《可再生能源中长期发展规划（2005—2020）》《可再生能源发展"十一五"规划》等。

统筹协调原则，即技术经济分析评价应当妥善处理宏观与微观、长远与当前、直接经济效益、间接经济效益、社会效益等各方面的关系；对于生物质能的利用，特别还要注重其环保效益及生态效益。

最佳效益原则，即评价时要通过多方案的筛选比较，选择最佳方案，保证最大的综合效益；综合效益是指多种效益的集合，充分体现了系统整体上的优劣。

基准可比原则，即在进行多方案的经济评价中，应充分注意不同方案之间的差异，使比较建立在同一基准上，对于生物质能利用主要在于不同利用规模之间的等价换算上。

客观公正原则，即经济分析评价应以客观事实和准确的科学数据为

---

[1] 吴添祖编著：《技术经济学概论》（第 2 版），高等教育出版社 2004 年版。

依据。本书第六章对生物质能各种利用技术的比较分析,正是为本章的系统评价奠定了分析基础。技术经济评价的方法很多,最常见的有决定型分析评价法、经济型分析评价法、不确定型分析评价法、比较型分析评价法、可行性分析法等。

第二节 基于层次分析法的生物质能开发集总加权评价模型

一 层次分析法

层次分析法(Analytic Hierarchy Process,AHP)首先由美国运筹学家 Satty T. L 于 20 世纪 70 年代提出。由于它在处理复杂的决策问题上的实用性和有效性,因而在实践中得到广泛应用[①]。其分析的基本步骤为:

(1)建立层次结构模型。在深入分析实际问题的基础上,将有关的各个因素按照不同属性自上而下地分解成若干层次,同一层的诸因素从属于上一层的因素或对上层因素有影响,同时又支配下一层的因素或受到下层因素的作用。最上层为目标层,通常只有一个因素,最下层通常为方案或对象层,中间可以有一个或几个层次,通常为准则层或指标层。当准则过多时应进一步分解出子准则层。

(2)构造成对比较阵。从层次结构模型的第 2 层开始,对于从属于(或影响)上一层每个因素的同一层诸因素,用成对比较法和 1—9 比较尺度构成对比较阵,直到最下层(见表 6-1)。

表 6-1　　　　　　　　　　对比较阵

a_{ij}	含义
1	表示两个因素相比,具有相同重要性
3	表示两个因素相比,前者比后者稍微重要

---

① 张跃、周寿平、宿芬编:《模糊数学方法及其应用》,煤炭工业出版社 1992 年版。

续表

a_{ij}	含义
5	表示两个因素相比，前者比后者明显重要
7	表示两个因素相比，前者比后者强烈重要
9	表示两个因素相比，前者比后者极端重要
4，6，8	表示上述相邻判断的中间值
倒数	若因素 i 与因素 j 的重要性之比为 a_{ij}，那么因素 j 与因素 i 的重要性之比为 $a_{ji} = 1/a_{ij}$

（3）计算权向量并作一致性检验。对于每一个成对比较阵计算最大特征根及对应特征向量，利用一致性指标、随机一致性指标和一致性比率作一致性检验。若检验通过，特征向量（归一化后）即为权向量；若不通过，需重新构成对比较阵。

（4）计算组合权向量并作组合一致性检验。计算最下层对目标的组合权向量，并根据公式作组合一致性检验，若检验通过，则可按照组合权向量表示的结果进行决策，否则需要重新考虑模型或重新构造那些一致性比率较大的成对比较阵。

二　集总加权评价模型

本章根据生物质能的利用特点以及资源、环境、生态、经济、社会协调发展的要求，建立了基于层次分析法的集总加权评价模型，如图 6-1 所示。其中目标层为理想的转化利用技术，需要说明任何一种理想的转化利用技术都是以特定的环境为背景的，应用环境不同所对应的理想的转化利用技术也将不同。在此，本书所要实现的理想的转化利用技术并不是针对某一特定环境的，而是针对全国而言的具有平均意义的一般适用环境，因此得到的结论也是较为宏观的，便于战略层面的操作。而具体到区域的实际利用，则要根据当地具体情况，重新加以评价，以得到最优结论。

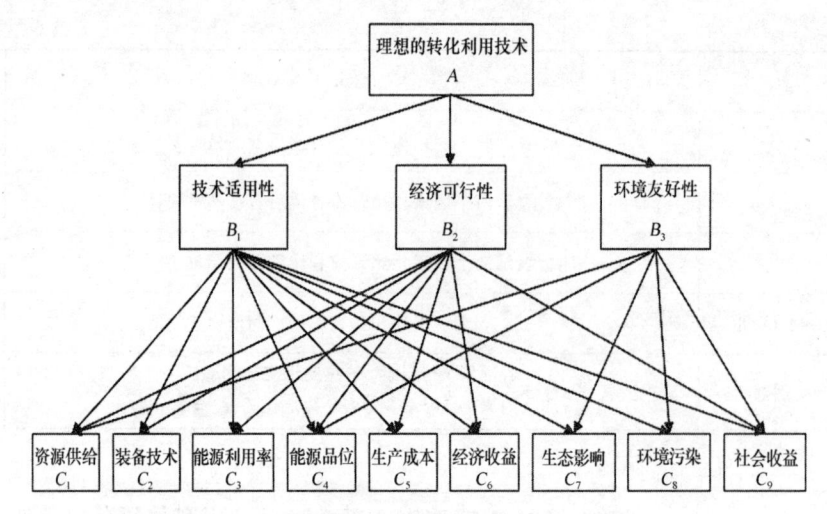

图 6-1 基于层次分析法的集总加权评价模型

在该评价模型中，准则层包括技术适用性、经济可行性、环境友好性。技术适用性决定了利用技术路线的可实施性，是项目实施的基础；经济可行性表征了利用技术方案的可持续性，是项目实施的保障；而环境友好性则规范了利用技术过程的可发展性，是项目实施的前提。从技术、经济、环境三个维度展开评价，有利于实现技术利用方案比较的全面性和科学性。

根据生物质能利用的特殊性和评价准则层的判别需要，确定了该评价模型的指标层，包括资源供给、装备技术、能源利用率、能源品位、生产成本、经济收益、生态影响、环境污染、社会收益 9 项内容。为了进一步的分析比较，以下对各项指标予以简要说明：

（1）资源供给。该指标是根据生物质所具有的分散性、季节性以及低能量密度的资源特点而设置的。判断这项指标的优劣不在于各项利用技术使用生物质资源规模的绝对数量，而是由理论半径（R_L）与市场半径（R_S）的供求关系来决定的。

$$S = f(R_L \vee R_S) \qquad (6-1)$$

式中，S 为资源供给评价指数，$R_L \vee R_S$ 表示两者之间数值的比较，f 为比较结果的函数。若 $R_L \gg R_S$，则表明资源供给不充足，相应的资源供给指标较低；若 $R_L \ll R_S$，则表明市场供应充足，相应的资源供给指标较高。若处于中间状态,则指标数值作相应调整。

(2) 装备技术。该指标的数值根据技术发展成熟度(T_M),装备制造技术的标准化,国产化(T_S)以及相关的技术服务水平(T_F)等内容综合判断,如式(6-2)所示:

$$T = f(k, T_M, T_S, T_F) \tag{6-2}$$

其中,T 为装备技术评价指数,k 为各项内容间修正系数。装备技术的发展水平直接关系到技术应用的推广程度。

(3) 能源利用率。该指标是衡量利用转化效果的重要指标,如式(6-3)所示:

$$\eta = M_1/M_0 \tag{6-3}$$

式中,η 表示能源利用率,M_0 为参加利用转化的生物质总量,M_1 为实际转化为目标产物的生物质的量。

(4) 能源品位。由于资源禀赋价值的不同,以及人类对各种能源需求的差异,导致不同的能源形式有品位高低之分。按生物质能转化利用的最终能源形式来看,主要分为液体燃料(L)、供气(G)、供热(W)、发电(E)四种形式。按照中国目前对于能源形式的一般需求状况而言,将以上四种形式作一排序,如式(6-4)所示:

$$L > E > G > W \tag{6-4}$$

当然在对能源品位指标进行分析取值时,还要结合转化品质综合而定。

(5) 生产成本。该指标是衡量经济可行性的重要参数,生产成本的大小在很大程度上会影响投资主体及投资规模。生产成本(C)主要包括:建设成本(C_1)原料成本(C_2)和运营成本(C_3),其计算式如(6-5)所示:

$$C = C_1 + C_2 + C_3 \tag{6-5}$$

对于生物质能利用,建设成本主要由利用形式及规模确定,其间存在较大差异,而原料成本主要由资源供应状况决定,相对而言运营成本较为稳定。

(6) 经济收益。该指标直接表征了项目的营利能力,计算方法有动态投资回收期、净现值和内部收益率等。本书采用较为直观的净现值法予以衡量,计算式如(6-6)所示:

$$NPV = \sum_{i=1}^{n} (CI_t - CO_t)(1+i)^{-t} \qquad (6-6)$$

式中，NPV 为净现值，n 为计算年，i 为基准收益率，CI_t 为年收益，CO_t 为年支出。只有在项目生命周期中，净现值 $NPV \geq 0$，项目才是可接受的。当然对于生物质能利用，政策优惠及相关补贴也是项目收益的一个重要部分。

（7）生态影响。设置生态影响评价的主要目的是认识区域的生态特点和功能，明确开发建设项目对生态影响的性质、程度和生态系统对影响的敏感程度，确定应采取相应的措施，以维持区域生态功能和自然资源的可持续利用性。之前，很少有学者把生态影响列为评价影响因素，其中有发展理念滞后的关系，亦有该项指标难于量化的原因。但由于生物质能资源与区域生态有着密不可分的关系，所以对生物质能利用技术进行生态影响评价十分必要。如何将生物质能利用效益的最大化与当地生态平衡所能承受的最大程度相协调，是进行生态影响分析的焦点和核心。对于如何将生态影响指标量化是一个复杂而全新的课题，本书试图采用生态影响补偿办法予以衡量，计算式如（6-7）所示：

$$Z = \sum_{i=1}^{n} CZ_t (1+i)^{-t} \qquad (6-7)$$

其中，Z 为生态影响的经济损益值，CZ_t 为恢复原有生态所进行的年支出。当 $CZ_t > 0$ 表示因技术利用而使生态改善而获得收益；当 $CZ_t < 0$ 表示因技术利用而破坏生态需补偿。

（8）环境污染。生物质能的利用之所以受到关注，一方面是由于其可再生性，另一方面则是因为其环境友好性。但在实际利用过程中，真正实现"零"污染排放，就目前技术水平而言很难做到。对生物质能利用进行环境污染评估，不仅可以客观评价利用效果，同时也有助于推动环境污染问题的解决。对于环境污染指标的确定，本书采用环境损失估算的方法进行，其表达式如（6-8）所示：

$$P = \sum_{i=1}^{n} (CP_t + CS_t)(1+i)^{-t} \qquad (6-8)$$

其中，P 为环境污染指数，CP_t 为将污染物进行无害化处理的年支出费用，CS_t 为由环境污染所造成损害的年支付费用。

(9) 社会收益。不同于传统化石能源，生物质能的开发和利用会极大地影响当地人们的生产生活方式，因此社会收益的高低将在很大程度上决定项目的生命力。社会收益是一个开放而又富有弹性的指标，如生存环境的改善、生活质量的提高等。本书用社会净现值（$SNPV$）法对社会收益进行表征，如式（6-9）所示：

$$SNPV = \sum_{i=1}^{n}(SCI_i - SCO_t)(1 + ARI)^{-t} \qquad (6-9)$$

其中，ARI 为社会基准收益率，SCI_i 为年社会收入，SCO_t 为年社会支出。

基于以上对各准则层和指标层的分析，结合生物质能利用技术的特点，按照集总加权评价模型各因素之间的相互关系，逐级建立成对比较阵（分别见表6-2、表6-3、表6-4、表6-5），在通过一致性检验之后，得到各评价指标的分布权重，结果如图6-2所示。从分析结果可以看出，环境污染、社会收益、生态影响以及资源供给所占的权重较大，而经济收益次之。这一权重分布也符合开发利用生物质能的初衷，因而是较为合理的。各评价指标权重的确定为下一步对生物质能各种利用技术的综合比较铺平了道路。

表6-2　　　　理想生物质能转化技术与相关影响因素比较

总目标	技术适用性	经济可行性	环境友好性
A	B_1	B_2	B_3
B_1	1	1/3	1/5
B_2	3	1	1/5
B_3	5	5	1

注：判断矩阵一致性比例：0.0171；对总目标的权重：1.0000。

表6-3　　　　　　　技术适用性与相关影响因素比较

技术适用性 B_1	资源供给 C_1	装备技术 C_2	能源利用率 C_3	能源品位 C_4	生产成本 C_5	经济收益 C_6	生态影响 C_7	环境污染 C_8	社会收益 C_9
C_1	1	3	2	2	1/2	1/3	1/5	1/7	1/3
C_2	1/3	1	1	1/3	1/2	1/3	1/5	1/7	1/3
C_3	1/2	1	1	3	1/2	1/3	1/5	1/7	1/3
C_4	1/2	3	1/3	1	1/2	1/3	1/5	1/7	1/3
C_5	2	2	2	2	1	1/3	1/5	1/7	1/3
C_6	3	3	3	3	3	1	1/5	1/5	1/3
C_7	5	5	5	5	7	5	1	1/3	1
C_8	7	7	7	7	7	5	3	1	3
C_9	3	3	3	3	5	3	1	1/3	1

注：判断矩阵一致性比例：0.0107；对总目标的权重：0.2062。

表6-4　　　　　　　经济可行性与相关影响因素比较

经济可行性 B_2	资源供给	装备技术	能源利用率	能源品位	生产成本	经济收益	社会收益
B_2	1	3	3	2	1/5	1/7	1/3
C_1	1/3	1	2	2	1/5	1/7	1/3
C_2	1/3	1	2	2	1/5	1/7	1/3
C_3	1/3	1/2	1	1	1/5	1/7	1/3
C_4	1/2	1/2	1	1	1/5	1/7	1/3
C_5	5	5	5	5	1	1/5	3
C_6	7	7	7	7	5	1	3
C_9	3	3	3	3	1/3	1/3	1

注：判断矩阵一致性比例：0.0088；对总目标的权重：0.2693。

表6-5　　　　　　　　环境友好性与相关影响因素比较

环境友好性 B_3	资源供给 C_1	资源品位 C_4	生态影响 C_7	环境污染 C_8	社会收益 C_9
C_1	1	5	1/3	1/3	1/2
C_4	1/5	1	1/5	1/7	1/5
C_7	3	5	1	1/3	2
C_8	3	7	3	1	1
C_9	2	5	1/2	1	1

注：判断矩阵一致性比例：0.0086；对总目标的权重：0.5245。

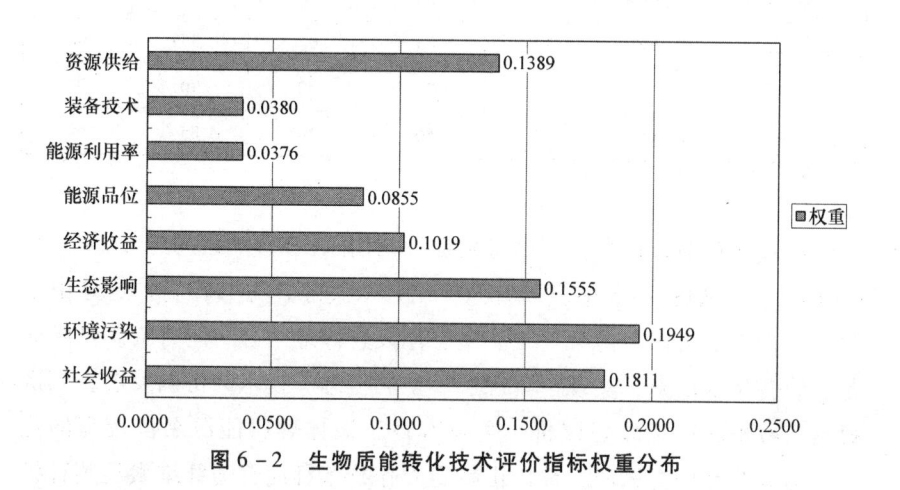

指标	权重
资源供给	0.1389
装备技术	0.0380
能源利用率	0.0376
能源品位	0.0855
经济收益	0.1019
生态影响	0.1555
环境污染	0.1949
社会收益	0.1811

图6-2　生物质能转化技术评价指标权重分布

第三节　生物质能利用系统评价结果

生物质能利用技术有多种，为了能够使各种不同利用技术比较更具有效性和科学性，本书选取了几种较为典型的利用系统进行比较。这一以利用产物为导向的应用系统比较，在现实方案选择中更具有操作性。如表6-6所示为典型生物质能利用系统评价指标列表，尽管对于每一种利用系统针对各项指标所取的值是依据相关分析结论而得出的，但不可否认依然存在一定主观误差（这也是任何评价过程中不可避免的因素），然而由于评价指标较多，经过集总加权便可从一定程度上减少人为误差，因此综合而言，由此得出的评价结论依然具有较好的可信度。

表6-6 典型生物质能利用系统评价指标列表

	权重	用户沼气	直燃发电	秸秆气化	燃料乙醇	生物柴油
资源供给	0.1389	90	65	85	55	90
装备技术	0.0380	90	70	80	80	80
能源利用率	0.0376	95	60	60	90	70
能源品位	0.0855	85	70	75	90	80
生产成本	0.1019	90	60	60	80	70
经济收益	0.1555	70	60	50	85	75
生态影响	0.1949	80	65	65	55	90
环境污染	0.1811	95	70	50	90	95
社会收益	0.1389	95	60	70	85	90

经过集总加权计算，可以得到各种利用系统的综合得分，结果如表6-6所示。从图6-3中可以看到：用户沼气综合得分较高，这是由于这些利用方式可以与污染处理、生态建设较好地结合，同时资源供给充足、装备技术成熟，实现了资源、环境、生态、技术的协调发展；其次燃料乙醇也获得了较好评价，主要得益于液体燃料能源品位较高的优势，另外其在资源来源方面以由特定农作物茎秆向普通纤维素类茎秆扩展，技术应用正在由龙头企业快速推进，初步具备产业化发展条件；相比较而言，同样生产液体燃料的生物柴油则相对滞后，原因是生物柴油目前尚处于小规模示范阶段，技术应用还不成熟，同时其对资源供给的特殊要求，以及存在的潜在生态破坏等影响因素导致评价结果稍低。但平均而言，生物质液化转化技术比燃烧发电技术有优势，这一方面是因为液体燃料品位较高，同时具有"资源化"利用潜力。另一方面，燃烧发电对资源供给的压力较大，对资源价格的敏感性较强，且投资、运营成本也较高。

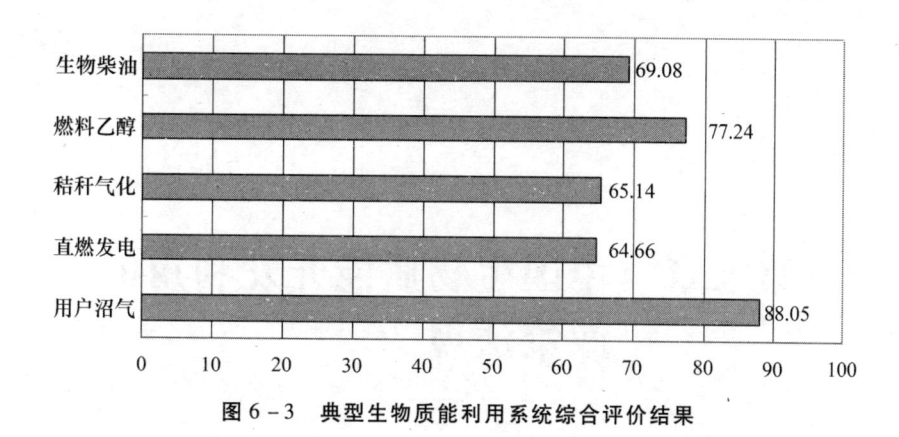

图 6-3 中数据：
- 生物柴油：69.08
- 燃料乙醇：77.24
- 秸秆气化：65.14
- 直燃发电：64.66
- 用户沼气：88.05

图 6-3　典型生物质能利用系统综合评价结果

综上，基于层次分析法的集总加权评价模型，较好地实现了对生物质能各种利用系统的综合评价，为生物质能利用方案的选择提供了重要的宏观决策依据。

第七章　中国生物质能开发利用的政策法规

第一节　中国现有生物质能开发利用政策法规形成的背景

一　推进中国能源安全与发展的需要

中国长期以来十分重视生物质能的开发利用，在 2006 年 12 月 5 日财政部副部长朱志刚就指出，财税政策支持新能源推广，财政部正会同有关部门制定生物质能替代石油的财税政策[①]。

在 2006 年 6 月 8—9 日召开的"第二届中国替代能源与电力国际峰会"上，国家发展和改革委员会能源局可再生能源处处长史立山表示，中国将制定相应措施来促进可再生能源产业的发展，争取到 2010 年可再生能源在能源消费结构中的比例达到 10%。并指出根据《可再生能源中长期发展规划》，中国可再生能源发展有三大目标，即第一，提高可再生能源在能源消费结构中的比重，争取 2010 年达到 10%，2020 年达到 16%；第二，解决偏远农村 1000 万无电人口的生活用电和生活燃料短缺问题；第三，培育产业体系，促进可再生能源技术和产业的进步，要求到 2010 年，可再生能源装备能力基本实现以国内制造为主，2020 年实现以自有知识产权为主。[②]

在 2006 年 6 月 17 日"中国可再生能源和新能源产业化论坛"上，国家能源领导小组办公室副主任兼国家发改委能源局局长徐锭明表示，

[①] 孙雷：《新能源时代的财税策略》，《21 世纪经济报道》2006 年 12 月 4 日。
[②] 国家发展和改革委员会：《可再生能源中长期发展规划》2007 年 9 月 4 日。

国家发改委将采取系列政策和措施来促进可再生能源的发展，包括加大财政投入和税收优惠力度等。①

据悉，为确保完成上述目标，国家发展和改革委员会提出要对非水电可再生能源实行配额制，即发电容量超过500万千瓦的能源企业，非水电可再生能源到2010年要达到发电量的5%，2020年要达到10%。此外，国家发改委还将制定相应的措施来保证可再生能源产业的发展，如加大财政投入和税收优惠政策、建立可再生能源的服务体系等。

2007年6月，国务院总理温家宝主持召开国务院常务会议，审议并通过《可再生能源中长期发展规划》。会议指出，当前和今后一个时期，要加快水电、太阳能、风能、生物质发电、沼气的开发利用。总的目标是：提高可再生能源在能源结构中的比重，解决偏远地区无电人口的供电问题，改善农村生产、生活条件，推行有机废弃物的能源化利用，推进可再生能源技术的产业化发展。会议要求，开发利用可再生能源，要与推进节能降耗、应对全球气候变化相结合，坚持以下原则：一要根据可再生能源发展的目标要求，抓紧制定和完善相关配套政策；二要采取有效措施，培育持续稳定的可再生能源市场；三要加大财政投入，实施税收优惠政策，重点支持可再生能源科学技术的研究、应用示范和产业化发展；四要科学规划，因地制宜，合理布局，有序开发，不得占用耕地，不得大量消耗粮食，不得破坏生态环境。②

二　中国能源产业壮大与完善的需要

中国可再生能源的开发利用虽然取得了较大进步，但除水电、沼气和太阳能热水器外，其他可再生能源的发展却比较缓慢。国家发展和改革委员会也承认，目前中国的可再生能源产业基础较为薄弱，应用规模小，还没有形成支撑可再生能源技术大规模发展的人才培养、研究开发、设备制造和技术服务体系。

全国政协副主席张梅颖直言，目前中国的可再生能源发展存在六大

---

① "中国可再生能源与新能源产业化论坛"，http://www.cec.org.cn/yaowenkuaidi/2010-11-26/2170.html。
② 国家发展和改革委员会：《可再生能源中长期发展规划》2007年9月4日。

问题，如缺乏完善的政策支持，不能从法律法规上给予确实保障；管理较混乱、政出多门；投入少等。①

国家能源领导小组办公室副主任兼国家发展和改革委员会能源局局长徐锭明明确表示，发改委将和财政部等几大部委联合推出系列政策和措施，以大力推进可再生能源的发展。对非水电可再生能源发电要规定强制性的市场份额目标，引导主要能源企业积极投资可再生能源产业。电网企业收购可再生能源电量所产生的费用，应高于按照常规能源发电平均上网电价计算所发生费用之间的差额，在全国销售电价中分摊②。

财政和税收方面，国家将设立可再生能源发展专项资金，用于支持其技术研发、产业体系建设、解决无电地区的用电问题和支持新技术示范项目建设等。同时，还要对可再生能源开发利用给予税收优惠，支持可再生能源产业尽快发展。国家还将研究设立综合性的可再生能源研究开发机构，专门负责研究可再生能源法规政策、发展战略及规划。

为了确保可再生能源开发利用的健康发展，中央各相关部委制定了一系列政策法规，以支持生物质能的发展。

第二节　中国目前颁布的有关生物质能开发利用的政策

一　《城市生活垃圾处理及污染防治技术政策》

《城市生活垃圾处理及污染防治技术政策》（建成〔2000〕第120号）由建设部、国家环境保护总局、科学技术部于2000年5月29日联合发文实施。它为生物质能中有关垃圾资源的开发利用提供了依据，内容主要包括：

1. 总则中的第六条，认为卫生填埋、焚烧、堆肥、回收利用等垃圾处理技术及设备都有相应的适用条件，在坚持因地制宜、技术可行、设备可靠、适度规模、综合治理和利用的原则下，可以合理选择其中之

---

① "中国可再生能源与新能源产业化论坛"，http://www.cec.org.cn/yaowenkuaidi/2010-11-26/2170.html。

② 同上。

一或适当组合。在具备卫生填埋场地资源和自然条件适宜的城市，以卫生填埋作为垃圾处理的基本方案；在具备经济条件、垃圾热值条件和缺乏卫生填埋场地资源的城市，可发展焚烧处理技术；积极发展适宜的生物处理技术，鼓励采用综合处理方式。禁止垃圾随意倾倒和无控制堆放。

2. 第三款垃圾综合利用中的第二条指出，要鼓励垃圾焚烧余热利用和填埋气体回收利用，以及有机垃圾的高温堆肥和厌氧消化制沼气利用等。

3. 第六款中焚烧处理指出：焚烧适用于进炉垃圾平均低位热值高于 5000 千焦/千克、卫生填埋场地缺乏和经济发达的地区；垃圾焚烧目前宜采用以炉排炉为基础的成熟技术，审慎采用其他炉型的焚烧炉。禁止使用不能达到控制标准的焚烧炉；垃圾应在焚烧炉内充分燃烧，烟气在后燃室应在不低于 850 摄氏度的条件下停留不少于 2 秒；垃圾焚烧产生的热能应尽量回收利用，以减少热污染；垃圾焚烧应严格按照《生活垃圾焚烧污染控制标准》等有关标准要求，对烟气、污水、炉渣、飞灰、臭气和噪声等进行控制和处理，防止对环境的污染；应采用先进和可靠的技术及设备，严格控制垃圾焚烧的烟气排放。烟气处理宜采用半干法加布袋除尘工艺；应对垃圾储坑内的渗沥水和生产过程的废水进行预处理和单独处理，达到排放标准后排放；垃圾焚烧产生的炉渣经鉴别不属于危险废物的，可回收利用或直接填埋。属于危险废物的炉渣和飞灰必须作为危险废物处置。

二 《中华人民共和国可再生能源法》

《中华人民共和国可再生能源法》于 2005 年 2 月 28 日在第十届全国人民代表大会常务委员会第十四次会议通过，其中有关生物质能开发利用的条款有：

1. 第四章推广与应用中的第十四条，电网企业应当与依法取得行政许可或者报送备案的可再生能源发电企业签订并网协议，全额收购其电网覆盖范围内可再生能源并网发电项目的上网电量，并为可再生能源发电提供上网服务。第十八条，国家鼓励和支持农村地区的可再生能源开发利用。县级以上地方人民政府管理能源工作的部门会同有关部门，根据当地经济社会发展、生态保护和卫生综合治理需要等实际情况，制定农村地区可再生能源发展规划，因地制宜地推广应用沼气等生物质资源转化、户用太阳能、小型风能、小型水能等技术。县级以上人民政府应当对农村地区的可再生能源利用项目提供财政支持。

2. 第五章价格管理与费用分摊中的第十九条，可再生能源发电项目的上网电价，由国务院价格主管部门根据不同类型可再生能源发电的特点和不同地区的情况，按照有利于促进可再生能源开发利用和经济合理的原则确定，并根据可再生能源开发利用技术的发展适时调整。上网电价应当公布。依照本法第十三条第三款规定实行招标的可再生能源发电项目的上网电价，按照中标确定的价格执行；但是，不得高于依照前款规定确定的同类可再生能源发电项目的上网电价水平。第二十条，电网企业依照本法第十九条规定确定的上网电价收购可再生能源电量所发生的费用，高于按照常规能源发电平均上网电价计算所发生费用之间的差额，附加在销售电价中分摊。具体办法由国务院价格主管部门制定。第二十一条，电网企业为收购可再生能源电量而支付的合理的接网费用以及其他合理的相关费用，可以计入电网企业输电成本，并从销售电价中回收。第二十二条，国家投资或者补贴建设的公共可再生能源独立电力系统的销售电价，执行同一地区分类销售电价，其合理的运行和管理费用超出销售电价的部分，依照本法第二十条规定的办法分摊。第二十三条，进入城市管网的可再生能源热力和燃气的价格，按照有利于促进可再生能源开发利用和经济合理的原则，根据价格管理权限确定。

3. 第六章经济激励与监督措施中的第二十四条，国家财政设立可再生能源发展专项资金，用于支持以下活动：（1）可再生能源开发利用的科学技术研究、标准制定和示范工程；（2）农村、牧区生活用能的可再生能源利用项目；（3）偏远地区和海岛可再生能源独立电力系统建设；（4）可再生能源的资源勘查、评价和相关信息系统建设；（5）促进可再生能源开发利用设备的本地化生产。第二十五条，对列入国家可再生能源产业发展指导目录、符合信贷条件的可再生能源开发利用项目，金融机构可以提供有财政贴息的优惠贷款。第二十六条，国家对列入可再生能源产业发展指导目录的项目给予税收优惠。具体办法由国务院规定。第二十七条，电力企业应当真实、完整地记载和保存可再生能源发电的有关资料,并接受电力监管机构的检查和监督。电力监管机构进行检查时,应当依照规定的程序进行,并为被检查单位保守商业秘密和其他秘密。

三 《国务院关于加强节能工作的决定》

《国务院关于加强节能工作的决定》〔国发〔2006〕28号〕中有关生物能源开发利用的部分主要体现在:

1. 在加快构建节能型产业体系中的第六条指出,要大力调整产业结构。各地区和有关部门要认真落实《国务院关于发布实施〈促进产业结构调整暂行规定〉的决定》〔国发〔2005〕40号〕要求,推动产业结构优化升级,促进经济增长由主要依靠工业带动和数量扩张带动,向三次产业协同带动和优化升级带动转变,立足节约能源推动发展。合理规划产业和地区布局,避免由于决策失误造成能源浪费。第九条指出,要优化用能结构。大力发展高效清洁能源。逐步减少原煤直接使用,提高煤炭用于发电的比重,发展煤炭气化和液化,提高转换效率。引导企业和居民合理用电。大力发展风能、太阳能、生物质能、地热能、水能等可再生能源和替代能源。

2. 在着力抓好重点领域节能中的第十四条指出,要抓好农村节能。加快淘汰和更新高耗能落后农业机械和渔船装备,加快农业提水排灌机电设施更新改造,大力发展农村户用沼气和大中型畜禽养殖场沼气工程,推广省柴节煤灶,因地制宜发展小水电、风能、太阳能以及农作物秸秆气化集中供气系统。

3. 在大力推进节能技术进步中的第十六条指出,要加快先进节能技术、产品研发和推广应用。各级人民政府要把节能作为政府科技投入、推进高技术产业化的重点领域,支持科研单位和企业开发高效节能工艺、技术和产品,优先支持拥有自主知识产权的节能共性和关键技术示范,增强自主创新能力,解决技术瓶颈。采取多种方式加快高效节能产品的推广应用。有条件的地方可对达到超前性国家能效标准、经过认证的节能产品给予适当的财政支持,引导消费者使用。落实产品质量国家免检制度,鼓励高效节能产品生产企业做大做强。有关部门要制定和发布节能技术政策,组织行业共性技术的推广。第十七条指出,要全面实施重点节能工程。有关部门和地方人民政府及有关单位要认真组织落实"十一五"规划纲要提出的燃煤工业锅炉（窑炉）改造、区域热电联产、余热余压利用、节约和替代石油、电机系统节能、能量系统优化、建筑节能、绿色照明、政府机构节能以及节能监测和技术服务体系建设十大重点节能工程。发展改革委要督促各地区、各有关部门和有关单位抓紧落实相关政策措施，确保工程配套资金到位，同时要会同有关部门切实做好重点工程、重大项目实施情况的监督检查。第十八条指出，要培育节能服务体系。有关部门要抓紧研究制定加快节能服务体系建设的指导意见，促进各级各类节能技术服务机构转换机制、创新模式、拓宽领域，增强服务能力，提高服务水平。加快推行合同能源管理，推进企业节能技术改造。第十九条指出，要加强国际交流与合作。积极引进国外先进节能技术和管理经验，广泛开展与国际组织、金融机构及有关国家和地区在节能领域的合作。

四 《可再生能源发电价格和费用分摊管理试行办法》

《可再生能源发电价格和费用分摊管理试行办法》由能源部等于2006年2月10日联合颁布，其中有关生物能源的部分主要是：

1. 在第一章总则中的第四条指出，可再生能源发电价格和费用分摊标准本着促进发展、提高效率、规范管理、公平负担的原则制定。第五条指出，可再生能源发电价格实行政府定价和政府指导价两种形式。政府指导价即通过招标确定的中标价格。可再生能源发电价格高于当地脱硫燃煤机组标杆上网电价的差额部分，在全国省级及以上电网销售电量中分摊。

2. 在第二章电价制定中的第七条指出，生物质发电项目上网电价实行政府定价的，由国务院价格主管部门分地区制定标杆电价，电价标准由各省（自治区、直辖市）2005年脱硫燃煤机组标杆上网电价加补贴电价组成。补贴电价标准为每千瓦时0.25元。发电项目自投产之日起，15年内享受补贴电价；运行满15年后，取消补贴电价。自2010年起，每年新批准和核准建设的发电项目的补贴电价比上一年新批准和核准建设项目的补贴电价递减2%。发电消耗热量中常规能源超过20%的混燃发电项目，视同常规能源发电项目，执行当地燃煤电厂的标杆电价，不享受补贴电价。在第八条指出，通过招标确定投资人的生物质发电项目，上网电价实行政府指导价，即按中标确定的价格执行，但不得高于所在地区的标杆电价。

3. 在第三章费用支付和分摊中的第十二条指出，可再生能源发电项目上网电价高于当地脱硫燃煤机组标杆上网电价的部分、国家投资或补贴建设的公共可再生能源独立电力系统运行维护费用高于当地省级电网平均销售电价的部分，以及可再生能源发电项目接网费用等，通过向电力用户征收电价附加的方式解决。

第十四条指出，可再生能源电价附加由国务院价格主管部门核定，按电力用户实际使用的电量计收，全国实行统一标准。

第十五条指出，可再生能源电价附加计算公式为：可再生能源电价附加＝可再生能源电价附加总额/全国加价销售电量可再生能源电价附加总额＝Σ［（可再生能源发电价格－当地省级电网脱硫燃煤机组标杆电价）×电网购可再生能源电量＋（公共可再生能源独立电力系统运行维护费用－当地省级电网平均销售电价×公共可再生能源独立电力系统售电量）＋可再生能源发电项目接网费用以及其他合理费用］。其中：（1）全国加价销售电量＝规划期内全国省级及以上电网企业售电总量－农业生产用电量－西藏电网售电量；（2）电网购可再生能源电量；规划的可再生能源发电量－厂用电量；（3）公共可再生能源独立电力系统运行维护费用＝公共可再生能源独立电力系统经营成本×（1＋增值税率）；（4）可再生能源发电项目接网费用以及其他合理费用，是指专为可再生能源发电项目接入电网系统而发生的工程投资和运行维护费用，以政府有关部门批准的设计文件为依据。在国家未明确输配电成本前，暂将接入费用纳入可再生能源电价附加中计算。

第十六条指出，按照省级电网企业加价销售电量占全国电网加价销售电量的比例，确定各省级电网企业应分摊的可再生能源电价附加额。计算公式为：各省级电网企业应分摊的电价附加额＝全国可再生能源电价附加总额×省级电网企业服务范围内的加价售电量/全国加价销售电量。

第十七条指出，可再生能源电价附加计入电网企业销售电价，由电网企业收取，单独记账，专款专用。所涉及的税收优惠政策，按国务院规定的具体办法执行。

第十九条指出，各省级电网企业实际支付的补贴电费以及发生的可再生能源发电项目接网费用，与其应分摊的可再生能源电价附加额的差额，在全国范围内实行统一调配。具体管理办法由国家电力监管部门根据本办法制定，报国务院价格主管部门核批。

4. 在第四章附则中的第二十条指出，可再生能源发电企业和电网企业必须真实、完整地记载和保存可再生能源发电上网交易电量、价格和金额等有关资料，并接受价格主管部门、电力监管机构及审计部门的检查和监督。第二十一条指出，不执行本办法的有关规定，对企业和国家利益造成损失的，由国务院价格主管部门、电力监管机构及审计部门进行审查，并追究主要责任人的责任。

五 《可再生能源发电有关管理规定》

国家发展和改革委员会公布《可再生能源发电有关管理规定》（发改能源〔2006〕13号）（以下简称《规定》）作为《中华人民共和国可再生能源法》和《可再生能源发电价格和费用分摊管理试行办法》的配套法规，明确给出了可再生能源发电项目的审批和管理方式。《可再生能源发电有关管理规定》称可再生能源，包括：风力发电、生物质发电（包括农林废弃物直接燃烧和气化发电、垃圾焚烧和垃圾填埋气发电、沼气发电）、太阳能发电、海洋能发电和地热能发电。此规定是继鼓励国内各类经济主体参与可再生能源开发利用之后，为企业进入可再生能源发电产业提供指导方向和实施标准的一项具有现实意义的规定。

1. 有关四类可再生能源项目可申报国家政策和资金支持的规定。为鼓励可再生能源的电力发展，《规定》要求可再生能源发电项目实行中央和地方分级管理，并将发电规划纳入同级电力规划。主要河流上建设的水电项目和25万千瓦及以上水电项目、5万千瓦及以上风力发电项目，由国家发改委核准或审批。其他项目由省级人民政府投资主管部门核准或审批，并报国家发改委备案。生物质发电、地热能发电、海洋能发电和太阳能发电四类项目可向国家发改委申报政策和资金支持。

2. 有关电价可按招标价格执行的规定。可再生能源发电项目的上网电价，由国务院价格主管部门根据不同类型可再生能源发电的特点和不同地区的情况，按照有利于促进可再生能源开发利用和经济合理的原则确定，并根据可再生能源开发利用技术的发展适时调整和公布。实行招标的可再生能源发电项目的上网电价，按照中标确定的价格执行；电网企业收购和销售非水电可再生能源电量增加的费用在全国范围内由电力用户分摊，具体办法另行制定。国家电监会负责可再生能源发电企业的运营监管工作，协调发电企业和电网企业的关系，对可再生能源发电、上网和结算进行监管。

3. 允许企业和个人投资小型项目的规定。《规定》要求电网企业根据长期发展规划要求，开展电网设计和研究论证工作，根据项目建设的进度和需要，积极建设与改造电网，确保可再生能源发电。全额上网对直接接入输电网的水力发电、风力发电、生物质发电等大中型可再生能源发电项目，其接入系统由电网企业投资，产权分界点为电站（场）升压站外第一杆（架）。同时，太阳能发电、沼气发电等小型可再生能源发电项目，其接入系统原则上由电网企业投资建设。发电企业（个人）经与电网企业协商，也可以投资建设。

六 《可再生能源发展专项资金管理暂行办法》

1. 2006 年财政部发布了《可再生能源发展专项资金管理暂行办法》（以下简称《办法》），并自 2006 年 5 月 30 日起施行。该《办法》指出，可再生能源发展专项资金通过中央财政预算安排，用于资助以下活动：可再生能源开发利用的科学技术研究、标准制定和示范工程，农村、牧区生活用能的可再生能源利用项目，偏远地区和海岛可再生能源独立电力系统建设，可再生能源的资源勘查、评价和相关信息系统建设，促进可再生能源开发利用设备的本地化生产。

2. 《办法》明确提出，可再生能源发展专项资金重点扶持潜力大、前景好的石油替代，建筑物供热、采暖和制冷，以及发电等可再生能源的开发利用。具体包括：石油替代可再生能源开发利用，重点是扶持发展生物乙醇燃料、生物柴油等。生物乙醇燃料是指用甘蔗、木薯、甜高粱等制取的液态燃料乙醇。生物柴油是指用油料作物、油料林木果实、油料水生植物等为原料制取的液体燃料。建筑物供热、采暖和制冷可再生能源开发利用，重点扶持太阳能、地热能等在建筑物中的推广应用。可再生能源发电重点扶持风能、太阳能、海洋能等发电的推广应用。第九条，国务院财政部门根据全国可再生能源开发利用规划，确定其他扶持重点，予以扶持和资助。

申请使用发展专项资金的单位或者个人，根据国家年度专项资金申报指南，向所在地可再生能源归属管理部门和地方财政部门分别进行申报。可再生能源开发利用的科学技术研究项目，需要申请国家资金扶持的，通过"863计划""973计划"等渠道申请；农村沼气等农业领域的可再生能源开发利用项目，现已有资金渠道的，通过现行渠道申请支持。上述两类项目，不得在发展专项资金中重复申请。

3.《办法》规定，对使用发展专项资金进行重点支持的项目，凡符合招标条件的，须实行公开招标。

发展专项资金的使用方式包括：无偿资助和贷款贴息。无偿资助方式主要用于营利性弱、公益性强的项目。除标准制定等须由国家全额资助外，项目承担单位或者个人须提供与无偿资助资金等额以上的自有配套资金。贷款贴息方式主要用于列入国家可再生能源产业发展指导目录、符合信贷条件的可再生能源开发利用项目。在银行贷款到位、项目承担单位或者个人已支付利息的前提下，才可以安排贴息资金。贴息资金根据实际到位银行贷款、合同约定利息率以及实际支付利息数额确定，贴息年限为1—3年，年贴息率最高不超过3%。

发展专项资金要专款专用，任何单位或者个人不得截留、挪用。对以虚报、冒领等手段骗取、截留、挪用发展专项资金的，除按国家有关规定给予行政处罚外，必须将已经拨付的发展专项资金全额收回上缴中央财政。

七 《国家发改委关于可再生能源产业发展指导目录》

《国家发改委关于可再生能源产业发展指导目录》于2007年3月23日发布，在第三部分，对生物质能开发利用中的生物质发电、生物燃料生产、生物质燃料开发中的设备制造和零部件制造、原料基地建设等项目，从技术指标要求到发展状况进行了详细说明（见表7-1）。

表7-1 生物质能开发利用系列项目技术指标及发展状况说明

项目	说明和技术指标	发展状况
大中型沼气工程供气和发电	包括大型畜禽场、养殖小区、工业有机废水和城市污水工程	商业化、推广应用
生物质直接燃烧发电	利用农作物秸秆、林木质直接燃烧发电	技术改进、项目示范
生物质气化供气和发电	利用农作物秸秆、林木质气化供气和发电	技术研发、推广应用
城市固体垃圾发电	用于清洁处理和能源化利用城市固体垃圾，包括燃烧发电和填埋场沼气发电	基本商业化
生物液体燃料	利用非粮食作物和林木质生物质为原料生产液体燃料	技术研发
生物质固化成型燃料	将农作物秸秆、林木质制成固体成型燃料代替煤炭	项目示范
生物质直燃锅炉	用于配套生物质直接燃烧发电系统，技术性能和规格需适用于生物质的直接燃烧	技术改进
生物质燃气内燃机	用于配套生物质气化发电，技术性能和规格需适用于生物质气化发电系统	技术研发
生物质气化焦油催化裂解装置	用于将生物质在气化过程中所产生的焦油裂解为可利用的一次性气体	技术研发
生物液体燃料成产成套装备	用于生产各种生物液体燃料	技术研发、项目示范
能源植物种植	用于为各种生物燃料生产提供非粮食生物质原料，包括甜高粱、木薯、麻疯树、甘蔗等	项目示范、推广应用
能源植物选育	用于选育培养适合荒山荒滩、沙地、盐碱地种植、稳产高产、对生态环境安全无害的能源作物	技术研发、项目示范
高效、宽温域沼气菌种选育	用于沼气工程提高产气率及沼气池在较低温度条件下的使用	技术研发

八 《能源发展"十一五"规划》

《能源发展"十一五"规划》于 2007 年 4 月制定，在第三章建设重点中指出，根据资源条件，按照"优化结构、区域协调、产销平衡、留有余地"的原则，"十一五"时期中国能源建设的总体安排是：有序发展煤炭；加快开发石油天然气；在保护环境和做好移民工作的前提下积极开发水电，优化发展火电，推进核电建设；大力发展可再生能源。适度加快"三西"煤炭、中西部和海域油气、西南水电资源的勘探开发，增加能源基地输出能力；优化开发东部煤炭和陆上油气资源，稳定生产能力，缓解能源运输压力。重点建设以下能源工程。

1. 石油替代工程。按照"发挥资源优势，依靠科技进步，积极稳妥推进"的原则，加快发展煤基、生物质基液体燃料和煤化工技术，统筹规划，有序建设重点示范工程。为"十二五"及更长时期石油替代产业发展奠定基础。

2. 可再生能源产业化工程。"十一五"期间，重点发展资源潜力大、技术基本成熟的风力发电、生物质发电、生物质成型燃料、太阳能利用等可再生能源，以规模化建设带动产业化发展。

3. 新农村能源工程。按照"因地制宜，多元发展"的原则，在继续加快小型水电和农网建设的同时，大力发展适宜村镇、农业生产使用的风电、生物质能、太阳能等可再生能源。到 2010 年，村镇小型风机使用量达到 30 万台，总容量 7.5 万千瓦；户用沼气 4000 万户，规模化养殖场沼气工程达到 4700 处，全国农村沼气产量达到 160 亿立方米；农村太阳能热水器保有量达到 5000 万平方米，太阳灶保有量达到 100 万台。

九 《电网企业全额收购可再生能源电量监管办法》

《电网企业全额收购可再生能源电量监管办法》于 2007 年 7 月 25 日颁布，共 5 章 24 条，对包括水力发电、风力发电、生物质发电、太阳能发电、海洋能发电和地热能发电在内的可再生能源发电的含义、适用范围、监管职责、监管措施和法律责任等，作出了明确规定。

1. 该《办法》指出，国家电力监管委员会及其派出机构（简称电力监管机构）依照《办法》对电网企业全额收购其电网覆盖范围内可再生能源并网发电项目上网电量的情况实施监管。电力企业应当依照法律、行政法规和规章的有关规定，从事可再生能源电力的建设、生产和交易，并依法接受电力监管机构的监管。电网企业全额收购其电网覆盖范围内可再生能源并网发电项目上网电量，可再生能源发电企业应当协助、配合。

2. 该《办法》明确指出，电力监管机构具体对八个方面实施监管：电网企业建设可再生能源发电项目接入工程的情况；可再生能源发电机组与电网并网的情况；电网企业为可再生能源发电及时提供上网服务的情况；电力调度机构优先调度可再生能源发电的情况；可再生能源并网发电安全运行的情况；电网企业全额收购可再生能源发电上网电量的情况；可再生能源发电电费结算的情况；电力企业记载和保存可再生能源发电有关资料的情况。

3. 该《办法》要求，省级电网企业和可再生能源发电企业应当于每月 20 日前向所在地电力监管机构报送上一月度可再生能源发电上网电量、上网电价和电费结算情况，省级电网企业应当同时报送可再生能源电价附加收支情况和配额交易情况。电力监管机构按照有关规定整理、使用电力企业报送的信息。该《办法》同时明确，电网企业应当及时向可再生能源发电企业披露的信息包括：可再生能源发电上网电量、电价；可再生能源发电未能全额上网的持续时间、估计电量、具体原因和电网企业的改进措施。

4. 该《办法》规定，电力监管机构对电力企业、电力调度机构违反国家有关全额收购可再生能源电量规定的行为及其处理情况，可以向社会公布。同时，该《办法》还就电网企业、电力调度机构的法律责任作出了规定，要求有下列行为之一，造成可再生能源发电企业经济损失的，电网企业应当承担赔偿责任，并由电力监管机构责令限期改正；拒不改正的，电力监管机构可处以可再生能源发电企业经济损失额一倍以下的罚款：违反规定未建设或者未及时建设可再生能源发电项目接入工程的；拒绝或者阻碍与可再生能源发电企业签订购售电合同、并网调度协议的；未提供或者未及时提供可再生能源发电上网服务的；未优先调度可再生能源发电的；其他因电网企业或者电力调度机构原因造成未能全额收购可再生能源电量的情形。

根据《办法》，除大中型水力发电外，可再生能源发电机组不参与上网竞价。电量全额上网的水力发电机组参与电力市场相关交易，执行国家电力监管委员会有关规定。发电消耗热量中常规能源超过规定比例的常规能源混合可再生能源发电项目，视同常规能源发电项目，不适用该《办法》。

十　《中华人民共和国节约能源法》

《中华人民共和国节约能源法》由中华人民共和国第十届全国人民代表大会常务委员会第三十次会议于2007年10月28日修订通过，自2008年4月1日起施行。

《中华人民共和国节约能源法》出台的宗旨是建立节约型社会，通过节能减排有效地缓解能源供求矛盾，防止耗能过程中的大气污染，从侧面刺激生物质能源的开发利用，但由于《中华人民共和国节约能源法》在执行机构上，没有规定明确的执法主体和监督主体；在调整范围上，偏重于工业节能，对建筑、交通、政府机构等领域的节能缺少具体规定；在管理方式上，一些条款带有明显的计划管理特征，对运用财税、价格、金融、政府采购等调控手段以及利用经济规律激励和引导能源合理消费缺乏具体规定；在制度设计上，一些条款过于原则，操作性不强，特别是缺乏强制性的惩罚措施和执法手段，存在有对无效用能和浪费行为惩罚力度不够等问题。为此，2007年经全国人大常委会委员长会议批准，把修订《中华人民共和国节约能源法》列入了常委会立法计划。随后，全国人大财经委《中华人民共和国节约能源法》修订起草组在北京正式成立，全国人大常委会6月24日首次审议了节约能源法修订草案，起草组除了全国人大财经委员会部分组成人员、国务院有关部门负责人外，还吸收了能源、财税和法律方面的专家，为立法提供咨询。

修订后的节能法扩大了法律调整范围，在进一步规范工业节能基础上，增设了建筑、交通运输和公共机构等领域的节能管理规定，并强化了对重点用能单位节能的监管。提交审议的修订草案提出了很多具体可操作的节能措施，包括逐步施行供热分户计量、公共建筑物施行室内温度控制制度、鼓励节能环保型交通工具、限制能耗高污染重的机组发电以及鼓励工业企业采用洁净煤和热电联产技术等。

修订草案在强化政府指导和监管职能的同时，专门新增"激励措施"一章，明确国家实行财政、税收、价格、信贷和政府采购等政策促进企业节能和产业升级。草案还进一步明确了一系列强制性措施，限制发展高耗能、高污染行业，包括制定强制性能效标识和实行淘汰制度等。

修订后的节能法将有助于从根本上扭转国内节能减排意识薄弱、责任不明确、政策不完善和协调不得力的现状，其重要意义不仅在于从法律层面确保如期完成"十一五"节能减排目标，而且还在于刺激和促进具有减排环保效能的生物质能源的开发，如果真正实施，将有助于生物质能的开发利用。

从上述已经出台的各项法规和政策来看，中国生物质能发展政策的基本框架结构是以《可再生能源法》为基础，以《可再生能源中长期发展规划》为目标，以各部门项目的管理办法和规章制度为体现，通过建立一系列有效的机制推进生物质能又好又快地发展[1]。

---

[1] 李景明：《浅析中国生物质能政策框架的现状与发展》，《农业科技管理》2008年第27期。

第八章 促进中国生物质能产业发展的思路

生物质能作为一个新兴的清洁性能源产业,从目前发展阶段来看,像沼气、生物质固体成型燃料、生物质发电、生物质气化——DME以及生物柴油等均已不同程度地实现了产业化;但从产业经济学的角度来看,只能说是部分生物质产品在部分区域实现了产业化,而整个生物质能产业还未实现真正意义上的产业化。例如,还未形成稳定的市场,因此也谈不上市场拓展;投融资机制不健全,风险投资介入的较少;原料的开发和原料基地的建设在相关省(自治区、直辖市)刚刚展开;相关的物流系统还不顺畅;标准化和各级标准的制定还不规范等。上述种种问题的存在,制约了生物质能产业的发展,使其在社会经济体系中,还不能成为一个完整而健康的体系。我们认为,要实现生物质能真正意义上的产业化,必须明确开发主体,即明确以政府为开发主体,并结合中国生物质能产业发展的现状和存在的问题,构建以政策支撑体系、技术支撑体系、市场支撑体系、组织支撑体系为主的产业化支持系统,以便生物质能的开发利用尽快走向市场,实现产业化经营,真正成为一个完整的产业体系并健康顺利运行。

第一节 生物质能产业发展内涵

一 生物质能产业化的基本内涵

根据中国制定的《新能源发展纲要1996—2010》,生物质能产业化建设的基本内涵包括:(1)中央及各地区、各部门能顺利完成科研成果的转化,把技术上基本成熟的产品尽快定型;(2)企业能打破部门、地区界限，实行横向联合，组织专业化生产；（3）国家在投资、价格和税收等方面有计划、有步骤地支持一批新能源骨干企业的发展，建立有规模生产能力的产业体系，使之不断提高产品质量，降低生产成本，扩大销路；（4）建立起国家级的质量监测系统，抓好产品生产的标准化、系列化和通用化；（5）建立和发展相应的技术服务体系，有条件有能力的个体和集体可以开办生物质能技术服务公司，承包生物质能设备的销售、安装、调试、维修等技术服务工作，加强对各类技术服务公司的技术指导的职业培训，不断提高它们的服务能力和质量。

《新能源发展纲要》还规定了中国生物质能发展的主要方向和任务。主要任务是要在20世纪末和21世纪初的10年间，选择一批对国民经济和生态环境建设具有重大价值的关键技术进行研究开发，其工作重点是加强这些技术的试点示范和科技成果的转化工作，促进产业形成，尽快实现商品化生产和推广应用。

该纲要规定生物质能产业发展的工作重点包括：研究开发高产和多功能的薪炭林树种及栽培工艺技术和速生林营造技术，建设商品性薪炭林基地，重点放在农民缺柴、水土流失严重和有条件发展薪炭林的地区，力争2010年全国薪炭林面积达到1340万公顷，加上其他每年提供薪柴27000万吨（15400万吨标煤）；在巩固、提高节柴灶的成果基础上，实现居民节煤炉灶具的商品化生产和销售，完善省柴灶的产业体系和服务体系，使每年节柴数量达到10000万吨以上，约相当于5000万吨标准煤量；加速农村生物质能利用技术的更新换代，发展高效的直接燃烧技术、致密固化成型、气化和液化技术，形成和完善产业服务体系，到2010年生物质能高品位利用能力达到1700万吨标准煤；利用农村及城镇酒厂、糖厂和畜禽养殖场的有机废弃物，发展沼气，使之转化为高品位能源，并开展综合利用，提高利用价值；同时，加强大中型沼气工程的设计规范、标准和设备的成套供应，使2010年全国沼气的总用户（含集中供气户）达71235万户，沼气供应量达到40亿m^3，约相当于314万吨标准煤的能量；加强城乡人民生活和工农业的有机废弃物再生利用技术的研究和应用，2010年稻壳发电、林屑发电、蔗渣发电和垃圾发电的装机容量要求达到30万千瓦，届时全年提供的能量约为50万吨标准煤。

二　指导思想

全面落实科学发展观,认真贯彻《可再生能源法》,以《国家可再生能源中长期规划》为指导,促进资源节约型、环境友好型社会和社会主义新农村建设,以发展循环经济为宗旨,以做强做大生物能源产业、保护生态环境、增加农民收入为目标,以市场为导向,加快农业废弃物、林木生物质和城市垃圾、污水等生物质能资源开发利用进程;强化科技创新,加大资金投入,着力研发生物质能利用新技术、筛选和培育生物质能新资源,积极发展生物质发电和生物液体燃料,推广农村沼气和固体成型燃料;加快建设绿色能源示范县和清洁能源示范村,促进经济社会实现又好又快发展。[1]

三　基本原则

坚持生物质能开发利用与社会经济和谐发展、与环境保护并举的方针,构建合理化的生物质能开发利用产业。生物质能开发利用既要以形成规模和产业为目标,不断提高其在能源供应总量中的比重;又要以发展循环经济、建设资源节约型和环境友好型社会、解决农村能源问题为目标,高度重视资源开发与环境保护的统筹和统一。要根据资源条件和社会经济发展需要,在保护环境和生态系统的前提下,科学规划,因地制宜,合理布局,有序开发,不得违法占用耕地,不得大量消耗粮食,不得破坏生态平衡。

坚持市场开发与产业发展并重,高起点、规模化发展生物质能产业。对资源潜力大、商业化发展前景好的生物质能发电、秸秆综合利用等生物质能新兴产业,要在不断加大技术开发和产业化力度的同时,采取相应政策措施,努力扩大市场需求,为产业发展创造有利条件。要通过建立以自主创新为主的生物质能技术开发和产业发展体系,加快生物质能技术进步,提高其市场竞争力,为规模化发展奠定基础。

坚持近期开发利用与长期技术储备并进,实现生物质能产业的可持续健康发展。要积极发展未来具有巨大潜力,近期又有一定市场需求的

---

[1] 农业部:《农业生物质能产业发展规划》,2008年。

生物质能技术，按照产业化一批、技术储备一批和攻关研发一批的思路，形成生物质能开发利用的技术和项目梯队体系，为生物质能产业的可持续发展提供技术和项目保证。

坚持政策激励与市场机制并用的方针，全方位推进生物质能产业发展。要通过制定积极的产业政策和建立有效的市场激励机制，鼓励生物质能产业全面发展，提高生物质能开发技术水平，推进产业化发展步伐，提高生物质能的市场竞争力。

第二节　政策支撑体系

一　多种机制并存的生物质能支持政策体系的建立

生物质能产业作为新生的朝阳产业，政策因素是所有因素中最重要的影响因素，仅仅依靠产业自身的力量，没有政府的政策扶持，很难在市场上站稳脚跟。尤其是在生物质能产业的发展初期，产业自身积累少，市场体系不健全，自我约束和发展能力差，没有政府的政策支撑，很难起步和发展。从目前的现实看，由于生物质能产业发展具有正外部性和公共物品属性，其发展即使是走向成熟稳定期，政府政策仍然发挥着不可替代的作用。从表面上看，作为经济行为主体的企业具有自主经营、自负盈亏的决策权，政府没有多少权力，但实际上政府作为产业运作的监督执行主体，发挥的职能和作用与企业是不同的，一般不是强制性的行政干预，而是辅导性的监督和市场调控。在第七章的分析中发现，目前生物质能的政策支持体系基本形成，只是在具体政策的选择和落实上，其政策支持体系仍不完善，在补贴政策方面有失公平，存在着政策具体操作性不强等问题。从目前已经出台的各项法规和政策来看，中国生物质能发展政策的基本框架结构是以《中华人民共和国可再生能源法》为基础，以《可再生能源中长期规划》为目标，以各部门项目的管理办法和规章制度为体现，通过建立一系列有效的机制推进生物质能又好又快地发展[①]。具体来讲，形成了多种机制并存的政策支持

---

① 李景明：《浅析我国生物质能政策框架的现状与发展》，《农业科技管理》2008年第4期。

体系。

1. 建立了发展目标机制

在《中华人民共和国可再生能源法》的框架下，借鉴国外制定相应生物质能发展目标和规划的经验，国家发展和改革委员会、农业部、财政部等有关部门相继制定了生物质能的中长期发展规划和财税政策。通过总结国外发达国家的经验，并结合中国国情，在生物质能发电、生物质液态燃料等领域应用强制性政策和激励性政策，特别是配额制的实施[①]，要求有关电力企业和石油公司在电力和燃料供应中有一定的配额来自生物质能，从而把过去完全依靠政府财政支持的政策转向政府管制下的市场机制调节政策，为生物质能市场的拓展与稳定设计了有利的外部环境，为大规模发展生物质能创造了条件。

2. 建立了定价机制

在《中华人民共和国可再生能源法》的框架下，有关部门根据中国生物质发电的现实状况，对可再生能源发电项目采取了一系列推介管理措施，进行了推广与应用、价格管理与费用分摊、经济激励与监督，这在一定程度上推动了生物质发电产业的发展。此后，国家发展和改革委员会连续出台了有关可再生能源发电的管理规定以及详细的可再生能源发电价格和费用分摊等管理办法，同时对包括生物质能发电的部分企业或者建设项目提出了电价补贴和配额交易方案，保证了生物质能开发机构可以以合理的价格出售电力，并要求电力公司必须购买，促进了生物质发电产业的兴起。

3. 建立了补偿机制

考虑到生物质能开发与利用对传统能源替代、生态环境保护等具有显著综合效益，但其开发和利用成本又暂时无法与传统能源抗衡，所以，中国采取了将高出传统能源开发利用的成本让社会分摊，或各级财政拿出巨额资金用于补贴生物质能的开发与利用的措施。例如，财政部建立了包括生物质能在内的可再生能源发展专项资金，中央政府每年投入数十亿国债资金专项用于农村沼气建设补助等。而且，还对生物质能

---

① 中国拟定的生物质能源替代石油的中长期发展目标：到2020年，生物质能源消费量最有望占到整个石油消费量的20%。

林地发展给予保护，借生态环境保护之名进行补偿，从而形成了以政府补偿为主的补偿机制。

4. 建立了交易机制

为了依靠市场、政府、社会多重力量推进生物质能开发利用，在政府的支持和主导下，一方面是采取绿色证书交易系统，引入市场竞争，生物质资源丰富地区将优先发展生物质能，并可在配额目标完成的基础上，将超出部分的发电量以绿色证书的形式在交易市场上卖出以获得收益，由此可以促使资金和资源通过市场交易的方式得到合理配置；另一方面则是参照国际社会碳交易等清洁发展机制（CDM）的做法，将利用沼气等生物质能所获得的碳减排量折算成现金卖给承诺温室气体减排份额的地区或企业，从而使生物质能开发利用者得到更多的经济利益。

以上几大机制并存的政策支持体系，在很大程度上很好地推动了包括生物质能项目在内的可再生能源产业的发展。但生物质能产业是一个集合了多种利用形式的总称，其每种生物质能利用形式的发展有着较大差异，这样包含在整个可再生能源政策中的生物质能政策在执行上，针对性和具体操作性仍显得配套不够，难度较大。既然政策因素对于生物质能产业的发展至关重要，并能有效地带动其他推动生物质能产业发展的因素作用的强化。我们必须在上述国家宏观政策支持体系的基础上，专门针对生物质能产业发展的不同阶段和开发利用中存在的具体问题，制定相应的政策支撑体系。

二 明晰管理部门职责，遵循外部性原则，制定系列支持政策

在目前宏观政策支持体系初步形成的基础上，还需要进一步针对生物质能开发利用过程中产生的问题，特别是从微观角度进行一系列的规划和指导，通过这些政策的落实更好地推动生物质能产业的健康发展。

本书已经详细分析了国外发达国家发展生物质能的政策经验，其中各国专门的生物质能研究机构和专门的政府管理部门，无疑成为生物质能产业发展的执行部门，它们在新能源技术研发与推广、政策的制定与落实过程中，充当着各级政府智囊团的角色，成为政府和企业间沟通的桥梁，它们对可再生能源和节能发展战略及政策的制定发挥着重要作用。因此，中国在发展生物质能的过程中，应该借鉴其经验，确定适宜

的能源主管部门，执行、落实相关能源政策，建立一个能够约束和协调政府在内的企业、农户和消费者多种主体利益关系的管理体系，积极发挥政策功效。例如，英国新能源产业的管理体系主要由英国工业与贸易部、电力管理局和能源技术支持公司三大机构组成，其中，由工业与贸易部制订规划，由电力管理局进行市场实际运作，并由电力管理局监督电力市场的稳定、健康运作，而能源技术支持公司作为一家私营公司，在对新能源项目进行监测的同时，还定期举办研讨会或信息发布会，向有关行业协会、公司、银行和客户介绍新能源技术与市场和政府的相关政策，以提高消费者的绿色意识，并为公司和银行提供投资机会[①]。

中国作为一个能源消费大国，其能源管理机构十分薄弱而分散，中国没有像绝大多数能源大国那样设立能源部。国家发改委的能源局有50人，国务院领导小组办公室24人，至今管理能源的政府管理机构不足100人。为加强能源战略决策和统筹协调，新一届政府设立了高层次议事协调机构——国家能源委员会。同时组建了国家能源局，负责拟定和组织实施能源行业规划、产业政策和标准，并承担国家能源委员会办公室的工作。温家宝总理在关于国务院机构设置的说明中指出，能源关系国民经济、经济可持续发展和国家安全。妥善应对日益增长的能源需求和复杂的国际能源形势，是我们必须长期面临的战略性问题。为加强能源战略决策和统筹协调，方案提出设立高层次的议事协调机构——国家能源委员会，负责研究拟定国家能源发展战略，审议能源安全和能源发展中的重大问题。

事实上，中国政府针对包括生物质能在内的可再生能源产业发展在管理体系上还存在很多问题，主要表现为政出多门、政策供给严重缺位。政府多个部门参与可再生能源的建设规划，都执行一定的管理职能。如国家发改委能源局负责能源产业的综合平衡、重大政策的制定等；国资委负责管理国家电网、南方电网两大电网公司和华能、大唐、国电、华电、中电投五大发电集团；科技部负责能源科技管理；水利部归口管理水利系统的水电站；农业部负责农村能源以及可再生能源管

---

① 参见黄雷《中国开发林木生物质能源与其产业发展研究》，中国农业出版社2015年12月版。

理；财政部大量参与可再生能源相关政策的制定与实施，包括能源价格、财税政策、环境保护等政策的制定与实施；国家林业局主要负责和参与林木生物质能的开发和管理[1]。而国家林业局为了大力开发林木生物质能，于2005年7月专门成立了林木生物质能小组，办公室设在造林司。这些部门职能交叉重叠现象严重，政策制定由于严重的职能分散形成较高的审批成本。使得生物质能产业在其发展初期，普遍存在着非良性循环，能源发展的重点仍然集中在强大的常规能源产业上，从而造成了能源领域的马太效应。

因此，在生物质能产业的未来发展道路上，明晰能源管理部门的职能与职责，做到放权与收权的有效调配至关重要。各个政府职能部门要统一目标，形成合力，防止生物质能产业发展中非良性循环与能源领域中常规能源与生物质能发展的马太效应现象的发生。在制定具体生物质能产业发展的政策时，必须坚持外部性原则和持续自生原则。一般来讲，常规能源具有较多的负外部性，生物质能则表现出明显的正外部性，应该通过成本分摊机制，为市场主体创造公平的市场环境。鉴于目前化石能源在中国经济发展中的作用，在短期内若对生物质能的保护性政策力度过大，无疑将会加大政府政策成本并衍生超额负担，也会扭曲能源市场，降低能源的配置与使用效率，增加能源价格上涨的压力，不利于总体经济的发展。因此，需要处理好稳定传统能源与积极发展生物质能之间的关系。尽可能做到传统能源与生物质能相互配合，共同保障国家石油安全。传统能源长期享受国家政策倾斜，在生产、销售等环节，占据优势，生物质能可以利用这种便利条件，为自身发展打开销售渠道[2]。通过这样的搭配发展，有利于建立中国绿色经济的国际形象，提升国家能源自产比例及能源安全。此外，还要一改中国生物质能政策中的重开发轻促进、重技术研发轻宣传推广的政策倾向，不但要有国家法律法规的出台，还要有实际可操作性的指导政策，在关注生物质能产业化发展扩大、市场进入和降低开发成本等优惠政策的同时，还要关注

---

[1] 参见黄雷《中国开发林木生物质能源与其产业发展研究》，中国农业出版社2015年12月版。

[2] 朱志刚：《替代石油降低污染 生物质能源产业发展正当其时》，《经济日报》2006年7月5日。

生物质能产业在不同发展阶段是如何通过竞争发展来实现资源优化配置和效益增加的，不能让企业一味依赖国家补贴而发展或通过各种名目变相获得补贴政策而发展，最终能够达到持续自生。

三　正确处理好各主体间的关系，稳步发展非粮生物质能

政府、企业、农户是生物质能开发利用过程中的三个利益主体，而政府在整个开发过程中担当着重要的职责。政府是生物质能支持政策的供给者，而企业和农户是支持政策的需求者，实现政策供需的均衡，有利于生物质能产业健康持续发展。

首先，需要明晰政府的职责是制度的构建，在创造有利于生物质能产业发展机制的同时，还要创造有利于企业和农户积极投身到该产业发展的激励机制。具体来讲，就是建立严格的市场准入制度，确立市场进入的技术和资金门槛，杜绝其开发利用过程中的二次污染。由于生物质能发展初期开发成本高、投资回收周期长，与传统化石能源相比不具有竞争力，因此，需要建立成本风险分摊机制，通过对常规能源的消费征收相应的环境税，予以弥补过高的生物质能开发成本，实现生态环境成本内部化。

其次，中国非粮生物质液态燃料产业在国有大企业强势加盟与社会资本积极进入的情况下，已经呈现出较好的发展局面，部分技术路径已临近产业化。但是由于纤维素酶和木聚糖酶的生产成本过高以及戊糖的发酵转化效率低，纤维乙醇仍停留在技术研发阶段，缺乏实质性突破。油料林培育由于投资周期较长、原料的收集与运输较为困难，生产加工企业仍然面临着难以突破的较高"原料成本"，使得"龙头企业＋基地"的运行模式在实践中还有待于进一步完善。政府一方面要注意实际开发过程中企业与林农之间的复杂关系，建立一个约束这两类开发主体的制度机制，监督合同订单的完成，建立相应的违约惩罚办法，使得双方违约后的所得收益小于履约收益，使违约惩罚成本高于市场价与合同价的差价收益，降低双方的主动违约率。另一方面上级政府要进一步明确地方政府的职责，明确中央财政与地方财政各自的职责，鼓励地方政府财政支持生物质能发展。

目前，中央财政建立了可再生能源专项资金，用于支持可再生能源

发展规划、资源评估、重大技术研发和重要示范、项目推广[①]。重点扶持潜力大、前景好、能替代石油的可再生能源的开发利用，特别是扶持发展生物燃料乙醇、生物柴油等，而生物燃料乙醇是指用甘蔗、木薯、甜高粱等制取的燃料乙醇；生物柴油是指用油料作物、油料林木果实、油料水生植物等为原料制取的液体燃料。专项资金中明显已经确立了未来生物质能的发展方向，即走非粮之路，明确了重点扶持的开发原料，但今后在开发种植源林中对农户如何进行补贴，补贴多少；对企业如何进行补贴、补贴多少、补贴模式等问题，需要当地政府根据当地实际，坚持示范引路，基地先行，稳步发展非粮生物质能的技术路径，制定合宜的政策。

事实上，发展生物质能项目，也是增加地方财政税收的重要途径。生物质能的开发利用，不但可以向后延伸农产品加工链条，将本地农产品资源消化吸收转化为产值，而且还可以向前延伸产业链条，通过原料林基地的建设和能源作物的种植，把闲置性土地、难以利用的边际性土地充分利用起来，吸收广大农户的闲散剩余劳动力，开辟农民就业新渠道。

此外，在此需要进一步说明的是，为了更好地发展生物质能产业，不论是生物质能原料的采集、生物质能加工企业的生产、生物质产品在市场上的销售，每一个环节都需要政府按照支持新兴产业发展的方式，制定相应的政策予以扶持。否则，仅仅依靠市场的力量和生物质能企业的力量，是无法带动生物质能发展的，也不足以形成生物质能市场。因此，政策支撑体系在技术支撑体系、市场支撑体系和组织管理体系中有着更为重要的作用和地位，应注重建立与完善。

第三节 技术支撑体系

生物质能开发利用过程中的技术与设备因素是其降低原料开发成本的重要因素，它关系着原料的加工转换、产品的销售使用，因此，它也是影响其未来产业化发展不可忽略的因素。其开发技术上的突破将赋予

[①] 财政部：《可再生能源发展专项资金管理办法》2006年12月11日。

生物质能产业提升投资价值、创新转化方式、提高利用效率等多重功能。在生物质能产业发展的不同时期，其技术水平差异较大，因此使得原料培育、原料收集、原料储存、原料运输成本差别较大。本节讨论技术与设备的发展问题，最终是想通过一系列的国家优惠政策，加大对生物质能技术与设备的研发与投入，通过建设有利的技术支撑体系，达到降低生物质能开发利用成本和提高效益的目的。

一　中国生物质能开发利用技术发展现状

(一) 中国生物质能开发利用技术的类别及其发展状况

中国政府及有关部门对生物质能利用极为重视，开展了如薪炭林基地建设、沼气工程、生物质压块成型、气化与气化发电、生物质液体燃料加工制造等各类生物质能利用技术的研究与开发，并连续在四个五年计划中将生物质能利用技术的研究与应用列为重点科技攻关项目，取得了较大的进展。

中国科学院广州能源研究所在循环流化床气化发电方面取得了一系列进展，已经建设并运行了多套气化发电系统；中国林业科学院林产化学工业研究所在生物质流态气化技术、内循环锥形流化床富氧气化技术方面取得了成果；西安交通大学近年来一直致力于生物质超临界催化气化制氢方面的基础研究；中国科技大学进行了生物质等离子体气化、生物质气化合成等技术的研究；山东大学研究了固定床气化技术。目前，气化技术已进入应用阶段，特别是生物质气化集中供气技术和中小型生物质气化发电技术，由于投资较少，比较适合农村地区分散利用，具有较好的经济性和社会效益。

在生物质固化成型技术方面，虽然中国与国外相比还存在较大差距，但已有了自身的研究与探索。河南农业大学开发了 HPB—Ⅲ型液压驱动式双向挤压秸秆成型机，并进行了市场化的积极探索。秸秆气化发电机组，使用林产业、造纸厂的废弃物、家具厂的边角料为原料的专业蒸汽锅炉等。

在生物质热解液化技术的研究方面，中国尚处于探索和试验阶段。1997年，沈阳农业大学的董良杰采用 Kissinger 法和 Dzawai 法对动力学参数进行了验证，开展了木屑及其组分热裂解反应动力学的研究；中国科技大学研制了一种电热式快速流化床生物质热解液化设备，可以用于各种固体生物质的液化，但都还没有大面积的应用与推广。

在乙醇燃料技术和秸秆气化发电技术、沼气发电技术、沼气集中供气技术、秸秆成型技术等方面，中国相对发展较快，目前已能够进行商业化开发和应用。生物质沼气技术已进入商业化应用阶段，污水处理的大型沼气工程技术也进入了商业示范和初步推广阶段。到 2005 年年底，中国已经建成沼气 1700 万口，年产沼气量 65 万立方米，建成大型沼气工程 1500 座，年产沼气约 15 亿立方米；沼气产业服务体系也日趋完善；从 2009 年开始，为了加强沼气服务体系的建设，强化其服务功能，农业部科教司与计划司会同国家发改委共同将服务网点项目中央补助标准由原料的东、中、西 0.9 万元、1.5 万元、1.9 万元，提高到 2.5 万元、2.5 万元、4.5 万元，满足了发展需要，使村级服务网点作用发挥增强[1]。另外，以生物质能利用技术为核心的综合利用技术模式也得到快速发展，成为中国生物质能利用的特色，如四位一体模式、能源环境工程、南方的猪—沼—果等[2]。

（二）中国生物质热解液化技术发展简况

生物质热裂解是生物质在完全缺氧或有限氧供给的条件下热降解为液体生物油、可燃气体和固体生物质炭三个组成部分的过程。控制热裂解的条件（主要是反应温度、升温速率等）可以得到不同的热裂解产品。

生物质的热裂解是指在中温（5000℃—6000℃）、高加热速率（可达 10000℃/秒）和极短的气体停留时间（约 2 秒）的条件下生物质发生的热降解反应生成的气体经快速冷却后获得液体生物油的过程。生物质热裂解所得的油品基本上不含硫、氮和金属成分，是一种绿色燃料。在生物质热裂解过程中，气体产率随温度和加热速率的升高及停留时间的延长而增加，较低的温度和加热速率会导致物料的碳化，使固体生物质炭产率增加。但如果生产过程在常压和中温下进行，工艺简单，成本低，装置容易小型化，产品便于运输、存储，因此，在广大农村经常采

---

[1] 李亚玲：《农村沼气发展进入新阶段》，《农民日报》2010 年第 7 期。
[2] 官巧燕：《国内外生物质能发展综述》，《农业化研究》2007 年第 11 期。

用这种常压、中温的简单工艺。

生物质热裂解液化反应产生的生物油可通过进一步的分离，制成燃料油和化工原料；气体视其热值的高低，可单独或与其他高热值气体合作为工业或民用燃气；生物质炭可用作活性剂等。因此，在生物质转化的高新技术中，生物质热解液化技术受到国际上的广泛重视。中国在这方面的研究尚处于起步阶段，成果相对较少。近年来，沈阳农业大学、中国科学院广州能源研究所、清华大学热能工程系、浙江大学热能工程研究所、哈尔滨工业大学动力工程系、华东理工大学能源化工系、河南农业大学机电工程学院、中国科学院化工冶金研究所、山东工程院、大连理工大学等单位在生物质热裂解方面开展了研究工作。尤其是沈阳农业大学自1993年起与荷兰合作，并于1995年从荷兰Twente大学生物质能技术集团引进一套生物质喂入率为50千克/时的旋转锥反应器生物质闪速热裂解液化中试设备，开展了一系列研究。由此可见，中国越来越重视生物质热裂解液化技术的研究[1]。

1. 中国生物质热解液化的装置

在生物质快速热裂解的各种工艺中，反应器的类型及其加热方式的选择，在很大程度上决定了产物的最终分布，所以反应器类型和加热方式的选择是各种技术路线的关键环节。常用的制取生物质液体燃料的反应器都具有加热速率快、反应温度中等、气相停留时间短等共同特征。

沈阳农业大学在联合国粮食及农业组织的资助下从荷兰引进的旋转锥闪速热裂解设备（生物质喂入率为50千克/时）属中试装置。以木屑为原料在该装置上进行热解试验，确定了这一技术的各项参数和指标。1998年，在对流态化现象及流态化质量影响因素进行深入研究后，设计并制造了一套小型流化床生物质热裂解装置，并以松木木屑为原料在流化床中进行了生物质热裂解的试验研究，为生物质热裂解技术的参数优化奠定了基础。山东理工大学于2002年获国家"863计划"资助，设计制作了两代工业示范装置，加工能力分别为30千克/时、50千克/时。

2. 生物质热裂解反应动力学的研究

由于生物质热解工程过程十分复杂，人们对它的基本原理了解不深

---

[1] 吴创之：《生物质气化技术及其应用》，化学工业出版社2003年版。

入，虽然自第一台生物质快速热解液化设备出现以来，热解液化技术得到了一定发展，但还没有真正实现商业化运营的热解工艺技术。中国许多单位对生物质热裂解反应动力学进行了研究，采用的方法也各不相同。1997年，沈阳农业大学率先开始对这一方面进行研究，采用Kissinger法和Dzawai[①]对动力学参数进行了验证，并用动力学补偿效应把动力学参数4和参数B联系起来，解释了曲线形成过程中的影响因素。此后，上海理工大学、山东理工大学、山东省科学院能源研究所合作，在一台日本生产的A200型热重—差热分析仪上进行试验，提出了平行一阶反应动力学模型，并将计算出的模型中的各参数与以往一阶反应模型的计算结果进行对比，结果表明，平行一阶反应模型的准确程度比现有一阶反应模型有很大的提高[②]。

中国关于生物质热解液化反应动力学的研究较少。目前的研究基本上偏重于采用热分析仪，在慢速热解的条件下进行，它不能真实地模拟热裂解反应过程，未来的研究需要在小型装置上进行，可以说中国在生物质热裂解方面的研究还有很长的路要走，这就需要政府在科技研发投入方面给予大力支持。

二　中国生物质能开发利用技术存在的问题

尽管中国在生物质能开发方面取得了一定的成绩，但只是部分地不同程度上实现了产业化，从严格意义上来讲，还未真正实现产业化，其在技术水准、产品商业化程度、民众认识等方面与发达国家相比仍存在较大差距。

1. 新技术开发不力，利用技术单一。中国早期的生物质利用主要集中在沼气利用上，近年逐渐重视热解气化技术的开发应用，也取得了一定突破，但其他技术开展却非常缓慢，包括生物柴油、生物质燃料乙醇、热解液化和气化、直接燃烧的工业技术和速生林的培育等，都没有突破性的进展。

---

① Liangjie, Flash Pyrolysis of Biomass for Bio-oil in a Fluidized Bed Reactor, *Acta Energiae Solaris Sinica*, 2002.1.

② 何芳:《几种生物质热解反应动力模型的比较》，《太阳能学报》2003年第6期。

2. 由于资源分散，收集手段落后，中国利用生物质能的工程规模很小；为降低投资，大多数工程采用简单工艺和简陋设备，设备利用率低，转换效率低下。所以，生物质能项目的投资回报率低，运行成本高，难以形成规模效益，不能发挥其应有的、重大的能源作用。以生物质能林为例，中国主要生产的收割设备属于中小型，缺乏大型的能源林收割设备。从短期来看，由于中国有相对充足的劳动力，似乎对生物质能产业的发展影响有限，但随着能源林基地建设规模的扩大，其对生物质能产业发展的影响将会逐步显现，所以，现代化的技术工艺开发研制一定要提上议事日程。

3. 相对科研内容来说，投入过少，使得研究的技术含量低，多为低水平重复研究，最终未能解决一些关键技术。例如，生物质厌氧转化产气率低，设备与管理自动化程度较差；气化利用中焦油问题没有彻底解决，给长期应用带来严重问题；沼气发电与气化发电效率较低，相应的二次污染问题没彻底解决，导致许多工程系统常处于维修或故障的状态，从而降低了系统的运行强度和效率，阻碍了生物质气化及发电技术的应用与推广。

此外，在中国现实的社会经济环境中，还存在一些消极因素制约和阻碍着生物质能利用技术的发展、推广和应用。主要表现为：

（1）在现行能源价格条件下，生物质能产品缺乏市场竞争能力，投资回报率低挫伤了投资者的积极性，而销售价格高又挫伤了消费者的积极性。

（2）技术标准未规范，市场管理混乱。在秸秆气化供气与沼气工程开发上，由于未有合适的技术标准和严格的技术监督，很多不具备技术力量的单位和个人参与了沼气工程的承包和秸秆气化供气设备的生产，引起项目技术不过关，达不到预期目标，甚至带来影响安全问题，这给今后开展生物质利用工作带来很大的负面影响。

（3）目前，有关扶持生物质能发展的政策尚缺乏可操作性，各级政府应尽快制定出相关政策，如价格补贴和发电上网等特殊优惠政策。

（4）民众对于生物质能缺乏足够的认识和热情，应加强有关常识的宣传和普及工作。

（5）政府应对生物质能的战略地位予以足够重视。开发生物质能是一项系统工程，应视为实现可持续发展的基本建设工程给予政策支持。高效利用生物质能已是当今世界各国实现其能源安全战略的重要措施，生物质能是唯一可固定碳的可再生能源，它在调整能源结构、减排温室气体、实现可持续发展方面发挥着重要作用。生物质资源品种多、特性差异大，可通过不同技术转换成电力、热水、燃气和液体燃料。掌握生物质能的转换技术、气化发电技术、液体燃料制取技术等，对于中国的能源安全战略同样具有举足轻重的作用，故此，我们必须正视生物质能开发中的技术问题，积极组建高效有序的技术支撑体系。

三 中国生物质能开发利用技术体系的建立与完善

结合分析生物质能开发利用技术，目前生物质能开发利用技术主要集中在固体生物质燃料（生物质成型燃料、生物质直接发电供热）、气体生物燃料、液体生物燃料（燃料乙醇、生物柴油等）、替代石油基产品、生物基和乙醇衍生物等方面，与国外相比，其差距主要体现在技术进步率和产品市场方面。国外已经市场化的产品主要是生物质发电供热、沼气和车用甲烷、燃料乙醇、乙醇下游产品、生物柴油等。在中国只是部分不同程度地实现了产业化，如沼气、生物质发电、生物燃料乙醇（玉米为原料）、生物柴油。生物质能的开发利用作为一项崭新的新能源产业，是一个从无到有的建设过程。目前，投资成本较高，其研发技术与国外发达国家相比还存在较大差距。以生物质发电为例，其发电设备和控制系统还不能完全国产化（林木生物质能发电的发电设备和控制系统的国产化率不足70%），使得生物质能发电工程的造价和发电成本都要高于传统能源行业。因此，政府需要根据生物质能产业发展的不同阶段及存在的具体问题，围绕《中华人民共和国可再生能源法》《可再生能源中长期发展规划》《全国能源林建设规划》《林业生物柴油原料林基地"十一五"建设方案》的实施，根据其中所规定的发展目标、布局和相应的政策措施，研究推进生物质能技术的发展，真正建立起支撑生物质能开发利用的技术体系。特别是针对原料的生产与收集、加工与转化（燃料乙醇技术需提高戊糖的发酵转化效率、生物柴油副产品处理技术等）技术的研发，争取财政专项支持，建立使用生物质能技术的推广补贴试点，使生物质能开发利用技术普及推广和扩大使用。

1. 确定生物质能技术发展方向，建立可持续发展的原料生产技术体系

为更好地发展生物质能开发利用技术，特别需要为其确定一个正确的发展方向和发展重点。在该方向指引下，恰到好处地逐步去突破相关开发利用的技术"瓶颈"。中国的生物质能资源虽然丰富，但较为分散，收集、运输、加工转化运行成本较高，在当前的能源环境背景下去发展生物质能技术，更多地需要结合中国国情，使其发展更多地体现自己的特色，今后的技术发展主要应朝着以下几个方向：

（1）进一步发挥生物质能的强项、成熟产业化技术，特别是要充分发挥生物质能作为农村补充能源的作用，减轻能源需求商品化的压力，缓解农村用能的紧张局面。通过为农村提供清洁的能源，来有效地降低农村的生活费用成本，增加农民的环境福利。应主要侧重于沼气利用、秸秆供气和小型气化发电等实用技术的研发与推广。

（2）重点攻克开发前景良好的生物质能技术。中国生物质能的应用技术，从"六五"期间就开始设立课题进行研究，经过二十多年的发展，中国已有多项技术处于产业化和产业化前期示范阶段，开发前景良好，今后应更加重点发展，尽快实现向产业化、商业化的过渡，主要侧重于气化发电技术、生物质液化技术、纤维素制乙醇技术的研发与推广，加大生物液体燃料生产成套设备的供给。

（3）培育生物质能的市场需求力，以提高生物质能利用的比重。加强民众的能源消费意识和危机意识，树立低碳经济的观念和环境友好理念，从根本上扩大生物质能的积极影响，为生物质能今后的大规模应用创造条件，这也是今后生物质能能否成为重要替代能源的关键。

（4）充分利用山地、荒地和沙漠，发展新的生物质能资源，研究、培育、开发速生、高产的植物品种，在目前条件允许的地区发展能源农场、林场，建立生物质能源基地，提供规模化的木质或植物油等能源资源，为相关生物质能开发利用技术的应用和推广提供稳定的原料来源。

为保证生物质原料生产供给的持续性，降低生物质终端产品的成本，特别需要加大对原料生产开发技术上的投入。可持续的原料供给体系是生物质能产业发展的基础，是降低原料开发成本实现产业市场化的

关键。在原料生产技术上的重大突破与进展，可以增加生物质资源的产量，同时也可以获得更高水平的有价值的能源组分。这些组分可以促进能源资源中有效成分和无效成分的分离并提高原料的能量密度。如果我们进一步经过改善分离与加工技术，就可以创造出高价值的能源产品；另外，原料生产技术的提高和改进，还可以提高资源量的投入产出比例。最后，在土壤侵蚀控制、施肥和前加工处理方面的新方法、新技术的应用，可以改善生命周期的表现和实现可持续性的操作，可以提高原料产量，最终为生物质液态燃料生产、电力产品带来正面影响。因此，为了促使生物质原料生产开发技术的重大进展，需要在以下几个方面作出努力：

（1）加强对植物生物化学和酶化学的研究，开发所期望的植物工程酶，增加对木质素、蛋白质和其他植物成分的代谢途径优化的研究投入，降低加工利用生物质能的成本和能耗（如某种蛋白质或脂肪酸，可以增加某种成本的最终产率，提高效率，影响生产成本），加强生产高活性酶和化学催化剂的研究，提升生物技术的能力。如通过研究增进微生物菌种以提高利用戊糖、己糖产乙醇的转化率；通过各种酶和催化剂的使用，可以高效和低成本地将生物质原料转化成生物基产品。为此，一定要通过对生物质原料生产技术的认知、学习，改进、建立为生产者带来利润的原料生产体系，以促进生物质产业的发展。

（2）在生物质资源的供给过程中，农民作为一个重要的开发主体，在原料生产和供给的过程中发挥着重要作用。建立一个适宜的、优化的农技推广体系，对于实现生物质能产业发展规划目标意义重大。原料的生产技术由专业的科研人员研究开发，但执行推广技术却由农民完成。因此，要在能源作物的不同种植阶段，给予农户不同技术的讲解、培训。以生物质能林建设为例，主要包括：营造林技术设计（乌桕、油桐、黄连木等能源林造林技术的培训、土地资源的配置设计、新造林抚育设计等）、种苗生产设计、幼林管护设计等方面的相关知识。通过良好的、优化的农技措施，更好地保证原料生产供给的持续性，保证原料生产资源供给的可持续性。

（3）优化生物质采收、储藏和多样性原料结合的后勤保障体系。原料的收集、整理、处理是一个密不可分的过程，可以将这三个过程笼统地称为原材料的处理过程。生物质原料由于自然堆积密度低、比重轻、储存场地较大，存储和运输都比较困难，相应的费用支出也比较高。如果没有高效率、高利用率的综合利用技术，既浪费了资源，加大了运输成本，又会给周围环境带来严重的污染。目前，直接作为燃料的原料处理方式主要是打捆和削片两种方式，而加工成型燃料的原料处理方式主要是粉碎。因此，必须提高现有的原料综合处理技术、加工工艺，开展克服原料处理方面难题的研究。对于原材料的运输与初加工处理，需要因地制宜，结合当地的自然、交通情况、收集半径和经济条件进行确定，可依据就近原则建立热电厂和生物质炼油厂等。要集中力量研究解决体积缩减等方面的问题，使生物质密度增大，以解决其运输问题；生物质资源生产地区必须确定、开发、使用低成本且环境优化的前处理、收集、储藏和运输技术，形成以植物和动物残体为基础的生物质原料供给的最佳操作规程，以达到既有利于资源更好地回收、更有效地分离，又有利于改善操作和储藏技术过程，降低对环境影响的目标。

2. 建立技术研发专项支持政策，构建良好的原材料加工转换技术体系

生物质能开发利用技术因素在生物质产业发展过程中是一个不可忽视的因素，技术水平的提高对成本的降低有着巨大作用。为了提高其开发利用技术水平，一方面需要加大对原材料采集、处理、储藏设备与研发技术的投入，另一方面需要加大生物质炼油厂、生物质发电厂等建设投入，包括土地租金、厂房租金等费用。生物质能产业相较于一般的工业行业，属于投资成本高且投资回收期长和风险高的行业，如果将这些技术和投资全部交给生物质能加工企业自己来解决是不太现实的，只会抑制加工企业资本投入的积极性，还会造成企业资金链的断裂、脱节。所以，政府应该出台促进技术研发的政策，特别是在生物质能加工企业发展的初期阶段，在制定技术总体规划的基础上，加强对技术、设备研发和信息交流的财政投入与补贴，并积极有效地加强国际技术合作，以获得先进的科技知识和经费支持，从而大力推进新能源产业的技术进步和技术成熟。例如，日本为新能源技术发展规划的制订提供100%的补助；在欧盟第四个科技总体规划中，对新能源的资助金额占总预算的

45%，仅1999年就为新能源技术的研发投入约12.5亿欧元，其中75%用于示范项目；丹麦能源局在制订五年研发计划的基础上，为新能源信息和情报的控制与传播提供专项资助经费①。

鉴于针对目前生物质能的开发利用技术状况，建立其产业发展过程中相关技术的研发基金，以保证在技术研发过程中有相对稳定的资金来源显得非常重要。例如，纤维素乙醇的生物酶培育，需要长期的技术与经验积累，需要投入巨大的人力、物力，是一项系统工程，需要优秀的专业人才，单个企业难以完成。这就需要政府及国内研发力量，加大基础研究与产业化投入力度，支持项目产业化示范。同时还需要政府在公共服务方面予以支持。如目前亟须尽快出台生物柴油技术标准，没有技术标准，生物柴油无法进入运输燃料系统，也就无法实现生物柴油在中国的试点及推广②。要加强生物质利用技术的商品化工作，制定严格的技术标准，加强技术监督和市场管理，规范市场活动，为生物质技术的推广创造良好的市场环境。

政府要针对目前过高的生物质发电设备造价成本，对关税税则中规定的电力设备和零件的关税、进口环节的增值税进行调整。除有免税规定的特定项目外，对国内已经能够生产并且设备技术已经成熟的加工设备整机进口应适度征收关税；对发电必需的技术和先进的零部件，可以免除进口关税和进口环节增值税，降低发电机组的造价。如果我们能有很好的关税设置，可以鼓励外商在中国境内设立可再生能源设备制造企业，这样做既可以降低生物质能发电设备的成本，又可以带动国内相关产业的发展③。

在生物质能开发利用的技术研发过程中，政府属于重要的政策制定主体和职能主体，其运行宗旨在于通过优惠政策更好地促进生物质能技术的研发与突破，最终使生物质能产业能够依靠自身力量走向市场化，真正地建立起适应市场竞争机制的新型能源产业。因此，政策

---

① 黄雷：《中国开发林木生物质能源与其产业发展研究》，中国农业出版社2015年12月版。
② 朱志刚：《新能源时代的财税策略》，《21世纪经济报道》2006年12月8日。
③ 黄雷：《中国开发林木生物质能源与其产业发展研究》，中国农业出版社2015年12月版。

的制定一定要在坚持公平竞争的原则基础上，对相关企业的生产技术条件、资产财务状况等进行论证和评审。职能部门要按照公开、公平、公正的原则，选择效率高、补贴少的企业作为支持对象，以便于资金能够集中发挥功效。为了提高补贴企业的生产效率，应采取"先进者得益、落后者受罚"的方式，激励试点企业更好更快地加快技术改造，提高效率，提高产业竞争力，最终能够依靠自身实现完全市场化。从目前的现实看，实现市场化这一过程的技术研发重点就是构建原料加工和技术转化体系，改善转化效率，提高单位投入的有用能源和产品的产出率。要特别解决目前纤维素乙醇技术面临的三大技术"瓶颈"：高效的秸秆类植物生物质预处理技术，对生物质给料发酵前的物理或化学预处理过程进行改进，研制提出新的预处理方法；解决纤维素降解为葡萄糖的酶成本过高的问题，研发低成本的化学和生物处理技术；解决高转化率利用戊糖、己糖产乙醇的微生物菌种缺乏问题，培育高效优质的微生物菌种。

第四节　市场支撑体系

市场是推动生物质能产业发展的驱动力之一，若要达到真正意义上的产业化，将其未来发展的潜在需求变为现实需求，目前在生物质能产业还处于起步阶段的状态下，需要建立一个能够推动其走向市场的支撑体系。

一　建立多方协作共荣的原料市场支撑体系

生物质能产业作为一个新兴的产业，顺利实现市场化的阻力还很多。不仅要与具有几百年发展历史的传统能源行业相竞争，还要面临其他很多部门不同利益集团的阻隔。因此，要使生物质能产品能够突破重围、脱颖而出，在其产业发展的初期，必须依靠政府主导力量，通过政府部门的广泛宣传、组织、协调，引导公众充分认识开发利用生物质能意义，普遍关注生物质产业的发展，以便形成全社会积极参与支持生物质能源发展的局面，营造有利于生物质能发展的市场环境。

生物质能产业发展不同于其他产业，从原料资源的种植、收割、采集、运输、加工到最终实现销售，这一个产业链条上既与农业部门发生紧密的联系，又与加工制造业、运输物流业发生着千丝万缕的联系。而整个生物质能产品生产过程中的最上游开发主体，即农民，在整个原料市场的开发过程中处于被动地位。生物质能产业的未来发展能否解决原料持续供应的问题，在很大程度上是由最上游的原料开发主体即广大农民决定的。在农村市场环境中，农民获得国家相关信息知识的渠道较为单一，只有政府强有力地、自上而下地广泛宣传、组织、培训，农民才有机会和可能去接受一种新事物。对于生物质能这个不同于传统能源的开发利用新概念的认识，需要政府强有力地宣传组织，逐层深入到普通农民之中，否则农民只能是被动地选择生物质能资源的开发利用行为，出现有效益就种，没效益就改种，而并不关心生物质能产业发展的局面。

事实上，中国政府发展生物质能的主要宗旨就是解决"三农"问题，缓解能源危机，改善生态环境。这与许多发达国家既有相似的一面，也有区别。美国发展生物乙醇，战略重点在于替代车用燃料和缓解石油需求与进口压力；欧盟实现生物质能产品多元化，旨在保护环境，替代化石能源；巴西发展甘蔗乙醇，旨在从缓解石油进口压力走向发展本国乙醇经济，扩大对外出口。对于中国来说上述三个方面都是极为迫切需要解决的问题，而通过发展生物质能产业，无疑能够为一直困扰中国经济发展的重点与难点问题减轻压力。如果我们能将"以工哺农、以城带乡"的政策真正落到实处，生物质能产业的发展无疑会受到广大农民的支持和拥护。同时，我们应该清楚地认识到，当一个产业体系较弱的新事物与一个产业体系较强甚至已形成极强垄断地位的行业相竞争的时候，只有政府的推动力量才是其新兴产业发展最好的助推器，否则新兴产业必被其挫败"胎死腹中"。

政府带动与引导容易鞭策农民积极地广泛参与，形成一个引力，依托生物质能加工企业这个平台，建立原料生产基地和加工企业间的纽带，可形成一个推力；充分调动各方的积极性，使其产业发展的经济优势和社会优势充分发挥出来，则可逐渐形成产业发展的内在动力。如果我们能整合这三方面的力量，则生物质能产业必将得到大发展。这是因为：一方面政府带动和当地企业的加入，无疑给农民种植开发生物质原料上了"双保险",为农民增加了新的收入渠道,免去农民的后顾之忧;另一方面源自产业内在动力的驱使和政府力量的推动,生物质能产业必然会经历一个从无到有、从无利润到有利润、从无市场到有市场的一个过程。因此,政府既要制定激励农民积极开发生物质能的补贴机制,还要制定有利于生物质能加工企业的财税政策。在制定农民开发原料补贴机制时,坚持不与粮争地的原则,对于积极开发利用现有的荒草地、盐碱地、坡耕地发展生物质原料资源的,根据土地的等级制定相应的补贴。对于引进的生物质能加工企业,积极协助企业筹备基础设施建设,对于平整土地、通电、通路、通信等都适当予以补助。为该产业的起步与发展创造一个良好的外部市场环境。

二 加大政府投入,建立良好的销售流通体系

生物质能产业发展具有较强的外部效应,以目前的原料开发成本和生物质液态燃料产品的价格,与传统能源相比根本不具有竞争力。如果政府没有针对生物质能终端产品本身的公共服务能力投入,生物质能产品特别是有效替代石油资源的生物质液态燃料就很难公平地进入能源行业,也无法公平地与传统化石能源相竞争。《中华人民共和国可再生能源法》于 2006 年正式生效,确立了包括生物燃料乙醇、生物柴油、生物质发电在内的可再生能源的合法地位,但经过近几年的发展,生物质能产品仍然未形成稳定的市场。这一方面是由于受到生物质能技术"瓶颈"的制约,特别是坚持非粮发展路线后,生物质能原料开发技术已经成为制约其产业发展的关键问题;另一方面是由于受到与生物质能开发相配套的公共服务体系建设滞后的制约。

以生物燃料乙醇为例,其生产起步于 2002 年,在国家系列财税政策的支撑下,经过几年的发展已经成为一个初具规模、具有较大发展前景的产业。2007 年,国家规定的四家定点生产企业的销售量共计 133.2 万吨,中国第一家非粮燃料乙醇企业广西中粮生物质能公司已于 2008 年年初投产,以木薯为主要原料,上半年已生产燃料乙醇 2 万多吨。在推广过程中中国坚持采用"定点生产、定向流通、封闭运行"的方式,先后在黑龙江、吉林、辽宁、河南、安徽、河北、山东、江苏、湖北进行了推广。但由于资源评价、技术标准、产品检测和认证等体系建设不

完善，至今仍然执行的是2001年颁布的变性生物燃料乙醇（GBl8350—2001）和车用乙醇汽油（GBl8351—2001）两项强制性国家标准，而没有根据技术进步和变化了的条件制定新的标准，这就需要在执行过程中对这两项标准不断完善，摆脱目前生物质燃料乙醇发展必须进行定点生产，以加强对生产企业的监控、保证产品质量安全合格、避免生产过程中的再污染问题发生。同时，我们还要充分地认识到在封闭条件下运行的燃料乙醇市场也是无法形成主动市场环境的，摆脱不掉"以产定销、计划供应"原则的限制，也就无法进入加油站这样的主要销售渠道，市场难以打开。生物柴油的发展像燃料乙醇一样，也面临着如此的困境。

目前，国家对于生物柴油的生产、销售、使用等还没有形成相关的政策，更没有正规的生物柴油销售渠道，对于原料收集处理的相关政策也没有形成统一的完整体系，严重制约着生物柴油产业的发展。海南正和有限公司、四川古杉油脂化学有限公司、龙岩卓越新能源有限公司等几家民营企业的产品都没有通过官方系统进入中石油、中石化的销售网络。这在很大程度上是由于缺乏生物柴油质量标准，不同企业由于加工原料不同、加工工艺不同，生产出来的生物柴油标准指标也有较大差异。各个公司的产品质量参差不齐，扰乱市场发展，也就不可能进入加油站之类的正规销售渠道中去。鉴于此，一方面我们要在国家不断出台有利于生物质能产业发展的政策法律法规基础之上，加大为促进其产业发展的公共服务体系的建设，加大政府公共服务的力度与强度，为市场主体提供规范有序的市场环境；另一方面要及时制定不同生物质原料来源的生物质液态燃料相关标准，包括生产过程、工艺控制等标准。以便于像中石油、中石化这样的大型企业能够敞开收购，并带动其他民营企业和外资企业顺利进入生物质能产品市场。

三 制定合理的生物质能消费需求政策，优化能源消费结构

随着人类社会经济的发展和居民人均收入水平的提高，人类的需求水平必将发生重要的变化，由追求物质满足为主转变为追求自我健康为主，对各种物品的安全关注度和需求度越来越高。如近年来绿色产品和环保产品的畅销，都能够间接反映出生物质能产业巨大的发展前景。因

为人类对健康的需求会越来越大，对生物质能这类能够减少碳排放、净化空气之类的产品需求也就会越来越高，而由它衍生出来的生物基产品在其未来的发展过程中，必将成为一个新型的支柱产业。但这些都是未来的潜在需求，如何将这些潜在需求变为生物质能产业发展的现实需求，除了加大自身产业发展所需要的一些必备的基础条件之外，如产品的生产加工、产品的运输、应用规划等，还需要制订一个有利于生物质能产业发展的需求计划。我们要转换思维，适当参考美国、巴西、欧盟、日本等发达国家（地区）发展生物质能产业的策略，逐渐将生物质能产业中的以供给导向政策为主转变为以需求导向政策为主，重点培育其产业发展的市场环境。

目前，在中国的可再生能源中长期发展规划中，其生物质能发展占据了重要位置。根据中国经济社会发展需要和生物质能利用技术状况，已明确提出重点发展生物质发电、沼气、生物质固体成型燃料和生物液体燃料四种产品。据统计预测，到 2010 年，生物质发电总装机容量将达到 550 万千瓦，生物质固体成型燃料年利用量将达到 100 万吨，沼气年利用量达到 190 亿立方米，增加非粮原料燃料乙醇年利用量 200 万吨，生物柴油年利用量达到 20 万吨。到 2020 年，生物质发电总装机容量将达到 3000 万千瓦，生物质固体成型燃料年利用量达到 5000 万吨，沼气年利用量达到 440 亿立方米，生物燃料乙醇年利用量达到 1000 万吨，生物柴油年利用量达到 200 万吨。这其中以能够有效替代石油产品的生物液体燃料为例，在该规划中，既提出了生物燃料乙醇和生物柴油今后发展应该坚持的方向，也提出了今后的产业区域布局情况，并重点强调了燃料乙醇产业发展今后不再增加以粮食为原料的生产能力，合理利用非粮生物质原料生产燃料乙醇将成为今后发展的主要方向。不断开发以木薯、甘薯、甜高粱为原料的乙醇生产技术，以及小桐子、黄连木、油桐、棉籽等油料为原料的生物柴油生产技术，逐步建立餐饮等行业的废油回收体系。在 2010 年以前，重点在东北、山东等地，建设若干个以甜高粱为原料的燃料乙醇试点项目；在广西、重庆、四川等地，建设若干个以薯类作物为原料的燃料乙醇试点项目；在四川、贵州、云南、河北等地建设若干个以小桐子、黄连木、油桐等油料植物为原料的生物柴油试点项目。到 2010 年，增加非粮原料燃料乙醇年利用量 200

万吨，生物柴油年利用量达到 20 万吨。到 2020 年，生物燃料乙醇年利用量达到 1000 万吨，生物柴油年利用量达到 200 万吨，总计年替代约 1000 万吨成品油（2007 可再生能源中长期发展规划）。包含在可再生能源中长期发展规划的生物质能发展规划，从各个层面更多地体现了其产业发展的未来供给计划、开发计划。但在一项能源规划战略中，如果不将能源的未来使用、需求考虑进去，任何的投资生产都将带来很多不必要的风险。生物质能的开发生产、运输加工、销售必须连接成一个体系，形成完整的产业链，才能使得其产业在市场环境中逐步发展和壮大起来。因此，政府在制定发展规划的同时，一定要制定一个具体的、合理的应用规划和引导需求计划，以便逐渐培育能源消费结构调整的市场支撑力量。

具体的表现为：首先要依托地区资源优势，以市场为导向，加大关键技术的研发，构建产业联盟，培育生物质能龙头产业，带动同类产业的快速发展，增加同类产业的行业力量，以此完善区域能源供给的匹配结构。在这样的基础上重点制订培育生物质能市场的政策计划，加大政府采购计划，特别是对像生物燃料乙醇、生物柴油这样质量上有把握的产品，要规定中石油、中石化等集团公司进行定量采购和定量销售，以便通过政府的集中采购，在其发展初期阶段逐渐培育一个从无到有的市场体系。针对生物质能发电、生物质固体成型燃料，基于其技术上的成熟和能够解决农村燃料短缺、改变农村用能方式的优势，通过发展全民环保、健康工程，激励引导农民关注自身的健康和环境问题，进而引导农民关注和消费生物质发电、生物质固体成型燃料，刺激他们的消费欲望，激发他们的购买力，从而不断使这类可再生、环保性产品进入农民的消费领域中。可以预见，如果有了原料市场、生产加工市场、运输市场、消费市场的良好衔接与转化，并形成合力的市场体系，生物质能产业必然能够良性循环发展。

第五节 组织管理体系

生物质能产业作为新型能源的主要发展形式，其发展会涉及经济、社会、环境、资源等领域中方方面面的问题，特别是与农业、传统能源行业部门间存在着复杂微妙的依存关系。因此，发展生物质能产业是一项庞大的系统工程，需要各方面的一致努力。随着发展生物质能产业时机的不断成熟，国内企业和地方政府的发展热情高涨，从总体趋势上看是好的，但也有一些盲目跟风建设的势头。在分析了其产业发展的政策、技术、市场及其过程中的风险行为后，同样需要研究构建一个层次清晰、任务明确的组织管理体系，以及责任明确、运行有序、系统高效的管理机制，以便使生物质能产业能够更好、更快、更持续和更健康地发展下去。良好的组织管理体系是推动生物质能产业发展的前提和保证。为此提出以下几点建议。

一　构建合理、健全的生物质能发展组织管理体系

在借鉴美国、欧盟等发达国家（地区）发展生物质能先进经验的基础之上，结合中国的国情，建议地方发展生物质能经济的组织机构由决策机构、组织协调机构、管理执行机构、咨询机构、保障机构和监督机构六个层次和生物质能经济的实践者组成。其具体的单位和分管职能如下所述。

（一）决策机构

发展生物质能经济的决策机构是中央政府、地方政府，但由于其原料分布的特殊性，大多加工企业都分布在不同省（自治区、直辖市）的地、县，其产业发展的好坏与当地政府领导对待该产业的态度和政策息息相关。因此，该机构的主要职责是由市（县）委、市（县）人民政府主要领导亲自督导，负责对全市（县）生物质能经济工作的组织、领导和决策，要把发展生物质能能够缓解能源危机、改善生态环境的概念自上而下地进行传达，使全市（县）、乡、村、户及相关加工生产企业对此形成统一的认识。以便将发展生物质能经济、减少碳排放指标纳入政府的职能范围和工作议事日程之中。在制定国民经济和社会发展中长期规划时，把发展生物质能作为一项重要任务分解到年度工作计划中。

（二）组织协调机构

市（县）应成立独立的生物质能办公室，作为市（县）发展生物质能经济的组织协调机构，在决策机构的领导下开展工作。特别需要说

明的是应考虑在决策机构的领导下成立生物质能开发利用项目领导小组：组长、副组长由市（县）分管林业的副市长、林业局局长兼任，成员由市发改委、市财政局、市国土局、市交通局、市农业局、市林业局、市水利局、市扶贫办等相关单位负责人组成，负责全市生物质能加工企业的引入、生物质能林项目的建设以及其他生物质资源的发展，统筹安排全市项目建设资金，协调各级组织管理，检查督促项目实施进度和质量。若是在县一级进行该项目的建设，还需要各项目乡镇成立相应的专门办事机构，组织协调政府、企业与农户之间的关系。

该机构的主要职责除了认真贯彻执行市（县）委、市（县）人民政府有关发展生物质能经济的决策、决定外，更重要的是协调各部门之间、各开发主体之间的关系；还要及时听取咨询机构、保障机构和监督机构的意见，进行深入调查研究和分析，最后向决策机构提出发展生物质能经济的改进报告、建议等。

（三）管理执行机构

该执行机构就是上述所说的项目领导小组中的成员单位：市（县）发改委、财政局、国土局、交通局、农业局、林业局、水利局、扶贫办等相关单位，还包括市（县）规划局、信息产业局、统计局、委宣传部等部门。它们的主要职责如下所述：

1. 规划编制

以市（县）经济发展局和市发展计划委员会为主，林业局牵头组织相关部门，结合当地实际，认真研究确定生物质能林品种的产业发展布局，科学规划，合理布局。将发展生物质能及其项目建设纳入当地社会经济发展的总体规划之中，由党委、政府统一组织、安排部署生物质能开发和能源林建设项目；要尊重自然规律，严格按照因地制宜、适地适树的原则，科学确定最适宜本地区生物质能发展的区域、品种规模。统筹考虑基地建设与加工企业布局。并督办相关部门负责将这一规划认真实施，落实到实践中。

2. 科技推广

以市（县）农村能源办公室、能源局、林业局为主，协助各乡镇领导小组及专门办事机构，积极推广生物质资源的培育、速产丰林技术，特别是在各个自然村以村级干部为主，到农户中开展生物质能林建设及生物质能开发利用的宣传动员大会，进行现场培训，着重讲解不同能源作物种植的技巧、造林技术。全方面抓好技术培训，提高科学种植水平。

3. 宣传普及

以市（县）宣传部为主，组织各新闻媒体做好生物质能经济的宣传普及工作，同时，政府各职能部门做好本部门的宣传普及工作。通过宣传教育，弘扬中华民族天人和谐的传统美德，落实科学发展观，倡导经济发展、能源安全与环境保护"双赢"的政绩观，在全社会树立和营造节约资源、保护环境的可持续消费观念和文化氛围，这是全面推进生物能源经济发展的重要社会基础。

4. 资金筹措

生物质能产业发展的前期投入较大，必须有足够的资金作为保证，单单依靠企业自身的力量难以完成，因此，必须拓展资金投入渠道和加大政策扶植力度。在落实国家有关部门已出台的各项扶持政策外，各级林业部门还应主动同财政部、国土资源部、科技部门协调，争取各项扶持和税费减免政策。不断吸引社会资金参与到生物质能林的建设上来，拓宽融资渠道。

如近年来迅速发展起来的林木生物质能就在很大程度上得益于政府、国家林业局、各省、区、市（县）林业局相关部门领导、机构的组织协调。中国于 2005 年 7 月成立了林木生物质能领导小组，并下设办公室。生物质能领导小组组长由国家林业局副局长兼任，领导小组成员单位有造林司、资源司、计资司、科技司。它们负责贯彻落实国家能源战略，研究制定林木生物质能发展的方针政策；参与制定国家能源发展战略，协助国家能源主管部门组织制定林木生物质能发展规划和实施计划；审定相关制度、法规、计划；协调局内外相关方面开展林木生物质能工作；研究解决林木生物质能工作推进过程中出现的重大问题；审定林木生物质能办公室的工作计划等。办公室的主要职责[①]：

（1）协助参与制定国家能源发展战略工作，负责林木生物质能发展规划和实施计划制定的具体工作。

---

① http://www.forestry.gov.cn/distribution/2006/09/n_swzny-2006-09-29-19.html.

（2）指导和协调全国林木生物质能的培育及其转化利用工作。

（3）推动林木生物质能的研究开发工作。

（4）负责与国家能源办的联络、信息通报工作，编辑《林木生物质能工作简报》，承担全国林木生物质能发展信息统计和分析工作。

（5）组织开展林木生物质能相关的国际国内信息交流和人员培训等。

（6）承办国家林业局林木生物质能领导小组交办的各项工作。

5. 保障、监督、服务机构

发展生物质能经济的保障机构有：提供立法保障的市人大及其常委会，提供政策和措施保障的各级人民政府及其有关职能部门，提供科技支撑的科技部门，提供信息支持的市信息产业部门，提供投资保障的财政与金融部门。同时，这些相关部门还往往通过一些途径，与省市科研单位、高校科研实验室建立联系，负责生物质能项目的咨询工作。它们一般通过建立信息通报制度，由相关专家及时研究和掌握国内外生物质能的发展动态，定期向主管部门介绍和通报生物质能的发展情况，为其提供建设性参考意见。必要时还组织相关专家赴国外一些生物质能发展较好的国家进行考察、学习、交流经验；并在国内选择一些发展较好的示范基地进行考察学习，为发展生物质能经济提供经济、技术咨询和技术保障。

生物质能产业发展的监督机构主要是由市人大、市政协、市人民政府监察部门、社会团体、新闻媒体、非政府组织和公众等组成。参与到生物质能建设中的广大人民群众既作为生物质能开发的责任人，又作为受益群体，发挥着人民群众的监督保障作用，享有更大的权利和义务。政府部门一方面要确保生物质能林基地建设规范、有序，符合国家和地方的相关政策和法规要求，保证不与粮争地；另一方面要为生物质能加工企业创造公平的竞争环境和规范有序的社会环境，切实保证生物质能工业园区企业的正常经营不受干扰，使企业和业主在良好的环境中自我发展和壮大。最后，作为监督机构，不仅要监督保障政府的行为规范，还要监督生物质能林基地的建设和生物质能加工企业，不能有损其他部门的利益，不能破坏生态环境，不产生二次污染等。

二 构建高效、规范、制度化的组织管理运行体系

生物质能经济发展的组织管理机构建立后,还必须建立一套高效的、规范的、制度化的运行体系,保障相关组织管理能够有序、协调、高效运行,以产生良好的效果。

1. 各部门相互协调,以保证高效运行

生物质能产业的发展是一项系统工程,除了在政府部门的高效领导下,还会涉及财政部门、农业部门、林业部门等,只有各部门之间有计划、有步骤地密切配合,才能防止出现因权位等级区分而致使办事效率低下的问题。特别是农业、林业、质检、工商、标准、销售等部门要密切配合,共同推进。生物质能开发利用的决策机构作为最高的领导者和决策者,承担着较多的宏观调控职能,有责任为生物质原料的建设与发展提供信息、科技、资金、法规、组织等方面的服务,还需要对生物质能加工企业在人才引进与培养、技术培训、信息网络建设等方面给予资金支持;通过严格审查,对于企业的注册登记、工商服务、项目审批手续等方面提供高效、快速的服务保障。要对不同开发区域主导产业的选择、技术支撑体系、市场支持体系的构建及建设目标、建设规模等提供决策,要对生物质能源开发利用过程中企业、中介、农民等参与主体给予支持,要加强该产业建设的组织协调和规范管理,建立有效的约束和激励机制,以保证各部门密切配合相互协调、高效运转。

2. 规范项目管理机制,实行动态管理

在生物质能开发利用过程中,由于其发展阶段不同,项目运行所采取的管理机制也就有所不同。一般在项目的筹建期,要在当地政府支持下制定一系列优惠扶持政策,通过招商引资引入龙头企业,成立生物质能开发建设领导小组,领导和指导生物质能的开发工作,解决能源林建设过程中的林地产权证的确权到户、能源林建设的规划、各部门的协调、组织管理,积极引导农民参与能源林建设。在生物质能原料筹集期,建立严格的规章制度,保证资金专款专用,对涉及林地流转的补偿费用,要及时下发到农民手中,杜绝挪用和挤占,严格执行原料开发过程中的规范化管理。在生物质能开发利用的运行期,在领导小组的领导和技术小组的指导下,要协调好各利益主体的关系,加强对龙头企业的

监管，要求其实行独立核算、自负盈亏，按营利机构的机制运行，注重经济效益和社会效益的统一；要求其以服务为宗旨，充分发挥农林木生物质能、农作物秸秆、草本油料植物等在生物质能产业化开发过程中的作用，依靠现代化的科学技术特别是先进的生物技术进行生产。

3. 树立绿色观念，实行制度化的运行管理机制

生物质能开发利用有利于缓解能源矛盾，有利于绿色理念的实践化。因此，要通过建立良好的绿色保障制度体系，从而使全社会能够从战略和全局高度去认识生物质能的重要作用，当地政府、各级主管部门都要认真执行相应发展规划，制定相关配套措施和规章，制定生物质能发展专项规划，将生物质能开发利用作为建设资源节约型、环境友好型社会的考核指标，并将其作为解决"三农"问题的重要手段其绿色保障制度体系主要包括绿色资源、绿色市场、绿色产业和绿色技术等制度；绿色规范制度包括绿色生产、绿色消费、绿色贸易、绿色包装和绿色回收等制度；绿色激励制度包括绿色财政、绿色金融、绿色税收和绿色投资等制度。通过这些制度建设，可以不断促进生物质能产业的发展，特别是要杜绝其开发过程中的二次污染问题，一切要以绿色保障制度为原则生产，实现资源的有效配置。

此外，生物质能的开发利用还需要当地政府制定一系列优惠政策予以支持，政府要为注资企业提供从项目规划到审批、从注册到核发营业执照等系列优质服务，以便形成招商引资的良好外部环境，拓展投资渠道。政府要根据投资商的投资额度，结合生物质能开发利用总体规划目标，在相应开发区安排适当位置进行投资建厂。政府除了提供土地租金的优惠政策外，还需要疏通与银行、投资公司等金融部门的合作渠道，为生物质能示范区企业提供良好的产业发展资金链，以保证生物质能开发企业迅速走上正规的运行轨道。

最后，在全民社会绿色能源意识提高的基础上，在顺畅的投融资机制支持下，生物质能的开发利用还需要有合理的人才引进机制予以保障、维护。目前，在中国关于生物质能方面的人才还较为缺乏，虽然一些高等院校在生物质能生产开发技术方面涌现出了一些科研人员，但是其相关专业的专门人才、企划人才还相对缺乏。因此，为保障生物质能产业的持续健康发展，在优化农村社会环境，加强农村公共产品及服务

基础设施建设等一系列硬环境改善的条件下，必须建立合理的人才技术引进机制，大力培养生物质能发展的专门人才，以便进入龙头企业进行技术指导和投资管理。现阶段，要加大对现有农业服务人员、技术指导人员的培训力度，以适应目前农村生物质能产业发展的需要。

参考文献

毕于运、寇建平、王道龙等编著:《中国秸秆资源综合利用技术》,中国农业科学技术出版社2008年版。

毕于运、王道龙、高春雨、王亚静等:《中国秸秆资源评价与利用》,中国农业科学技术出版社2008年版。

国家林业局:《中国林业统计年鉴》(2006),中国林业出版社2007年版。

国家能源领导小组编制:《可再生能源发展规划》,2007年。

朱志刚:《加快迈向新能源时代——构建有利于新能源发展的财税制度研究》,中国环境出版社2008年版。

能伟等编著:《气候变化对中国粮食生产影响的模拟研究》,气象出版社2009年版。

张百良:《生物能源技术与工程化》,科学出版社2009年版。

路明、王思强主编:《中国生物质能可持续发展战略研究》,中国农业科学出版社2010年版。

国家统计局:《中国统计年鉴2008》,中国统计出版社2008年版。

中国科学院生物质资源领域战略研究组:《中国至2050年生物质资源科技发展路线图》,科学出版社2009年版。

农业部:《农业生物质能产业发展规划》,2008年。

利斯贝恩·奥尔森主编:《生物燃料》,曲音波等译,化学工业出版社2009年版。

白卫国、张玲、翟明普:《论中国林业生物质能林培育与发展》,《林业资源管理》2007年第4期。

戴向荣、蒋立科、罗曼:《发展农村生物质能的设想与建议》,《世界农业》2006 年第 6 期。

邓光联、李克伦、李晞等：《沼气与社会主义新农村建设》，《农业工程学报》2006 年第 10 期。

胡强、刘振环、罗红等：《云南生物能源作物资源概述》，《云南农业科技》2006 年第 3 期。

胡万里、李长友：《小型民用秸秆气化炉的改进设计节能》2005 年第 8 期。

贾治邦：《大力推进林业又快又好发展发挥林业在建设节约型社会中的作用》，《林业经济》2006 年第 11 期。

蒋剑春：《生物质能转化技术与应用》，《生物质化学工程》2007 年第 41 期。

金琳：《农田管理对土壤碳储量的影响及模拟研究》，博士学位论文，中国农业科学院研究生院，2008 年。

梁卫平：《21 世纪生物质能研究》，《科技情报开发与经济》2007 年第 17 期。

潘晓华、邓强辉：《作物收获指数的研究进展》，《江西农业大学学报》2007 年第 29 期。

赵向东：《美国纤维素乙醇产业化发展概况》，《全球科技经济瞭望》2006 年第 9 期。

彭新宇：《畜禽养殖污染防治的沼气技术采纳行为及绿色补贴政策研究》，博士学位论文，中国农业科学院，2007 年。

吴秋红：《陕西：清洁能源发展潜力大》，《中国经济时报》2008 年第 9 期。

寇建平、赵立欣、郝先荣等：《中国 2007 年农村可再生能源发展现状与趋势》，《可再生能源》2008 年第 6 期。

陈玮英：《生物质能渐呈燎原之势》，《中国企业报》2008 年第 8 期。

孙瑞华：《生物质能产业开启规模化时代》，《中国化报》2008 年第 3 期。

王乃粒编译：《绿色梦想正在实现——生物质能发展动向》，《世界科学》2008 年第 2 期。

洪浩：《中国生物质能产业发展战略的思考》，《中国程科学》2008 年

第 10 卷第 7 期。

王晓飞:《中国生物质产业现状及其发展趋势》,《电力设备》2008 年第 9 卷第 7 期。

王璐:《对中国生物能源产业发展的思考——生物能源产业前景》,《科学时报》2008 年第 6 期。

董明:《柳州:"生物质能"产业悄然兴起》,《柳州日报》2008 年第 4 月 11 日。

胡艳英、李睿:《东北地区发展林业生物质能优势研究》,《中国林业经济》2008 年第 1 期。

黄日波、林章凛:《生物质能开发战略的新思维》,《生物产业技术》2007 年第 2 期。

尹伟伦:《发展生物质能要与生态建设相结合》,《人民政协报》2008 年第 9 期。

郝素琴、胡泊:《对秦皇岛市发展生物质能产业的思考》,《中国环境管理干部学院学报》2008 年 3 月第 18 卷。

田静莉:《陕西省上半年能耗下降》, 陕西省统计局, 陕经网 http://www.sei.gov.cn, 2008 - 09 - 10。

戴林、秦世平:《生物质能:未来能源产业新的增长点》,《环境保护》2007 年第 11 期。

张忠法:《促进中国生物质能产业发展的政策措施》, 国务院发展研究中心调查研究报告。

张艳丽:《中美发展生物质能的目的与举措比较》,《可再生能源》2005 年第 26 期。

王斌瑞:《浅谈生物质能固化原理与意义》,《清洁能源》2007 年第 11 期。

苏宜虎:《农村生物质能利用模式研究》,《河北农业科学》2008 年第 12 期。

王晓匕:《中国生物质产业现状及其发展趋势》,《电力设备》2008 年第 7 期。

肖明松:《生物质能行业 2007 年发展报告》,《产业论坛》2007 年。

张慧勤:《河南发展林木生物质能林基地存在的问题与对策》,《中南林业调查规划》2008 年第 2 期。

于娟、彭希哲:《碳税循环政策对中国农村能源结构调整的作用——基于 CGE 模型的政策讨论》,《世界经济文汇》2007 年第 6 期。

农业部科技教育司、农业部能源环保技术开发中心:《全国农村可再生能源统计》,《可再生能源》2008 年第 26 期。

张颖:《开发利用农村生物质能实现农业经济良性循环——浅析沼气开发利用的效应》,《生态经济》2009 年第 1 期。

梁卫平:《世纪生物质能研究》,《科技情报开发与经济》2007 年第 7 期。

许向路:《新农村建设与生物质能开发利用》,《天津科技》2007 年第 2 期。

张跃彬:《云南能源甘蔗开发燃料乙醇的前景分析》,《中国糖料》2007 年第 3 期。

黄诗铿:《中国燃料乙醇原料应走多元化道路》,《中国科技论坛》2005 年第 1 期。

戴向荣、蒋立科、罗曼:《发展农村生物质能的设想与建议》,《世界农业》2006 年第 7 期。

曹俊文:《加快发展生物质能日前势在必行》,《中国石化报》2009 年第 7 期。

Amani Elobeid, Simla Tokgoz, Removing Distortion in the US Ethanol Market: What does it Imply for the United States and Brazil? *American Journal. of Agricultural Economics*, Volume 90, Issue 4, pp. 918 – 932.

Bo Hektor, Planning Models for Bioenergy: Some General Observations and Comments. *Biomass and Bioenergy*, Vol. 18, 2000.

Chang J., A Review on the Energy Production, Consumption, and Prospect of Renewable Energy in China. *Renewable and Sustainable Energy Reviews*, 2003, 7: 453, 468.

Coelho, Bolognini, Policies to Improve Biomass – electricity Generation in Brazil, *Renewable Energy*, Volume 16, Issue 14, January – April 1999, pp. 996 – 999.

CP Mitchell, Development of Decision Support Systems for Bioenergy—Application, *Biomass and Bioenergy*, 2000.

Developing Countries Are Combating Climate Change: Actionsin Developing countries that Growth Incarbonemissions, *Energy Policy* 2003, (26): 233 - 237.

Gielen, CO_2 in the Iron and Stell Industry: an Analysis of Japanese Emission Reduce Potentials, *Biomass and Bioenergy*, Volume 30, Issue 10, August 2002, pp. 849 - 863.

Gielen: the Economic Incentive to Increase Output, *Biomass and Bioenergy*, Volume 32, Issue 6, August 2002, p. 133.

Hillring, National Strategies for Stimulating the Use of Bioenergy: Policy Instruments in Sweden, Biomass & Bioenergy - Biomass Bioenerg, Vol. 14, No. 5, 1998, pp. 425 - 437.

Hektor, Willow Growers in Sweden, *Biomass and Bioenergy*, Volume 18, Issue 2, 1 February 2000, pp. 137 - 145.

Hooper, Li, Summary of the Facter Critical to the Commercial Application of Bioenergy Technologies, *Biomass and Bioemergy*, Volume 11, Issue 6, 1996, pp. 469 - 474.

IPCC, 2007: Climate Change 2007: The Physical Science Basis.

Kim, Cumulative Energy and Global Warming Impact from the Production of Biomass for Biobased Products, *Journal of Industrial Ecology*, Volume 7, Issue 3 - 4, p. 112.

Liangjie, Flash Pyrolysis of Biomass for Bio - oil in a Fluidized Bed Reactor, *Acta Energiae Solaris Sinica*, 2002. 1.

Madlener, Vogtli, Diffusion of Bioenergy in Urban Areas: a Socio - economic Analysis of the Swiss Wood - fired Cogeneration Plant in Basel, *Biomass and Bioenergy*, Volume 32, Issue 9, September 2008, p. 815.

Mandal: Bioenergy and Economic Analysis of Soybean - based Crop Production Systems in Certral India, *Biomass and Bioenergy*, Volume 23, Issue 5, Novermber 2002, pp. 337 - 345.

Mandal K G, Green Manuring: its Effect on Soil Properties and Crop Grwth under Rice - wheat Cropping System. *European Journal of Agronomy*, Volume19, Issue2, May2003, pp. 225 - 237.

Ramachandra: Present and Prospective Role of Bioenergy in Regional Energy System, *Renewable and Sustainable Energy Reviews*, Volume 4, Issue 4, December 2000, pp. 375 - 430.

Ray, Bimass and Bioenergy Application of the Polysys Modeling Framework, *Biomadd and Bioenergy*, Volume 18, Issue 1, April 2000, pp. 291 - 308.

Reh Sims, Bioenergy to Mitigate for Climate Change and Meet the Needs of Society, *The Economy and the Environment*, 2001, Volume 8, Issue 4, pp. 349 - 370.

Tromborg, Bolkesjo, Solberg, Biomass Market and Trsde in Norway: Status and Future Prospects, *Biomass and Bioenergy*, Volume 32, Issue 8, August 2008, pp. 660 - 671.

Walsh, Bioenergy Crop Production in the United States: Potential Quantities, Land use Changes, and Economic Impacts on the Agricultural Sector, *Biomass and Bioenergy*, Volume 24, Issue 4, April 2000, pp. 313 - 333.